다기茶器의 미美

계완

옥헌다기

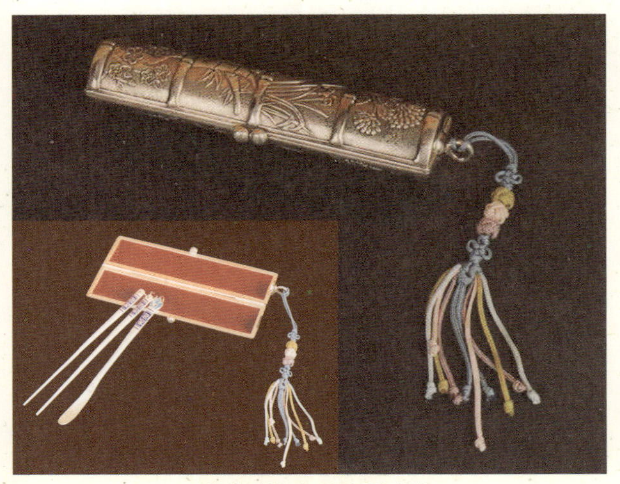
차 숟가락과 다과 젓가락

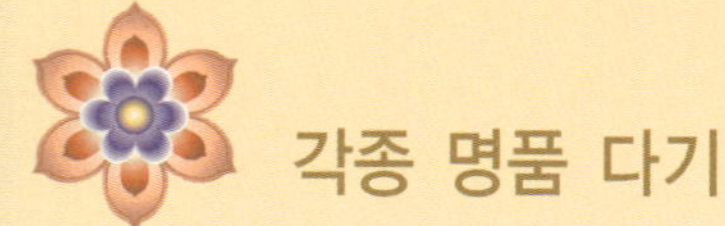

각종 명품 다기

원나라 다기

청나라 다기

송나라 다기(진다잔)

계영배

차 옥맷돌

헌다완

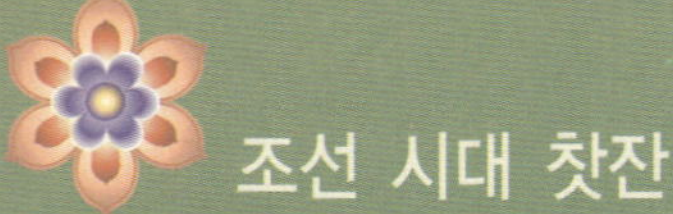

조선 시대 찻잔

현대 명인들의 다기

김정식 작

이학천 작

보천 작

김선식 작

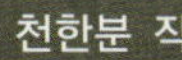

천한분 작

이정환 작

장군 다완

▲▼ 고세연 창안
장금정 제작

목성석다완▲▶

황금석다완

각종 다기

옥지조

관세(손 씻는 그릇)

고세연 다문화 총서 · 3

차의 역사

차와 꽃의 의식과 음악

고세연 다문화 총서 · 3

차의 역사
차와 꽃의 의식과 음악

초판 인쇄 · 2006년 3월 10일
초판 발행 · 2006년 3월 15일

지은이 · 고세연
펴낸이 · 임종대
펴낸곳 · 미래문화사

등록 번호 · 제 3-44호
등록 일자 · 1976년 10월 19일
주소 · 서울시 용산구 효창동 5-421호 140-120
전화 · 715-4507, 713-6647
팩스 · 713-4805
E-mail · miraebooks@korea.com
mirae715@hanmail.net

ISBN 89-7299-318-2 03000

고세연 다문화 총서 · 3

차의 역사

차와 꽃의 의식과 음악

지은이 · 고세연

미래문화사

다례茶禮의 길잡이가 되고자

인간의 삶을 윤택하게 하는 방법은 여러 가지가 있을 것이다.

그 가운데 으뜸은 단연 품위와 운치가 넘치는 다문화茶文化, 즉 다례茶禮가 아닐까 한다.

다례는 오랜 옛적부터 우리의 생활 속에 뿌리 내렸던 기층문화로서 세계적 유산이다. 한 잔의 차로 탄생을 축복하고, 하늘과 선조에게 제사했던 아름다운 양속이다.

삼국유사의 가락국기를 보면 신라 김수로왕의 제사 때부터 다례가 시작되었다고 하니, 역사가 장구하기도 하다. 2천 년 동안 하늘은 물론이요, 돌아가신 선조나 가정의 각종 의례에 한 잔의 차를 신물神物로 썼던 이는 지구상에 우리뿐일 것이다.

조선 시대에 들어와 우리의 차문화가 쇠퇴했다고 하지만 그럼에도 불구하고 조정은 날마다 차로 날이 새고 질 정도로 모든 의식에 차가 많이 쓰였다. 왕조실록에 나타난 차의 기록은 천 오백 회가 넘는다. 팔관회, 연등회, 기우제, 사직의 제례, 세자 책봉 등 국가적인 행사와 설 · 단오 · 추석 · 중앙절 · 동제에 이르기까지 민간에서도 끊임없이 다향을 피워 올렸다.

물론 세계의 많은 사람들이 각기 고유한 음료문화를 가지고 있을 것이다. 그 중에서도 우리의 선조들은 유달리 격식과 멋스러움이 넘치는 고품격의 다문화를 즐겼다. 그러나 내외의 변란과 일제의 우리 문화 비하정책으로 쇠퇴했지만 뜻있는 선비와 승려들 사이에서 그 맥이 면면히 이어져 오늘에 이르렀다.

더욱이 해방 후 어수선했던 시절과 6 · 25를 거치는 동안 갑자기 밀려들어 온 서구의 음료(커피) 수용에 급급한 나머지 이를 복원하고 보급시키는 일을 제대로 못해 잃어버릴 뻔하기도 했다. 그런데 근래 다문화를 소중히 여기는 많은 사람들이 모여들고 있으니 다인의 한 사람으로서 여간 기쁜 게 아니다.

이제 차는 현대인들에게 필수적인 기호음료가 되고 있다. 그런데도 우리 고유의 아름다운 전통문화가 하나하나 빠르게 소멸되어가는 요즈음, 우리의 지고지순한 다문화는 대접받아 마땅하다.

필자가 다인으로 입문한 것이 1967년이니 어언 39년이란 짧지 않은 세월이 흘렀다. 그간 나름대로 다문화의 바른 길을 제시하고 우리 차의 보급에 노력했었지만 그 성과를 스스로 평가하기에는 부족한 점이 너무도 많다.

이제 필생의 과업이라 생각하고 후학들에게 다례의 길잡이가 되었으면 하는 뜻에서 장필을 들었다. 그간 선학들께서 가르쳐 주었던 것들과 본인이 연구해 두었던 것들을 정리해 몇 권의 책으로 묶으려 한다. 우선 다사를 중심으로 한 권을 묶나니, 강호제현들의 일독과 채찍과 성원을 바라마지 않는다.

병술년 입춘지절에

고세연

차례

제2장 우리나라의 차

제3장 궁중다례와 꽃과 절

제4장 예악禮樂

부록

제1장

차의 모든 것

제1장 차의 모든 것

1. 차茶의 기원과 원산지

(1) 차의 기원

지구의 나이는 대략 50억 년 정도로 계산한다.

그러면 차茶의 역사는 얼마나 될까? 간략하게 지구의 생성과 변천과정을 살펴보면서 차의 기원을 알아보기로 한다.

1) 선캄브리아대

지구에 최초로 생물이 서식하기 시작한 시기이다.

지금부터 약 46억 년 전부터 5억 8천만 년 전까지 40억 2천만 년 동안의 기간으로, 시생대와 원생대로 분류한다.

2) 고생대

지금부터 약 5억 8천만 년 전부터 2억 4천 7백만 년 전까지 대략 3억 3천만 년 기간이다. 이때를 원생대라 하는 바, 이 기간을 거치면서 모든 생물들이 환경에 적응, 진화했다.

이 시기의 식물은 잎에 수분을 공급하기 위한 관다발이 발달되었고, 건조한 대기 중에서 종을 번식하기 위한 방법으로 포자와 씨앗을 발전시켰다. 이 원생대의 끝무렵인 고생대 페름기에 차나무가 출현한 것으로 추정한다.

3) 중생대

약 2억 4천 7백만 년 전부터 6천 5백만 년 전까지 대략 1억 8천 2백만 년 사이, 대륙에 분열이 일어나기 시작했다.

이 시기 초기의 트라이아스기 말기에는 남반구의 대륙이 분열되었고, 이어지는 쥐라기에는 아프리카 대륙으로부터 인도반도, 남극대륙, 오스트레일리아가 떨어져 나갔다.

차 나무

또 대륙에도 변화가 이루어져 우리나라는 융기

와 침하에 의해 지금과 같은 반도가 형성되었고, 일본은 대륙에서 떨어져 나가 열도가 되었다. 이 시대의 끝 무렵인 백악기 후기에 비로소 인류가 출현했으리라고 추정한다.

양치식물 및 은행, 소철 등 겉씨식물과 함께 차나무도 번성한 시기이다.

4) 신생대

6천 5백만 년 전부터 2천 4백만 년 전까지 대략 4천만 년 전에는 기온이 온난하여 활엽 속씨식물과 열대 생물군이 출현했고, 포유류가 활발히 번성했다. 그러다가 약 3백만 년 전 플라이오세기에 접어들면서 기후가 냉각되어 북극과 남극에 빙상이 형성되었다.

이 신생대의 끝무렵인 약 1만 년 전부터 인류는 농경생활을 익히며 집단생활을 시작, 점차 문명의 세계로 나아가기 시작했다.

(2) 차의 원산지

차나무의 기원에 대해서 다음과 같은 재미있는 설화가 있다.

고대 인도에 기파耆婆라는 사람이 있었다. 그는 왕사성王舍城 사람으로 빈파사라頻婆娑羅왕의 아들이었는데 빈가라賓迦羅로부터 의술을 배웠다. 그리하여 훗날 부처님의 풍병과 아나율阿那律의 실명失明 아난阿難의 부스럼 등을 치료하는 명의가 되었다.

그런 그가 여행을 떠난 사이 스무 살의 딸이 죽었다. 애지중지하던 딸의 죽음 앞에서 의술인으로서 좋은 약 한 첩 제대로 써보지 못한 자책감으로 슬퍼하던 그는 가지고 있던 약을 모두 딸의 무덤에 뿌렸다. 그 후, 딸의 무덤가에서 지금까지 없던 나무가 자라기 시작했다. 이 나무가 바로 차나무로 스무 살짜리 처녀의 무덤에서 태어났다 하여 '스무 살짜리 사람나무(감인다목-甘人茶木)'라고 부르게 되었다고 한다.

신라의 법사방法師方에서 눈을 치료할 때의 주문呪文에 기파의왕耆婆醫王이라는 말이 나오는 것으로 보아 기파는 실존 인물이었던 것 같다.

또 신농과 관련된 것도 몇 가지 전해져 오는데 그 중에 기파왕의 그것과 아주 흡사한 이야기가 있다.

그 내용인 즉, 신농이 외출한 사이 딸이 죽었다. 이에 충격을 받은 그는 병으로 고통 받는 많은 백성을 구하기 위해 약초를 캐러 산속으로 들어가 이것저것 약초가 될 만한 초목의 맛을 보다가 그만 독초를 먹어 독이 온몸에 퍼져 사경에 이르렀다. 급한 나머지 마침 옆에 있던 한 나무의 잎을 따 먹었더니 해독이 되어 다시 살아났다.

그 나무가 바로 차나무였다는 것이다. 그 후부터 신농은 찻잎을 늘 가지고 다녔다고 한다.

실제로 사막을 여행하는 대상들이나 고원지대에서 생활하는 사람들은 괴혈병을 예방하기 위한 상비약으로 차를 항상 준비한다.

다시 원론으로 돌아가 지구의 역사에서 살펴 본 것과 같이 차나무의 출현은 고생대 말기였으니 인류의 역사보다 훨씬 이전이 된다. 그러면 차나무의 원산지는 어디일까?

이에 대한 연구는 1900년대 초부터 활발히 진행되고 있다. 그런데 지금까지 연구된 내용을 살펴보면 크게 세 갈래로 집약된다. 즉, 일원설과 이원설, 그리고 다원설이 바로 그것이다.

차꽃

1) 일원설一元說

중국의 귀주성, 운남성, 사천성이 기점起點이 되어 전세계로 확산 보급되었다는 학설이다. 중국의 후위後魏시대(386~534) 매은협買恩勰이 저술한 제민요술齊民要術에는 차나무가 중국의 서남지역에서 전래되었다고 기록되어 있다.

일본의 시무라(志村)는 1943년, 중국종과 인도 아삼Assam종을 분석 비교한 결과 염색체 수가 2n=30으로 같은 것을 발견했고, 세포유전학적으로도 같다고 발표하여 이를 뒷받침했다. 가노(長戶), 오소네(大曾根) 등도 1982년 같은 주장을 폈다.

다케오(竹尾)는 1984년, 일찍이 중국 운남지방에 자생하고 있던 차나무가 남서쪽으로 전래하여 아삼종이 되었고, 양자강으로 흘러간 것은 소엽종으로 변이되었다고 주장했다.

중국의 오각농은 1978년, 차의 원산지는 운귀雲貴고원, 사천 남부, 광서 북부, 호남 등지라고 주장했다. 장만방庄晚芳은 1981년, 대루산계大婁山系(사천, 운남, 귀주지역)의 차나무는 변종일 가능성이 높고, 운귀고원이 원산지라고 했다. 우부련虞富蓮은 1986년, 운남차를 연구하여 운남이 차나무의 원산지라고 주장했다.

T. Eden은 1958년, 차나무는 이라와디 강의 시발지역 부근이 원산지이며 차츰 인도지나와 아삼지방으로 퍼져나갔다고 주장했다.

E. Bramah 역시 1972년, 양자강 상류와 브라마프트 강 상류 및 이라와디 강 상류가 차나무의 원산지라고 확인했다.

그 외에도 일본의 하시모토(橋本實)를 비롯하여 많은 학자들이 비슷한 주장을 펴고 있다.

2) 이원설二元說

중국의 운남성 부근과 인도의 아삼지방을 각각 원산지로 하는 두 종이 확산 보급되었다는 학설이다.

네덜란드의 Cohen Sturt는 1919년, 중국의 운남지방 및 인도의 아삼지방 대엽종과 중국 동남부 지역의 소엽종은 형질이 다르므로 원산지도 각각 다르다고 주장했다.

영국의 C. R. Harler도 1933년, 같은 이유로 원산지가 다르고 또 잎의 크기가 중간형인 모든 차는 잡종이라고 주장했다.

영국의 Kingdon Ward는 1950년, 중국종은 빙하기에 태평양 연안의 북부에서 전래되었고, 인도의 아삼종은 중앙아시아로부터 전래된 것으로 추정했다.

3) 다원설多元說

다원설을 주장하는 학자는 의외로 많지 않다.

Krassnow라는 사람은 1899년, 차나무의 원산지는 동부 아시아 지역의 몬슨기후지대 일원이며, 그 북방 한계선은 일본의 남부까지라고 했다.

다원설을 주장하는 사람들 중에는 그 원산지로 중국의 북방지역과 메콩 강과 이라와디 강의 상류지역 그리고 일본 등 세 곳을 꼽는 사람도 있다. 필자의 생각으로는 차나무가 각 지역마다 자생종이 있고 또한 종이 여러 가지이니, 원산지가 어느 한두 곳으로 한정되지는 않으리라고 본다.

해서 지금까지 밝혀진 기록과 차나무의 생태적 습성, 현재의 생산현황 등을 종합하여 중국의 운남성과 광동성, 광서성을 비롯한 서남부 일대와 미얀마, 인도 아삼지역 등이라고 생각한다. 또한 교통과 정보가 거의 단절된 시대였으니 그 때에 차나무가 널리 퍼져 있었던 곳을 원산지로 봄이 타당할 것이다.

벼가 열대지방으로부터 이식되어 고품종으로 발전되어 왔듯, 차나무 역시 변이와 이식에 의해 여러 고품종으로 변천되었을 것이다. 이를 근거로 동남아시아 아열대 지역 일대가 원산지였으리라고 추측한다.

2. 차의 학명과 종種

차나무는 차나무과Theaceae 동백나무속Camellia 다절Thea의 사철 푸른 다년생 종자식물이며, 학명은 카멜리아 시넨시스Camellia sinensis로 통일하여 쓰는 추세다. 차나무는 교배가 쉬운 편이어서 자연교배나 인위적인 교배에 의해 육종한 많은 품종이 있다.

찻잎의 생김새는 긴 타원형으로 끝이 뾰족하고 잎 둘레가 톱니처럼 생겼다. 또 잎은 줄기에서 어긋나고 두터우며 윤기가 있고 질기다. 꽃은 찔레꽃과 비슷하게 생긴 홑꽃으로, 보통 다섯 장의 꽃잎에 다섯 개의 받침이 달려 있다. 개화시기는 9월부터 11월까지이고, 색깔은 대부분 흰색이지만 드물게 분홍색을 띠기도 한다. 꽃술은 노란색으로 암술은 하나이지만 수술은 200~300여 개나 된다. 열매는 다음해 8월까지 자라다가 꽃이 피는 10월쯤 되면 껍질이 터지면서 지름이 1cm정도 되는 둥근 씨앗 1~3개를 뿌린다. 차나무의 수명은 대략 150년~200년 정도이다.

차나무는 크게 중국종과 아삼종으로 나뉘어진다.

중국 소엽종은 줄기가 여러 개인 관목으로, 나무의 크기는 3m 내외이고 잎의 크기는 3~6cm 정도이다. 추위를 잘 견디며 수명이 길어서 경제성이 높다. 중국의 동남부, 우리나라의 남부, 일본에서 재배되는 대부분의 차나무가 이에 속한다. 중국 대엽종은 잎의 크기가 6~14cm 정도이고 사천성과 운남성에 분포되어 있다.

아삼종도 두 가지로 나뉘어진다. 나무의 높이가 무려 10m에 달하고 잎은 8~16cm 정도 되는 샨종은 미얀마의 북부, 태국의 북부지방에 분포되어 있다. 교목인 아삼종은 잎이 커서 15~30cm나 되며 인도의 아삼, 마니프르 지방에 분포되어 있다.

그러나 학자에 따라 다양하게 분류하고 있어 혼란스럽게 하고 있다. 그 중에 대표적인 학설을 소개한다.

(1) G. Watt설

Watt는 영국인으로 오랜동안 인도에 머물면서 차를 연구했으며, 1907년 차나무의 종을 다음과 같이 분류 발표했다.

가. var. viridis : 아삼종과 운남종, 중국종 포함

나. var. bohea : 일본종을 포함한 소엽종

다. var. stricta

라. var. lasiocalyx

(2) C. P. C. Sturart설

Sturart는 1913년 이후 쟈바의 보이텐소르그 식물원에서 차나무의 육종학을 연구, 1919년 종명을 Camellia theifera (Griff) Dyer라 하고 다음과 같이 분류했다.

가. var. bohea : 중국 소엽종, 일본종

나. var. macrophylla : 중국 대엽종

다. var. burmaensis : 인도 소엽종

라. var. assamica : 인도 대엽종

(3) J. R. Sealy설

Sealy는 영국인으로 1958년, 그의 저서《차나무의 속의 개정》에서 차나무의 품종을 Camellia sinensis (L) O. Kuntge로 명명하고 다음의 두 종으로 크게 분류했다.

가. var. sinensis : 중국종

나. var. assamica : 아삼종

3. 차나무의 분포

(1) 분포

차나무는 표고가 높고, 배수가 잘 이루어지는 약산성의 부식토질에서 잘 자란다. 기후는 바람이 잘 통하는 약간은 서늘한 온도를 선호하는 특성이 있다. 지구상의 분포현황을 보면 북으로는 북위 42도가 되는 소련의 카스피해 서쪽 그루지야Gruziya에서 남으로는 남아프리카 남위 29도까지 30여 국에 걸쳐 재배되고 있다.

주요 생산국으로는 인도, 스리랑카, 한국, 중국, 일본, 소련의 코카서스 지방, 아프리카의 일부 국가, 남아메리카의 일부 국가 등이다. 특히 인도의 아삼지방에는 약 2,000여 개의 다원이 있어 그 재배 면적이 1,000ha를 넘고 중국 또한 프랑스의 포도재배 면적보다도 넓은 다원을 가지고 있다.

중국에서 생산되는 차는 품질이 우수하여 이쩐바이하오(銀針白

毫)나 치먼마오펑(祈門毛峰)처럼 생산하는 곳의 지명을 다명으로 쓰는 곳이 많다.

인도의 다르질링 지방의 홍차, 우리나라의 우전차, 일본의 교쿠로(玉露)녹차, 중국 광동지방의 반발효차 등은 세계적으로 널리 알려진 유명한 차다.

(2) 식재植栽

차나무는 뿌리가 곧고 깊게 뻗는 특징이 있어 한번 심으면 이식하기가 매우 어렵다. 그러니 심기 전에 재배지의 기후나 주위환경, 토질, 그리고 품종과 재배관리 및 병충해에 이르기까지 여러 조건을 면밀히 검토해야 한다.

우선 차나무가 잘 자라는 데는 13~15℃의 기온이 적당하다. 너무 춥거나 더우면 안 된다. 온도가 35℃를 넘으면 성장이 멈추고 40℃ 이상이 되면 잎이 타들어 간다. 너무 추워도 잎이 얼고 마르는 현상이 일어난다.

그 다음으로는 수분이 많은 지역이어야 한다. 차나무는 잎을 생산해야 하는 작물이라서 많은 양의 수분이 필요하다. 때문에 4월 초부터 9월 말까지 1천㎜ 이상의 비가 내려야 한다.

다성茶聖으로 추앙받는 육우陸羽(727~803)가 760년 경에 펴낸 《다경》을 보면 상품上品의 차는 자갈밭에서 나고, 중품의 차는 사질토에서 나며, 하품은 황토밭에서 난다고 했다.

그만큼 차는 대나무밭 옆의 자갈밭이나 사질토양에서 나는 것이 좋은 것으로 알려져 있다. 거기에 철분과 유기질이 풍부하면 더없이 좋은 조건이 될 것이다.

4. 차의 정의와 명칭

(1) 차의 정의

차茶는 차나무의 잎을 뜨거운 물로 우려낸 것으로 음료 중에서 가장 오랜 역사를 지니고 있다. 인류는 차를 처음에는 음식과 약의 기능을 동시에 갖는 식약품으로 이용해 제례용품으로 쓰다가 점차 일반인의 기호음료로 정착되었다.

육우의 《다경茶經》에는 음료로서의 차를 다음 몇 가지로 세분하고 있다. 즉, '가檟라고 하는 것은 쓴 차(苦茶)를 가르키는 말이고, 설蔎은 촉의 서남쪽 사람들이 부르는 차의 다른 말이며, 늦게 딴 차를 명茗이라 하고 천荈은 다목茶木 전체를 지칭하는 말이다.' 라고 했다.

육우가 쓴 다경은 다문화사에 있어서는 대단한 비중을 차지하므로 조금 더 설명하기로 한다.

육우는 어려서 고아가 되어 선승禪僧 지적智積이 강보에 싸인 아기를 거두어 호북성 경릉湖北省 竟陵이라는 곳에서 성장했다. 경릉은 운남성에서 발원한 양자강이 사천성을 경유하여 흘러드는 지역으로 차가 전파된 통로였다.

그는 젊어 한때 광대생활을 하면서 당대의 명사였던 최국보崔國輔와 이제물李齊物 등의 인정을 받았다. 그래서 스스로를 상저옹桑苧翁이라 부르며 춘추시대 초나라 광인狂人이었던 접여接輿처럼 탈속적인 기인으로 살기도 했다.

또 당나라의 충신이자 명필인 안진경顔眞卿과 교류하며 저작에 전념해 훗날 육문학陸文學이라는 칭호를 얻었으며, 정6품에 해당하는 태자문학太子文學을 제수받기도 했으나 끝내 사양하였다.

그는 양자강의 하류인 초계라는 곳에 칩거하며 당시 크게 번창했던 차문화의 영향을 받아 사마천의《사기》에 비견되는《다경》을 저술하였다.

다경은 전체가 3권(다지원茶之源, 다지구茶之具, 다지법茶之法)으로 이루어져 1권에서는 차의 기원, 차의 도구, 차의 제조를, 2권에서는 다기茶器를, 3권에서는 차를 끓이는 법, 차를 음미하는 법, 차의 역사, 차의 생산지, 음다법 등을 설명하고 있다. 또 아홉 가지 문항을 흰 비단에 기록하여 다실에 게시하고 늘 숙지하라고 가르치고 있다.

차는 우리나라에서는 삼국시대 이후 '다茶'와 '명茗' 등 다양한 명칭으로 불리어졌다. 이는 현존하는 다기茶器, 탑비명塔碑銘, 또는 다시茶詩 등을 살펴보면 알 수 있다. (역대의 문헌상에 나타난 명칭은 필자의 저서《다의 미학》177, 178, 179쪽에 자세히 기록하였음.)

차의 명칭이 이렇게 다양한 것은 그만큼 다문화가 화려했고, 세인의 관심이 지대했다는 반증이기도 하다.

우리는 지금 다문화를 이야기할 때 그 명칭으로 〈다〉와 〈차〉를 정해진 원칙 없이 쓰고 있다. 차나무와 그 음용법이 중국에서 세계 각지로 전해져 나갈 때 복건성 아모이 지방의 방언과 관동성 마카오 지방의 방언이 함께 전해지면서 각국의 언어로 토착화되었기 때문이다.

우리나라는 아모이 방언을 이어받아 〈Ta〉 즉, 〈다〉로 호칭하기 시작했었는데 한자 〈茶〉가 〈다〉와 〈차〉, 두 가지 음을 갖는 바람에 느낌에 따라 혼용하기 시작했던 것이다.

그러나 명칭의 어원이 되는 한자의 훈訓을 보면 〈차茶〉자는 분명 〈차싹 차나무 다〉이지 〈다차〉는 아니다. 《강희자전》, 《한한대자전》 등 거의 모든 옥편들이 〈茶〉를 〈다〉자로 하고, 〈차〉자를 속俗자로 규정해 놓았고, 실제로 우리 조상들은 항상 〈다〉로 발음해 읽었다. 그러니 〈차〉는 관용어 정도로 해두고, 한자어와 합성어일 때에는 모두 〈다〉로 읽는 것이 좋겠다.

한편, 언제부터인지 모르게 제사의식일 때는 <차>로 발음하고(예 : 차례), 음료와 관련해서는 <다>로 발음해 왔다.(예 : 다방, 음다飮茶)

이렇게 혼용하다 보니 한자를 모르는 세대들은 '설날 차례茶禮 지낸다.'는 말을 이해 못해 '설날 순서(차례=순서) 지낸다.'가 무슨 뜻이냐고 묻는 혼란이 일어나고 있다.

그러나 이제 새삼스레 어떤 한 글자로 고정하여 사용하자고 고집하는 것 역시 또다른 혼란이 따를 것이니 각기 다른 음을 관용어로 고착시켜 혼용할 수밖에 없다.

5. 차문화의 전래와 보급

그러면 인류가 차를 즐기기 시작한 때는 언제부터였을까?

인류가 차를 음용飮用하기 시작한 연대를 정확히 파악하는 것은 거의 불가하다. 다만 현존하는 각종 기록이나 벽화, 또는 다구茶具 등을 살펴 대략적인 시기를 추정할 뿐이다.

앞서 이야기한 《다경》을 보면 신농神農의 《식경食經》에 '차를 장복하면 몸에 힘이 생기고 마음이 즐거워진다.' 라고 기록되어 있다.

염제 신농 씨가 어느 날 개천가에서 물을 끓이고 있는데 머리 위 나뭇가지에서 잎이 떨어져 끓는 물 속으로 들어갔다. 그러자 물이 이내 고운 금빛으로 변하고 그윽한 향기를 내는지라, 그 물을 마셔 보니 맛도 좋고 향기도 좋았다. 그 잎이 바로 차나무 잎이었다.

신농 씨는 사람들에게 이를 알려 마시게 하고, 가공하는 법도 개발하여 보급했다.

이를 근거로 하면 신농황제 때 이미 차를 음용하기 시작했었다고 보아야 한다. 그때가 B. C. 2,500년 경이었으니 지금부터 4,500여 년 전이 된다. 그러나 이것은 단지 전설에 불과한 것이어서 다문화의 기원으로 보기에는 근거가 너무 미흡하다.

진秦나라가 중국 대륙을 통일했던 B. C. 221년 무렵에 차가 보급되기 시작했다는 설이 있으나 문헌상에 나타난 정확한 기록은 그보다 훨씬 뒤인 B. C. 59년 경이다. 이는 전한前漢의 선제宣帝시대였는데 왕포王褒라는 사람이 쓴 《동약僮約》이 그 근거이다.

왕포는 사천 출신으로 성도成都에서 관리로 있을 때 남의 집에서 기숙하고 있었다. 그는 가끔 주인집의 하인에게 심부름을 시키곤 했는데 그때마다 하인이 불평하므로 아예 돈을 주고 그 하인을 사 버렸다. 그리고는 업무를 규정하는 노비계약서를 작성했는데 그것이 바로 《동약》이다. 그 내용의 일부를 보면 '아침에 일어나면 먼저 청소를 하고, 식후에는 설거지를 해야 하며, 손님이 오면 술을 사와야 한다. 또 우물에서 물을 길어와 그릇을 깨끗이 닦아야 하고, 채소와 곡식을 가꾸고 거둘 것이며, 생선의 회를 뜨고, 자라요리를 해야 한다. 그리고 무양에 가서 차를 구입해(武陽買茶 무양매다) 이를 달여내야 한다(烹茶 팽다)'라는 구절이 있다.

이 시기를 다문화의 기원으로 본다면 다문화는 2000년을 조금 넘는 역사를 가졌다 할 것이다.

또 다른 기록으로는 진晋나라의 진수가 쓴 《삼국지三國志(소설 삼국지가 아님)》에 차가 언급되고 있다.

강남을 세력권으로 남경에 도읍한 오吳(222~280)나라 사람들은 찻잎을 따고, 삶기도 했다고 적고 있다. 기원 후 3세기 중엽의 일이다.

그러나 한나라에서 차를 처음 음용한 것은 한무제의 남정南征 이후로 보는 견해가 지배적으로, 그 연대는 기원전 15~109년 무렵이다. 한의 무제武帝는 지금의 사천, 운남 지방을 정복해 그곳의 원주민들이 약으로 마시는 차를 알게 되었다.

그 후 한족이 본격적으로 차를 마시게 된 것은 유비의 촉蜀나라 건국 등 삼국 정립이후로 보여진다.

차를 발견한 한족은 처음에는 약제 정도로 취급되던 것을 생활 속의 차로 발전시켰다. 그리하여 생산지역과 생산량이 증대되기

시작한 차는 당대에 와서는 문화생활로 파급되었다. 특히 선승禪僧사이에 널리 애용되었고, 송대에 들어와서는 왕실을 비롯한 귀족사회의 음료로 정착되었다. 그 후 원·명·청을 거치면서 제다의 기술 발달과 함께 차의 보급이 일반화되었던 것이다. 수질(샘물)이 나쁜 중국에서는 차가 생활음료가 되기에는 필요충분조건을 갖추었던 것이다. 그 후, 몽고, 여진, 만주족 등의 잦은 침탈로 차는 변방에까지 알려지게 되었고, 중국인들의 선천적 상업 수완에 의해 마침내 문화상품으로 뿌리 내리게 되었다.

그러나 차가 결정적으로 세계시장에 진출하게 된 것은 영국의 동진정책 때문이었다. 18세기 영국의 동인도회사東印度會社는 청나라로부터 차와 명주를 수입해 갔다.

19세기 초가 되자 홍차의 수요는 폭발적이었다. 이때 홍차의 출현에는 매우 흥미로운 이야기가 전해진다.

중국의 남쪽 더운 곳에서 영국의 수요를 충당하기 위해 많은 양을 한꺼번에 싣고 가던 찻잎이 장기간의 항해로 인하여 자연발효가 되었다. 그러나 그것을 어쩔 수 없이 음용하게 된 데서 홍차가 탄생한 것이다. 그런데 그것이 영국인의 기호에 맞았으며, 제다의 공정도 그렇게 까다롭지 않고, 값도 녹차보다 싸서 노동계급을 비롯한 서민 사이에 파고들었다.

이렇게 개발된 홍차는 이제 세계 차 소비량의 70%를 점령하고 있다.

동이족으로 확인되고 있는 염제 신농은 수많은 식물들을 식용과 약용으로 개발했다. 그는 동양의 다인들로부터 다신茶神으로 추앙받는 전설적 황제다.

동양 3국의 다문화는 나라에 따라 그 용어가 다르다. 중국은 〈다예茶藝〉, 한국은 〈다례茶禮〉, 일본은 〈다도茶道〉로 불리는 용어는 각기 그 국민성을 대변해 준다.

처음 차는 몸안의 독소를 제거하는 해독제 내지 질병을 치료하는 약제로 쓰였으나 남북조시대(439~580) 이후 신분이 높은 관료들이 정신 수양을 위한 신경 안정제로, 승려들은 기호음료로 애용하면서 일반에 이르기까지 변천, 보급되었다.

우리나라는 가락국을 포함한 삼국시대에 이미 차를 끓여 부처님께 올렸고, 궁중에서도 애용했으며, 일반인들의 제례에 쓰였음이 많은 사료에서 밝혀지고 있다. 따라서 우리가 자랑할 수 있는 전통문화 중에서 가장 자신 있게 세계에 자랑할 수 있는 전통문화라면 그것은 바로 다례라고 하는 고품격 문화일 것이다. 종묘 제례가 유네스코의 세계문화유산으로 등록되었듯이…….

제2장

우리나라의 차

제2장 우리나라의 차

1. 역사에 등장하는 차

우리나라에 차나무가 보급된 학설을 살펴보면 자생설, 수로왕비(허황옥) 전래설, 신라 대렴 전래설 등 세 가지가 있다.

첫째, 야생 자생설은 토종의 우리 것이라는 이야기인 바, 삼국시대 이전부터의 설화나 야사, 정사 어디에서도 그 흔적을 찾을 길이 없다.

다음으로는 서기 48년, 아유타국(인도)의 공주 허황옥이 금관가야(가락국)의 김수로왕과 결혼할 때 많은 예물 중에 차씨를 가져와서 김해의 백월산에 심어 보급되었다는 기록이 삼국유사에 있다.

세 번째는 삼국사기의 신라본기에 신라 42대 흥덕왕 3년(828년), 당나라에 사신으로 갔던 대렴大廉이 당의 문종황제로부터 차를 대접받고서 귀국 길에 차나무 종자(차씨)를 가지고 와서 왕께 드렸더니 지리산 남녘에 심게 하였다는 기록이다. 지금도 하동군 화개면花開面 일대에는 많은 차나무가 자생하고 있는데 그때부터 전래된 것이 아닌가 추측된다. 그곳에는 신라 말기에 창건된 옥천사玉泉寺라는 옛사찰이 있어 관리했을 것으로 보인다.

다음은 다루기에 무척 조심스러우나 자연적 전래설을 주장하는 이도 있어 이를 적는다.

전라남도 무안군 해제면, 해남군 송지면, 장흥군 대덕읍, 또는 보성군 득량면 산야에는 사찰이나 암자와는 관계가 전혀 없는 곳에서도 많은 차나무가 자생하고 있다. 이를 그냥 지나칠 수 없음은 씨앗이라는 식물의 독특한 번식력 때문이다.

이를테면 중국의 동남해안 산지의 차나무 씨앗이 태풍 등으로 바다를 건너 한국의 서남 해안지역에 밀려와 착지했을 것이라는 가설이다. 또 양자강 유역의 차나무 씨앗일 수도 있다는 주장도 있다. 차나무 씨앗에는 콩깍지처럼 보호막이 있어 물에는 잘 풀리지 않으나 일단 흙에 닿으면 발아가 촉진되어 기적적으로 번식했을 것이라는 추측이다.

그러나 본시 가설은 부정을 전제하는 것이라서 이의 비판도 만만치가 않다. 즉, 차나무 씨앗은 굵고 무거워서 바람에 멀리 날아갈 수가 없다는 주장이다.

대개의 관목灌木이 그렇듯 차나무는 기후에 민감하고 아무 데나 정착하지 않는 등 생육이 까다로운 편인데, 더군다나 대양을 넘는 번식은 상상할 수도 없다는 것이다. 그러니 이는 어느 현자가 명특한 논리로 규명해주었으면 좋겠다.

(1) 가야 시대

차가 우리의 역사의 기록에 최초로 등장하는 것은 가야 시대이다.

무신년(서기 48년) 음력 7월 스무이렛 날에 인도 아유타국阿踰陀國 Ayqdhya의 허황옥許黃玉 공주가 16세의 꽃같은 모습으로 가락국에 나타났다. 그녀는 자신이 가야로 오게 된 연유를 말하기를,

"저의 부왕父王과 모후母后께서 꿈에 하늘의 상제上帝를 뵈었는데 상제께서 말씀하시기를 '내가 가락국에 수로를 내려보내 왕국을 건설하고 왕위에 앉게 했는 바, 딸을 그리로 보내어 배필이 되게 하라.' 고 하셨답니다. 그리하여 소녀를 보내시어 이렇게 찾아왔아오니 거두어 주십시오."

라고 했다. 이에 수로왕은 그녀를 왕후로 맞아들였다. 그때 허황옥 공주가 많은 예물을 가져왔었는데 그 중에 차나무 씨앗도 들어 있어 이를 김해의 백월산에 심어 보급되기 시작

했다고 한다. 그러나 흥망성쇠와 영광과 퇴락은 비참한 역사로 바뀌어 서기 532년 가야는 신라(법흥왕 19년)에 항복하고 말았다. 그 후 서기 661년, 삼국을 통일한 문무왕文武王 때에 있었던 일로 역시 삼국유사에 다음과 같은 기록이 있다.

"왕이 명령하기를, '가야의 시조인 수로왕은 나의 외가의 조상이 되므로 신라의 종묘와 같은 수준으로 제사를 계속해서 지내도록 하라.' 고 했다. 그리하여 수로왕 사당 주변의 최상급 경작지 30경頃(1경은 쌀 30여 석이 생산되는 땅)을 제수용으로 마련해 주고 이를 왕위전王位田이라 하였다.

이에 수로왕의 17대손인 갱세급간賡世級干이 그 뜻을 이어받아 해마다 다섯 번씩 세시 제사를 올렸는데 제사음식은 술, 단술, 떡, 밥, 차茶, 과일 등이었다."

이로 미루어 이 무렵의 세시 제사에서는 차가 쓰였는데, 이때의 차는 약이 아니라 술과 같은 기호음료였던 것 같다.

문무왕의 지시를 받고 제사를 모신 갱세급간은 가야국의 왕족이었던 바, 그가 차를 제물로 진설했다는 것으로 보아 차는 이미 오래 전부터 가야국의 왕실에 보급되어 있었을 것으로 짐작된다.

이상과 같은 기록들을 종합하여 보면 우리나라에 차나무가 보급된 것은 2천여 년이라는 장구한 역사를 갖게 된다. 그리고 다문화가 일반화된 것은 6세기경이었던 것으로 추정된다. 당시 차의 주산지로는 지리산을 비롯하여 함안, 고성, 김해, 진주 등지였으며 이후에도 계속해서 생산되었다.

(2) 고구려 시대

고구려 시대에는 매년 10월이면 동맹東盟과 한맹寒盟이라 하여 하늘에 제사를 드렸다. 그 대상은 첫째 부여신扶餘神으로 나무에 부신상父身像을 새겨 모셔 놓고 제를 올렸다. 둘째는 시조 부여신의 아들인 고등신高登神에게 드리는 제사였다. 이 고등신은 바로 제 22대 단군 색부루(索弗婁 BC 1285~1237)의 할아버지이다.

이러한 연고로 고구려 동명왕(주몽)은 재임 69년 10월에 부여에 행차하여 제사를 지냈다. 또 3월 3일에는 산돼지와 사슴을 사냥해서 한얼 제사를 지냈다. 이러한 모든 제사에는 차가 제물로 쓰였을 것으로 추측된다.

김부식金富軾의 삼국사기三國史記 제10권 신라본기新羅本記 편을 보면 고구려의 지방 이름으로 구다국句茶國이라는 이름이 나온다. 이는 고구려에서도 차를 애용했고 그런 연유로 차와 관련이 있는 지방의 이름에 다茶자를 넣었던 것이 아닌가 생각한다.

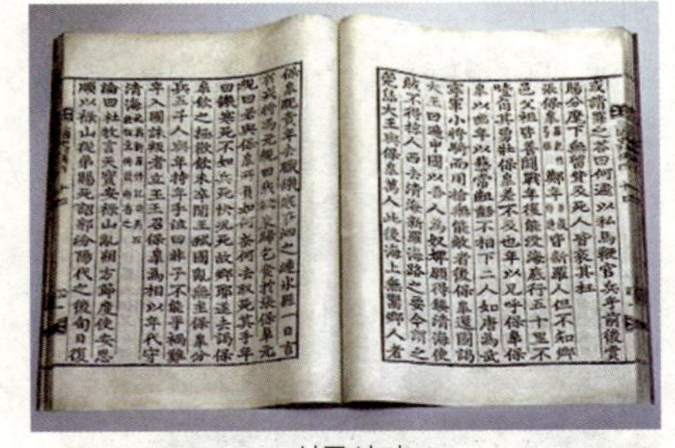

삼국사기

또 김명배金明培가 한국 식문화 학회지에 발표한 〈한국 다도의 구조적 특성〉을 보면 고구려 시대의 무덤에서 고형차인 전차錢茶가 발견되었는데 그 모양이 엽전처럼 가운데에 구멍이 뚫려 있으며 지름이 4cm 정도였다고 한다. 무게가 약 1.8g이며 두께가 얇아 가루로 빻아 마셨던 차였던 것으로 짐작된다고 했다. 이 차는 일본의 아오끼(靑木正兒 1887~1964)라는 사람이 가지고 있었다고 하는데 지금은 어떻게 되었는지 행방이 알려지지 않고 있다.

(3) 백제 시대

백제는 매년 2월, 5월, 8월, 11월 네 차례에 걸쳐 왕이 직접 나서서 하늘과 5제五帝에게 제사를 지냈다.

고기古記에 의하면 '온조왕 20년 2월에 단을 설치하고 제사를 지냈다.' 고 하는 기록이 있다. 또 38년에도 이와 비슷한 기록이 나오는데, 이로 미루어 매년 정월 설날에는 조상에게 성대하게 제사를 지냈던 것 같다. 그러나 그때부터 제례에 헌다를 했었는지는 알 길이 없다.

백제는 기후 및 지리적 위치로 보아 차나무가 잘 자랄 조건을 갖추고 있었으므로 어느 곳보다 다문화가 발달되었으리라고 추측되지만, 신라에 함락된 후 모든 사료가 망실되어 그 실상을 알아볼 방법이 없다. 다만 전국의 차 생산지 분포를 보면 전남이 가장 많은 것으로 미루어 그 유래가 아마도 백제 시대부터 비롯된 것이 아닐까 한다.

옥다완

백제는 고대 삼국 중에서 여러 문화가 가장 일찍부터 발달했었다. 일찍이 중국의 남조南朝와 무역을 하며 각종 산업을 발달시키는 한편, 불교를 들여와 6세기 무렵에는 불교문화를 활짝 꽃피웠고 멀리 일본에까지 전파했다. 그러한 백제였으니 분명 다문화가 크게 발달했으리라고 보아진다. 실제로 일본에는 임진난 이후 명품으로 꼽히는 옛 다완茶碗이 많은데 그것은 백제로부터 다문화와 더불어 도자기를 만드는 법도 전수받았기에 그러했다고 이미 밝혀졌다.

이 외에 단편적이나마 일본에 남아 있는 기록 중에서 차와 관련된 것을 정리하면 이렇다.

일본의 일본서기日本書記에 의하면 긴메이천황欽明天皇(재위 539~571) 13년에 백제의 성왕聖王이 담혜曇惠 화상 등 16명의 스님들과 더불어 불교 용구들과 차와 향 등을 보냈다는 기록이 있다. 그렇다면 백제에는 이미 다문화가 보급되어 있었다는 이야기이다.

또 일본의 동대사 요록東大寺 要錄에 의하면, 일본의 천평 원년天平元年에 행기行基라는 백제의 스님이 성무천황聖武天皇 시대에 일본에 귀화하여 살았는데 그가 중생들을 위하여 차나무를 심었다는 기록이 있다.

(4) 신라 시대

신라 시대의 다문화에 관한 기록은 고구려나 백제에 비하면 많은 편이다. 이는 위의 두 나라에 비해 통일시대 만큼 역사가 길고, 그런대로 기록이 양호하게 남아 있는 연유이기도 하지만, 무엇보다 다문화가 발달했었다는 반증이기도 하다.

신라 시대의 차에 관한 기록들은 대부분 제사와 승려들에게 관련되어 있는 것이 특징이다. 이는 차가 제물로 쓰이면서 한편으로는 정신을 맑게 해주고 잠을 쫓아주는 효능을 가지고 있어 스님들이 수행 정진할 때 애용한 때문일 것이다.

신라 초기에는 정치, 경제, 문화 등 전반적인 발전 정도가 백제, 고구려에 비해서 늦었다. 그러나 지증왕(智證麻立干, 재위 500~514) 이후에는 소를 이용하여 농지를 경작하는 등 농업 경영법을 개선하여 소득증대를 이루었고 정치도 안정되기 시작했다.

그 후 법흥왕法興王 19년(532년)에는 김수로왕金首露王을 시조로 한 본가야를, 진흥왕眞興王 22년(562년)에는 고령지방에 있던 대가야를 합병했다. 때문에 그 이전에는 신라에서 차가 널리 애용되지 않았다고 하더라도 이 때 가야의 다문화가 신라로 유입되었을 것이 확실하다.

앞서 신라의 다문화는 승려들과 깊은 관련이 있다고 했는데 그 관계를 살펴보기로 한다.

신라에 불교가 들어 온 것은 5세기 초였으나 거의 1세기 동안 인정을 받지 못하고 박해를 받았다. 그러다가 이차돈이 순교(527년)하고 난 뒤 법흥왕 20년(533년)에야 비로소 국교로 인정을 받았다. 이후 불교가 번창하면서 많은 스님들이 당나라, 혹은 인도까지 불법佛法을 공부하고자 왕래했다. 원광圓光, 자장慈藏, 의상義湘, 혜초慧超, 지장地藏 원효元曉 등이 그 대표적인 인물들이다. 이들이 인도와 중국 등지를 여행하면서 그 곳의 다문화를 국내로 들여왔을 것이고, 차와 관련된 많은 기록을 남겼다.

신라에는 연등회燃燈會라는 토속신에게 제사를 올리는 큰 의식이 있었다. 이 행사는 진흥왕 12년(551년)에 시작되어 고려 말까지 이어졌다. 특히 고려 태조는 이를 팔관회八關會라 하여 훈요십조訓要十條의 한 항목으로 넣을 만큼 그 중요성을 인정했다. 행사를 갖는 시기와 장소가 미리 정해져 있어 중동(仲冬 11월 15일)에는 왕경(王京 – 開京)에서, 맹동(孟冬 10월)에는 서경에서 행하였다. 이 때에 차를 제물로 올렸다.

원효(617~686) 대사에게는 재미있는 일화가 있다.

그는 32살에 승려가 되어 45살에 의상대사와 함께 당나라로 유학을 가게 되었다. 그런데 당나라로 가는 도중에 어떤 무덤가에서 노숙을 해야 했다. 잠을 자던 한 밤중에 원효대사는 목이 말라 주위를 더듬거리니 바가지에 물이 담겨 있었다. 하여 달게 마신 후 다시 잤다. 다음 날 아침, 대사는 지난 밤에 마신 물이 해골에 담긴 물이었음을 알고 심하게 토했다. 이에 원효대사는 세상의 모든 일이 생각하기에 따라 달라짐을 깨닫고 유학을 포기하고 통합과 실천사상을 근간으로 포교에 힘썼다.

원효대사

그런데 고려 시대의 시인 이규보李奎報(1168~1241)가 쓴 〈남행월일록南行月日錄〉을 보면 원효대사가 평소 차를 즐겼음을 알 수 있게 해주는 대목이 있다. 다음은 그 기록이다.

'경신(1200년) 8월 20일, 부령扶寧(지금의 전북 부안扶安)의 현재縣宰(현감) 이 공李公과 함께 다른 예닐곱 사람을 데리고 원효방元曉房(전북 부안군 상서면 감교리 개암사 뒷산에 있었다. 절벽 중턱에 굴을 파고 다듬어 암자를 지었는데 지금은 없어지고 흔적만 남아 있다)을 찾아갔다. 그런데 그 암자로 들어가려면 높이가 수십 척이나 되는 나무 사다리를 올라가야 했다. 그곳은 너무 높아 가끔 호랑이나 표범이 올라오려다가 실패하고 돌아가곤 한다고 했다. 후들후들 떨면서 올라가니 과연 수풀이 내려다보일 만큼 창호窓戶가 높았다.

그 옆에 한 암자가 있는데 그 옛날 사포蛇包 스님이 수도했던 곳이라고 했다. 사포 스님이 어느 날 원효대사께 차를 달여 드리려 했으나 물이 없어 걱정하고 있는데 갑자기 바위틈에서 샘물이 솟아나 맛을 보니 달기가 젖과 같아 그 물로 차를 달여 대사께 드렸다.'

사포 스님에게 얽힌 일화를 하나 더 소개한다.

어떤 과부가 남편도 없이 아이를 낳았다. 그런데 그 아이가 열두 살이 넘도록 말은커녕 걷지도 못하고 뱀처럼 기어다닌다고 해서 사람들은 그를 사포蛇包라 불렀다.

사포는 출가 후 어머니가 죽자 고심사高心寺에 머물고 있던 원효를 찾아갔다. 원효는 사포를 정중하게 맞았으나 사포는 예의도 갖추지 않고 말했다.

"대사와 내가 옛날 함께 경經을 싣고 다니던 암소가 죽었으니 함께 가서 장사를 지내자."

그는 자기 어머니를 암소라고 불렀다.

이에 원효가 따라가서 시신 앞에서 설법했다.

"태어나지 말지어다. 죽는 것이 고통이다. 죽지 말지어다. 낳는 것 또한 고통이니라."

그러자 옆에서 이를 듣고 있던 사포가 통박했다.

"무슨 말이 그리 긴고? 짧게 다시 하라."

이에 원효가 다시 고쳐서 설법했다.

"나고 죽음이 모두 고통이니라."

사포는 그제서야 고개를 끄덕였다. 이상과 같은 두 사람의 대화 내용으로 보아 사포의 법력도 원효 못지 않은 대승이었던 듯하다.

원효와 요석공주 사이에서 태어난 설총薛聰은 신문왕神文王(재위 681~692) 때 이두문자를 집대성하여 신라의 문화를 번창케 했다. 그는 왕의 자문역을 맡기도 했었는데 그 때 그는 왕이 지켜야 할 계율을 의인화한 《화왕계花王戒》를 썼다. 그 중에 백두옹白頭翁(할미꽃)이 화왕, 즉 꽃의 왕인 모란에게 건강을 유지하는 방법을 가르치는 대목이 나온다.

"왕께서는 좋은 고기와 곡식으로 배부르게 드셔야 하옵고 차와 술로써 정신을 맑게 해야 하나이다.(茶酒以清神)"

위로 미루어 이 때 이미 차를 음용하고 있었음을 알 수 있다. 특히 술보다 차를 더 우대했음이 흥미롭다. 설총이 왕에게 차를 권할 만큼 차를 좋아한 것은 원효대사로부터 영향을 받은 때문이었다.

성덕왕의 아들이었던 지장地藏(705~803) 법사 김교각金喬覺은 중국 안휘성安徽省에 있는 구화산九華山에 절을 짓고 그곳에서 99세로 입적할 때까지 평생을 수도하며 보냈다. 그는 24세 때 처음 그곳으로 가면서 신라에서 금지차金地茶를 가지고 가 재배하여 정신수양과 공다供茶에 썼다. 그가 가지고 간 금지차는 공경차空梗茶라 하여 청나라의 역사에 남을 만큼 명차가 되었다고 한다.

고대 우리나라에서 일본으로 각종 문화와 문물을 전수해 주었음은 여러 사료에서 확인되고 있다. 주로 백제에서 많이 전해주었으나 신라에서도 다문화를 전해준 기록이 있다.

원효대사의 10대 제자 중에 심상(審祥 ?~740)이라는 스님이 있었는데 그는 원효대사와 당나라의 현수賢首법사에게서 화엄학華嚴學을 배웠다. 그는 신라 효성왕(재위 729~740) 때 일본으로 건너가 그곳 왕의 신망을 얻어 대안사大安寺에서 화엄경華嚴經을 가르치면서 일본에 차를 전수했다.

자장慈藏(696~794)법사는 불법을 구하기 위해 당나라에 가면서 차를 가지고 갔으며, 그의 제자 조일租日을 시켜 차나무를 재배했다는 기록도 있다. 또 삼국사기에는 흥덕왕 시대에 관한 기록으로 다음과 같은 내용이 전한다.

'흥덕왕 3년(서기 828년) 12월, 당나라에 사신으로 대렴大廉을 보내어 조공했다. 이에 당 문종은 사신을 인덕전에 초대하여 잔치를 베풀었다. 대렴은 돌아올 때 차의 씨앗을 가져왔다. 그러자 왕이 지리산에 심게 하였다. 차는 선덕왕善德王(632~647) 때부터 있었다. (茶自善德王時有之)'

위에 나오는 27대 선덕여왕(632~647년)은 고구려와 백제의 침입을 받아 비록 국토의 일부를 빼앗기기는 했으나 백성들에게는 선정을 베풀었다.

그녀는 자장慈藏율사를 당나라로 보내 그곳의 불법을 신라로 들여오게 했으며, 유명한 통도사와 황룡사 구층탑을 짓게 하는 등 불교의 중흥을 위하여 많은 업적을 남겼다.

또 경남 양산의 통도사에는 차와 관련된 기록이 있다. 바로《통도사 사적기》인데, 그 안에는 다음과 같은 내용이 있다.

'통도사 북쪽에 있는 동을산冬乙山 아래에는 차를 만들어 절에 공양하는 차마을이 있다. 그곳에는 차를 삶는 아궁이(다인茶因)와 물을 길어 올리는 샘이 있어 그 동네를 다소마을(茶所村)이라 한다. 그 산의 동쪽에서 자장율사의 제자인 조일화향租日火香이 움막을 짓고

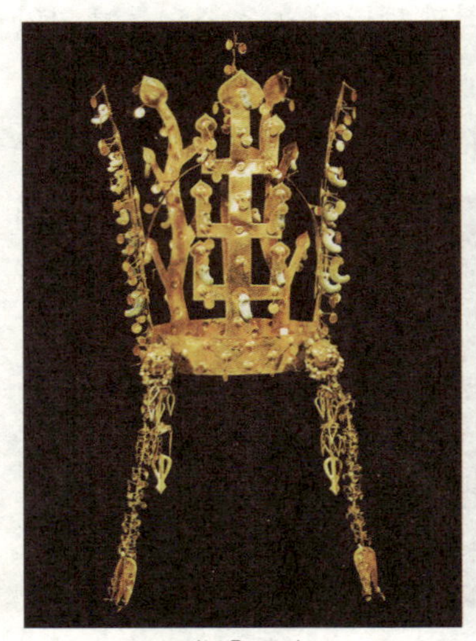
서봉총 금관

무령왕릉 금제 왕관식

살다가 죽었다. 그래서 사람들이 그곳에 장생표長生標를 세우고 그 암자를 조일암租日庵이라 부른다.'

동을산의 다소마을은 당시 죄인들이나 전쟁에서 잡아 온 포로들을 집단으로 수용하여 그 지방의 특산물이었던 차를 생산케 하여 공납했던 곳이었다. 조일화향租日火香은 아마 그곳에서 차를 생산하는 책임을 맡았던 관리자였던 것 같다. 그러면서 그 자신도 차에 매료되어 평생을 차와 함께 했던 다인이었다.

신라의 다인을 말하자면 승려들 외에 화랑도花郞徒를 빼놓을 수 없다. 화랑은 진흥왕 37년(576년)에 조직된 사설 청소년 수련단체이다. 다른 이름으로 국선도國仙徒, 풍월도風月徒, 원화도源花徒, 풍류도風流徒라고도 했으며, 몸과 마음을 수련하는 데 목적을 두었다. 또 무사도 정신을 함양하여 유사시 임금과 나라를 위해 신명을 바치기도 했다. 이들의 지도는 주로 학식과 덕망이 높은 스님들이 맡았는데, 원광법사는 유명한 세속오계世俗五戒를 지어 가르쳤다.

화랑도의 일과는 말 그대로 수련과 수양이었으므로 그들에게는 잠을 쫓고 정신을 맑게 해주는 차야말로 더없이 좋은 기호음료였을 것이다.

선인들이 차를 끓이던 옥지조

그 화랑도 중에 특히 유명한 사선四仙, 즉 네 사람의 선인仙人이 있었다. 영랑永郞, 술랑述郞, 남랑南郞, 안상安詳이 그들이다. 이들은 너무 유명한 다인들이어서 후세 사람들에게도 두고두고 회자膾炙(사람의 입으로 널리 알려짐)되었다. 고려 시대 김극기金克己(1148~1209)도 강릉의 한송정寒松亭을 노래하면서 이들을 떠올리고 있다.

> 여기는 사선四仙이 노닐던 곳
> 지금도 남은 자취 참 기이하다
> 주대(酒臺 : 술잔, 받침대)는 쓰러져 풀 속에 있고
> 다조(茶組 : 차화덕)는 내뒹굴어 이끼가 끼었구나.

세월의 무상함을 느끼게 해주는 이 시에서 다문화가 화랑도들 사회에서는 보편화되어 있었음을 알 수 있다.

또 고려 중엽 이색李穡의 아버지인 이곡李穀(1298~1351)은 동해안 지방을 여행하고 나서 기행문으로 《동유기東遊記》를 썼는데 역시 사선이 차를 즐겼음에 대해서 언급하고 있다.

'날이 기울기 전에 경포대에 올랐다. 옛날에는 이 곳에 집이 없었는데 근자에 어떤 호사자好事者가 집을 지었다.

석조石竈가 있는데 이는 선인들이 차를 끓이던 도구(전다구 煎茶具)이다.

삼일포와 경개가 막상막하로되 앞이 트이고 훤칠하기로는 그보다 낫다.

비가 와서 하루를 묵고 강성江城을 나와 문수당文殊堂을 구경했다. 사람들 말에 의하면 문수文殊, 보현普賢 두 석상은 땅 속에서 솟아나온 것이라고 한다. 동쪽에 사선비四仙碑가 있었으나 호종단胡宗旦(고

려 예종 때 송나라에서 귀화한 사람. 전국의 중요한 문화유산을 많이 없앴다고 함) 이 물 속에 던져버렸다 한다. 그리하여 귀부龜趺(거북이 모양의 비석 받침돌)만이 남아 있다.

한송정에서는 송별연을 했다.

이 정자 또한 사선들이 유람하던 곳인데 구경꾼들이 많이 오는 것을 귀찮게 생각한 마을 사람들이 헐어버렸고, 소나무들도 불에 타 모두 없어졌다. 오직 서리 내리는 밤의 달빛만 밝았다.

이곳에는 석조石竈와 석지石池, 그리고 두 개의 석정石井이 남아 있는데 모두 사선이 차를 마실 때 이용했던 것들이라고 한다.'

이 외에도 사선과 관련된 기록은 많다. 지금은 북한 땅이지만 강원도 고성에 삼일포라는 곳이 있는데 역시 사선으로 인하여 생긴 이름이다.

어느 날 사선들이 놀러왔다가 호수 안에 있는 작은 섬으로 들어갔는데 3일 동안 나오지 않았다고 해서 삼일포라 불렀다 한다. 그들과 인연이 닿아 그들의 이름을 따 명명된 곳만해도 강원 고성의 영랑호, 통천의 사선봉, 장연의 아랑포, 간성의 선유담 등 수 없이 많다.

이상과 같은 고사들로 미루어 보아 사선은 전국을 돌며 차를 즐겼던 것 같다. 물론 화랑도의 수련 자체가 인격 수양과 시와 음악을 익히고 명산대천을 돌며 풍류를 즐기는 것이었으니 전국 도처에 그 흔적들이 남아 있는 것은 당연하다 하겠다.

경덕왕景德王(재위 742~765) 시절, 충담忠談 스님은 향가鄕歌 중 안민가安民歌와 찬기파랑가讚者婆郞歌(화랑도인 기파랑을 칭송한 노래) 등 많은 향가를 지은 분이다. 국선國仙이기도 했던 그는 비록 임금 앞이라 해도 비굴하지 않고 소신을 펴는 고승高僧이자 다인이었다.

다음은 삼국유사 제2권 《경덕왕 충담사 표훈대덕表訓大德》 편에 나오는, 그가 안민가를 짓게 된 이야기이다.

왕이 즉위한 지 24년 되는 해 음력 삼월 삼짓날 서쪽에 있는 귀정문歸正門 앞에 나갔다가 앵통櫻筒 속에 다구를 넣어 걸머지고 오는 남루한 승복차림의 충담을 만나자 왕이 물었다.

"그대는 뉘시오?"

"충담이라고 합니다."

"어디서 오시오?"

"남산의 미륵세존님께 다공양茶供養을 하고 오는 길입니다."

"내게도 한 잔 주시구려."

이에 충담이 차를 끓여 왕에게 올렸다. 차맛이 특이하고 향기 또한 좋았다. 왕은 계속해서 물었다.

"그대가 기파랑者婆郞을 찬미한 〈사뇌가詞腦歌〉를 지었다고 들었는데 그러하오?"

"예, 그러하옵니다."

"그럼 나와 백성을 위하여 〈안민가〉를 지어 주시구려."

충담은 졸지에 왕 앞에 엎드려 〈안민가〉를 짓게 되었다.

왕은 아비요, 신臣은 어미라
백성을 귀여운 아해로 여긴다면

백성이 그 은애恩愛를 알지로다.
구물구물 살아가는 물생(인간)들,
그들을 먹여 다스리려면
이 땅 버리고 갈 데가 없나니
나라를 지닐 줄 알지로다.

왕은 왕답게
신하는 신하답게
백성은 백성답게 살면
나라가 태평하리로다.

충담은 상대가 왕이었지만 자기가 생각하는 바를 소신껏 읊었다. 노래를 들은 왕은 그 자리에서 충담에게 왕사王師가 되어주길 청했다. 그러나 충담은 완곡하게 사양하고 총총이 그 자리를 떠났다.

여기서 주목할 것은 신라의 다풍이다. 이미 차의 효능이 검증되어 화랑도나 승려들의 수행덕목의 방편으로 존중되었다는 사실이다. 다구의 형태도 어느 정도 갖추어져 있어 그 당시 한토(당나라)의 다문화에 뒤지지 않았다는 점이다. 중국의 다문화가 당나라 육우의 《다경》에서 비롯된 것을 감안한다면 신라의 다문화도 상당한 수준에 있었음을 알 수 있다.

다음은 차와 도솔가에 얽힌 이야기이다.

경덕왕 19년(760년) 사월 초하루. 갑자기 해가 둘이 되더니 열흘 동안 없어지지 않았다. 왕이 놀라 일관日官에게 물으니 다음 날 아침 고명한 스님을 모셔다가 산화공덕散花功德을 바쳐야 된다고 했다. 해서 궁 안에 깨끗한 단을 쌓고 왕이 직접 청양루에 나가 스님을 기다렸다. 그 때 멀리 남쪽 길로 스님 한 분이 지나가므로 왕이 불러 자초지종을 설명한 후 기도문祈禱文을 지어줄 것을 청했다. 그러나 스님은 자신은 국선國仙이므로 향가鄕歌라면 몰라도 범성梵聲은 불가하다고 하자 왕은 그러면 향가라도 지으라고 했다.

> 오늘 산화散花 노래 불러 베푸는 꽃아
> 너는 곧은 마음의 명命을 심부름하나니
> 멀리 도솔천의 미륵님을 모시도록 하여라.

스님이 노래를 지어 헌수하자 곧 해의 변괴가 가셨다. 이에 왕이 기뻐하며 궁궐에서 애용하는 차 한 봉지와 수정으로 만든 염주 108개를 하사했다. 그때 홀연히 동자승 하나가 나타나더니 차 봉지와 염주를 받아들고 궁궐 밖으로 나갔다. 함께 있던 사람들이 기이하게 여겨 뒤따라갔더니 동자승은 간 곳이 없고 차 봉지와 염주만 내원內院의 남쪽 미륵 벽화 앞에 놓여 있었다. 미륵보살이 스님의 도와 덕에 감복했던 것이다. 그 스님이 월명月明 스님이었고 그 노래는 도솔가였다.

이번에는 진감眞鑑 혜소慧昭(774~850)국사國師에 관한 이야기이다. 그는 혜공왕惠恭王 10년에 태어나 일찍이 당나라로 건너가 신감대

해인사 옥제목단분

사神鑒大師로부터 27년 간 사사하고 돌아와서 지리산 화개계곡에 들어가 옥천사玉泉寺를 창건했다. 그리고 그 곳에서 수행하며 일생을 마치니 때는 문성왕文聖王 12년이었다. 훗날 그의 도력을 높이 평가한 50대 정강왕定康王이 시호를 진감국사眞鑑國師라 하고 최치원을 시켜 사찰 이름을 쌍계사雙溪寺로 개명케 했다. 그리고 비를 세우게 했는데 최치원이 직접 쓴 비문에 차에 대한 이야기가 있다. 그 비는 지금 쌍계사에 남아 있다.

> 어쩌다 호행胡行을 하면 차를 환丸으로 만들지 않고
> 기왓장 위에 얹어 잿불로 뜸을 들여 가져오니
> 그 냄새를 모르겠고
> 한명(漢茗-漢茶)을 바치는 자
> 가루를 만들지 않고 돌가마에 잎을 넣어 삶아 가져오니
> 무슨 맛인지도 모르고 배만 적신다.

고운孤雲 최치원崔致遠(857~?)은 신라 말엽 해동공자孩童孔子라 불릴 만큼 존경받는 학자였다. 그는 일찍이 13세에 당나라에 유학하여 그곳에서 과거에 급제, 벼슬을 얻었으나 29세에 귀국했다. 그 후 한림학사翰林學士, 수병부시랑守兵部侍郞에까지 올랐지만 부패한 정

계에 회의를 느껴 지방의 태수를 자청, 한직으로 떠돌며 세월을 보내다가 후에는 그나마 내놓고 말년을 해인사에서 보냈다. 그러한 그가 차를 애용한 사실이 많은 기록으로 남아 있다. 그가 당나라에 머무르고 있을 때 누군가로부터 차를 선물받고 감사하다는 답장을 보냈는데 그 내용은 다음과 같다.

'선옹仙翁이나 우객羽客(육우)께 드려야 할 선황仙貺(신선들끼리 주고받는 선물)을 평범한 선비인 제가 받아 갈증을 풀 수 있고 근심을 잊을 수 있게 되었으니 감사합니다.'

그는《계원필경桂苑筆耕》과《중산복궤집中山覆軌集》등의 저서를 남겼다. 그 중 계원필경을 보면 흥덕왕 시절에 해상을 제압했던 장보고張保皐에 대한 이야기가 나온다.

최치원

내용은 장보고가 청해진(지금의 완도)을 무대로 일본과 당나라를 상대로 해상 무역을 하면서 당나라에서 수입하여 일본으로 수출을 했다는 것이다. 뒷날 자신도 본국 사신의 배가 바다를 건너오면 그 편에 차와 약을 사서 집에 보내려고 했다는 기록으로 보아 당나라에서의 활동 시절인 젊은 날부터 차를 애용하고 있었던 것으로 보인다.

이밖의 기록으로는 다음과 같은 것들이 있다.

만우 정병헌鄭秉憲의 집록인 《화엄사 사적》에 의하면 연기조사緣起祖師(인도승으로 알려짐)가 24대 진흥왕 5년(544년)에 지리산 남쪽(전남 구례)에 화엄사를 세우니 지리산에 절이 처음 지어진 것이다. 연기조사는 절을 지을 무렵 차나무 씨앗을 가지고 와 부근에 심었으니 뒷날의 장죽전長竹田이다.

42대 흥덕왕도 이를 알고 대렴에게 그곳에 차를 심도록 명령해 장죽전의 죽로차竹露茶가 나라 안에 이름나게 되었다고 기록되어 있다. 경남 《통도사 사리가사 사적약록》에서도 대렴설에 의한 같은 기록을 볼 수 있다.

여기서 말하는 장죽전長竹田이 현재의 화엄사 입구에 있는 장죽전인지는 단정지어 말할 수 없다. 그러나 지리산의 다른 곳에는 그러한 지명이 없는 것으로 보아 차나무의 화엄사 시배설이 무게를 갖는다. 그러나 이것은 하동의 쌍계사와 상충되어 정확한 규명이 필요한 부분이다.

다음은 전라남도 여러 고찰에서 보여지는 각종 사지寺志나 자생 차나무들이다.

영광의 불갑사佛甲寺와 나주의 불회사佛會寺 주변에는 아주 오래 전부터 많은 차나무가 자생하고 있다. 특히 불회사(384년 이후 호승 마라난타가 진나라로부터 와서 개산함)의 차나무는 분포 면적이 50여 정보나 되며, 사찰 측에 의하면 1600년 전부터 차를 재배해 오고 있다고

불회사 전경

불갑사 대웅전

한다.

또한 장흥의 보림사寶林寺는 일찍이 도의道義선사가 821년, 당나라에서 37년 만에 돌아와 개산介山한 가람이다. 그 보림사가 있는 가지산迦智山에도 일찍부터 차나무가 있었다.

도의선사는 당나라에서 구법시求法時 백장청규百丈清規라는 불교 의례儀禮를 집대성한 백장회해百丈懷海의 제자였다. 여기서 관심이 가는 것은 차와 선의 관계이다.

차는 불교의 선종禪宗에서 크게 성행했다. 그래서 백장회해가 저술한《백장청규》에는 끽다喫茶, 끽반喫飯이라는 불가의 의례가 실려 있다. 이로 미루어 37년간이나 스승에게서 이를 익히고 돌아온 도의선사가 필경 차나무 씨앗을 가져와 전수해 주었을 것이라는 생각이다.

그 당시 우리나라의 사신들은 배를 타고 산동반도의 문등현 적산촌으로 드나들고 있었다. 선사께서도 그곳을 거쳐 돌아올 때 차나무 씨앗과 정보를 가져왔을 것이다.

현재 보림사 주변의 야산에 자생하고 있는 차나무는 비자나무와 함께 그때부터 자라고 있었던 것으로 보아진다.

도의선사

보림사는 도의선사 이후 염거廉居선사를 거쳐 보조普照선사에 이르러 비로소 성황을 이룬 사찰이다.

보조선사는 법력이 해동에 떨치어 이를 계승하고자 사미법도들이 파도 밀리 듯 밀려들었다.

신라 47대 헌안왕(재위 857~861년)도 선사의 풍도를 듣고서 즉위 이듬해인 858년 유월에 장사현 부수 김언경에게 교칙을 내려 차와 약을 하사하여 경주로 맞아들이려 하였으나 선사께서 굳이 사양하고 나아가지 않았다고 한다.

이는 47대 헌강왕 10년(884년)에 건립한 보조선사 창성비(보물 제158호) 비문에 잘 기록되어 있다.

신라에는 차만을 전문으로 취급하는 집, 즉 다옥(茶屋 · 茶院)이 있었던 듯싶다.

지난 1968년 경주의 창림사 터를 발굴했을 때 그곳에서 창림사昌林寺라는 글자가 새겨진 조각과 함께 〈다연원茶淵院〉이라 쓰여져 있는 기왓장도 나왔다.

그 크기가 불과 7cm 정도에 불과하지만 신라 시대에 다문화가 번창했었음을 증명해 주는 의미 있는 자료였다.

(5) 고려 시대

다문화는 고려조 5백 년으로 넘어오면서 전성기를 맞는다. 특히 왕이 직접 차를 끓이는 일에 참여하였다고 하니 고려 시대의 다문화가 얼마나 융성했었는지 짐작할 만하다.

토산차의 개발에도 노력했거니와 송차宋茶의 수입도 활발했었다. 또 차는 궁중이나 사원, 귀족 문인들에게 이르기까지 널리 애용되었다.

고려 태조 왕건은 건국이라는 대업을 마치고 예부터 있었던 민속 의식인 연등회燃燈會를 팔관회八關會로 확대시켜 국가 제의祭儀에서 차가 소중히 다루어지도록 했다. 연등은 부처를 섬기는 것이고, 팔관은 천령과 오악五岳, 명산대천의 용신을 섬기는 것이라 하여 후대에까지 굳건히 지켜지기를 엄히 지시했다. 그러니 군신 간은 물론이요, 태자 이하 궁인 모두에게 사차식賜茶式이 빈번히 행하여졌다.

고려는 불교를 국교로 삼아 국운과 개인의 소원성취를 기원했다. 성종成宗(재위 982~997)은 불전에 나아가 공덕제功德濟를 올리면서 부처님께 바치는 차를 손수 끓이기도 했다. 그런데 불가에서나 궁중에서의 폐단이 심해지자 신하인 최승로崔承老는 아래와 같은 상소문을 올려 이를 말렸다.

고려청자

'왕께서 공덕을 쌓으시려고 친히 차와 보리를 가는 정성을 보이신다고 하옵는데 성체를 해치게 될까 두렵습니다. 이렇게 공덕을 쌓는 일은 광종光宗 때부터 있어 온 일이오나 이는 불교에서 가르치는 인과응보因果應報를 그대로 믿는 부질없는 일인 줄 아옵니다.'

최승로는 최치원崔致遠의 직계 후손으로 태조 왕건의 총애를 받으며 자라 2대인 혜종惠宗부터 6대인 성종에 이르기까지 다섯 왕을 모신 고려 초기의 신하였다. 그가 성종 8년(989년)에 죽자 왕은 크게 소리내어 울면서 그에게 뇌원차腦原茶 2백 갑과 대차大茶 열 근을 제수로 하사했다. 이처럼 차는 제물祭物은 물론 임금의 하사품下賜品으로도 쓰였다.

고려 초기에 차를 어떻게 평가했었는지에 관한 재미있는 기록이 있다. 태조 왕건王建(재위 918~943년)이 신라를 넘겨받기 전 신라로 보낸 선물이 바로 그것이다. 즉 왕건은 신라를 무력으로 정벌하기보다는 자연스럽게 합병하기 위해 유화정책을 썼다. 그래서 신라인 모두로부터 환심을 얻기 위해서 선물 공세를 폈는데 그 선물 목록을 보면 흥미로운 사실이 발견된다.

경순왕에게는 안장을 얹은 말과 비단을, 대신들에게는 비단을, 군민(화랑)에게는 차와 모자 종류를, 승려에게는 차와 향으로 차등하여 보냈다. 이때 차가 고위층이 아닌 중류급 이하 직급자에게 보내지고 있음이 흥미롭다. 당시 고려인들이 차를 평가하는 지표가 되기 때문이다. 하여튼 차가 고려 왕실의 하사품으로 쓰인 예는 일일이 열거하기도 힘들 정도인데 몇 가지만 정리하기로 한다.

성종 9년(990년)에 왕이 신하들에게 차를 하사했는데 그 수량은 아래와 같다.

- 5품 이상 ; 10각(角-갑)
- 9품 이상 ; 5각
- 품관 이상 관리의 어머니나 부인에게도 3품 이상이면 2근斤, 5품 이상이면 1근, 9품 이상이면 2각을 주었다.

그 외에도 성종은 최지몽崔知夢(987년 졸) 등 신하가 죽었을 때도 200각에서 1,000각에 이르는 많은 양의 뇌원차腦原茶와 대차大茶를 하사했는데 이는 상례喪禮에 차가 많이 필요로 함을 배려해서였던 것 같다.

성종 14년에는 평장사 최량崔亮이 세상을 떠났다. 이 때에도 성종은 쌀 3백석과 보리 2백 석에 뇌원차 1천 각(갑)을 제수로 보냈다.

목종穆宗 원년인 997년에 문신 출신인 서희徐熙 장군이 죽었을 때는 뇌원차 200각, 대차 10근을 부의로 하사했다. 또 12년(1009년) 7월에는 백성 중 나이 80세 이상인 자와 불구자 635명에게 차와 약재를 차등 하사했다.

현종顯宗 12년(1021년)에는 다음 해까지 2년 간에 걸쳐 송도(개성)에 거주하는 백성 중에 고칠 수 없는 폐질의 환자 및 80세 이상의 중환자에게 차를 하사하고 위로했다. 또 수군과 전사자의 부모와 그 처자에

게도 하사했다.

정종靖宗 4년(1038년)에는 상서좌승 김원충金元沖을 거란(요)에 보내어 거란의 연호를 쓰기를 청했는데 그 결과가 좋아 사은품을 보내게 되었는데 그 중에 뇌원차를 보냈다. 이는 거란국지渠丹國志에도 나와 있다고 한다.

문종文宗 3년(1049년) 3월에는 80세 이상 중신들을 편전에 불러 잔치를 베풀며 뇌원차 30각을 내놓았다. 이렇듯 뇌원차는 성종 8년부터 문종 3년까지 60여 년간 생산되었는데 그 맛이 매우 좋았다고 한다.

문종文宗 21년(1067년) 해린국사海麟國師가 노회하여 산중으로 들어갈 것을 청하니 왕이 금은 그릇, 비단, 약 등과 함께 차를 하사했다. 또 자신의 넷째 왕자인 대각국사大覺國師(의천義天 1055~1101)에게도 20각의 차를 주었다는 기록이 있다.

숙종肅宗은 삼각산에 있는 승가굴에서 제祭를 올릴 때면 왕비와 세자 및 신하들과 함께 행차하여 차와 향을 시주했다. 또 가뭄이 심할 때는 기우제를 지내도록 하고 역시 차를 하사했다. 이렇게 왕이 차를 하사하는 일은 예종睿宗과 인종仁宗 때까지 계속되었으나 무신武臣이 집권한 후반기에는 이러한 전통이 끊겼다.

그런가 하면 차는 국제간의 예물이나 중요한 교역 품목이었다.

정종靖宗 4년(1038년)에는 거란에 뇌원차를 예물로 보냈더니 이듬해 차맛이 좋다고 더 보내줄 것을 주문해 오기도 했다.

인종 8년(1130년)에는 금金나라에, 충렬왕忠烈王 18년(1292년)에는 원元나라에 차를 보냈다는 기록이 있다. 반대로 송宋나라에서는 용차龍茶와 봉차鳳茶를 여러 차례 보내왔다는 기록도 있다. 송나라에서 보내온 차는 차나무 잎을 찌고, 찧고, 말려서 둥그렇게 덩어리로 만든 다음 용과 봉황 모양의 틀에 넣어 찍어낸 차로써 당시에는 최상품이었다.

1) 다례청茶禮廳

고려 시대에는 궁중이나 관청의 의전에서 차만을 전문적으로 관리하는 부서를 두었으나 그 명칭과 책임자의 직급은 일정하지 않고 왕에 따라 달랐다.

그 명칭을 하위 직급부터 살펴보면 다방별감茶房別監, 다방인리多方人吏, 다방산직원茶房散職員, 어다방원리御茶房員吏, 다방참외茶房參外(7품 이하), 다방참상茶房參上(6품 이상 3품 이하), 지다방사知茶房事(5품), 다방시랑茶房侍郎(3품인 상서尙書 다음 서열) 등이었다.

고려 초기 태조 시대에는 모든 관리의 직급과 공로에 따라 전답과 임야를 차등 지급하였는데 다방시랑과 다방태의소감은 상위 직급에 속해 좋은 대접을 받았다.

다례청에 종사하는 관리는 직급에 따라 관복과 모자, 허리띠 등 차림새가 달랐다. 그런가 하면 왕 또는 왕족이 궁궐 밖으로 행차할 때 수행하며 차 시중을 드는 관리가 따로 있었는데 이들을 다군茶軍

이라 했다.

이는 신라 시대에 화랑들이 수련을 위하여 야외로 나갈 때 차 시중을 들던 하인이 있었는데 이를 제도화한 것이다.

이들이 하는 일은 왕 또는 왕족이 행차 도중에라도 언제든지 원하는 시간에 차를 들게 하기 위하여 화로와 다구를 들고 다른 수행원과 함께 따르는 일이었다. 이들에게는 병역 의무인 군역軍役을 면제해 주는 특전이 주어졌으므로 명종 때에는 무신들의 지원자가 너무 많아 용모가 단정한 자로 선발하기도 했다.

그러나 고려 후기로 접어들면서는 다례청에 근무하는 사람들을 천대하는 풍조가 생겨 인기가 떨어졌다.

2) 궁중에서의 다례 의식

조정의 편제에 다례청을 두고 다문화를 즐길 정도였으니 궁중에서 다례 의식을 얼마만큼 중요시 했었는지 짐작할 만하다.

송나라의 휘종徽宗이 고려에 파견한 사신으로 서긍徐兢(1091~1153)은 1124년(仁宗 2년)에 송도를 다녀간 뒤 고려에 대한 기행문으로 선화봉사고려도경宣和奉使高麗圖經을 썼다. 그 32권에 고려의 풍물에 대한 이야기 중 조정에서 관원들이 차를 마시는 광경을 아래와 같이 묘사한 부분이 있어 당시 고려인들의 다생활을 알 수 있게 해준다.

연회가 있을 경우에는 조정 뜰에서 차를 끓였다. 차가 끓여지면 연꽃 모양의 은뚜껑 다기에 담아 참석자들에게 돌린 후 행사를 진행하는 자가 "차를 다 돌렸습니다."라고 외치면 그때서야 차를 마셨다. 그러니 차는 이미 식어 냉차가 되었다.

관사 안에는 붉은 색의 낮은 다상(茶俎-다조)이 있어 다구를 진열하고 역시 붉은 색의 비단보자기로 덮었다. 차는 하루에 세 번씩 베푸는데 항상 탕湯(다탕)이 나왔다. (주:고려인들은 탕을 약藥이라고 했다.) 그들은 사신이 차를 모두 마시면 아주 기뻐했다. 간혹 마음이 내키지 않아 차를 다 마시지 못하면 자신들을 업신여긴다고 생각해 언짢아하며 그냥 가버렸다. 그래서 매번 억지로라도 다 마셔야 했다.

이 기록에 의하면 차를 마시는 예법이 상당히 엄격했었음을 알 수 있다. 그 중에는 탕호湯壺에 대해서도 언급하고 있는데 위에는 뚜껑을 덮고 아래에는 받침대를 받쳐 더운 김이 새나가지 않도록 했다고 설명하고 있다. 또 길을 가는 사람들에게 차를 마시고 가라고 권유해서 상상 외로 많은 사람들이 접대를 받았다고 기술하고 있다. 그만큼 차가 보편화되었음을 알게 해주는 대목이다.

그는 또 자신이 어느 관리의 집에 초대되어 갔을 때의 모습을 다음과 같이 기술하고 있다.

일행이 줄을 지어 앉은 다음 주인의 아들이 다과를 올렸다. 다시 예쁜 젊은이가 찻잔을 가져다 놓고 왼손에 다관을 들고 오른손으로는 다선茶筅을 들었다. 차는 윗자리부터 아랫자리 순으로 따르는데, 정중하고 조심스러워 조금의 난잡함이 없었다.

또 관리들이 향림정香林亭에서 차 마시는 모습을 기술한 대목도 있다.

정사와 부사는 한가로운 날에는 언제나 상절의 관속들과 함께 차를 끓이고 정자 위에서 바둑을 두며 종일 담소하며 보냈다. 이것은 마음과 눈을 유쾌하게 하고 무더위를 물리치는 방법이었다.

궁중에서 어떤 중요한 일을 처리할 때는 사전에 다회茶會를 가지면서 현안에 대해서 토의했다. 그 대표적인 예가 사헌부의 다회였다. 사건의 시비를 정확하게 가리기 위해서 관계자들이 판결 전 모두 모여 회의를 하면서 정신을 맑게 해주는 차를 마셨던 것이다.

그런가 하면 신라로부터 이어 받은 연등회, 팔관회같은 국가적 행사에는 어김없이 차를 사용했다. 또한 왕이 직접 올리는 공덕재나 기우제, 궁중의 연회, 설, 외국 사신 접대 등 중요한 행사 때면 반드시 차를 썼다. 그 대표적인 행사와 의식은 아래와 같다.

가. 팔관회八關會

팔관회는 신라 진흥왕 12년(551년)에 시작되었다. 이것을 고려 태조가 개국하면서 훈요십조訓要十條에 "짐이 바라는 바는 연등燃燈과 팔관八關에 있다."하고 그 중요성을 강조하면서 국가적 행사로 이어졌다.

이는 다른 말로 팔관재八關齋라고도 하는데 천령天靈-하늘 · 오악명산五嶽名山 · 대천용신大川龍神께 왕이 태자와 신하들을 거느리고 직접 나서서 나라와 왕실의 무사태평을 기원하는 행사였다. 이 행사에서도 가장 중요하게 생각했던 것은 헌다獻茶 절차였다. 1년에 2회 개최하였는데 시기는 10월(음)에는 서경(평양)에서, 11월 15일(음)에는 중경(개성)에서 개최했다.

그 기원을 찾자면 멀리 삼한 이후부터 있던 추수 후의 축제와 그

맥이 연결되어 있다. 동예東濊의 무천舞天, 부여扶餘의 영고迎鼓, 백제의 교천郊天, 고구려의 동맹東盟 등이 모두 같은 성격의 행사이다. 행사의 의전 순서를 요약하면 아래와 같다.

① 단을 설치하고 과일을 진설한 후 꽃으로 장식한다.

② 왕, 태자, 신하 순서로 입장하여 자리 잡고 서로 축하하는 의식을 갖는다.

③ 집례관이 물을 가져와 모두의 손을 씻게 한다.(관세盥洗)

④ 근시관近侍冠이 왕에게 차를 올린다.

⑤ 왕이 뇌주酹酒(강신술)를 바치고 나서 태자가 올리는 술을 받아 마신다.

⑥ 집례관이 왕을 대신하여 "경들의 축하를 받아 차와 술을 내리노라."하고 외치면 참석자들은 두 번 절하고 조배朝拜의 예를 올린 후 다시 두 번 절한다.

⑦ 참석자들의 다과상을 차린다.

⑧ 참석자들이 순서대로 왕께 나아가 술과 꽃을 드리고 축하 의식을 갖는다.

⑨ 차린 음식을 먹는다.

⑩ 집례관이 왕께 차를 올리면 왕은 받은 차를 마시고 다시 참석자들에게 차례대로 차를 하사한다. 이 때 하사한 차를 신하가 받으면 집례관이 "절하시오."하고 명한다. 그러면 신하는 두 번 절하고 다시 집례관이 "차를 드시오."하면 차를 마시고 읍례한다.

⑪ 다시 음악을 들으며 술과 식사를 한다.

⑫ 시립侍立하고 있던 군사와 악관樂官들도 같이 나누어 먹고 끝낸다.

이것은 대회 당일의 연회 순서이다. 하루 전날에는 소회를 갖는데 이 때는 대회보다 약간 축소된 의식으로 치루었다.

나. 연등회燃燈會

팔관회와 더불어 중요한 국가의 행사였다. 행사의 성격은 비슷했으나 팔관회가 중앙에서만 이루어졌던 것과는 달리 연등회는 전국 곳곳의 사찰에서 이루어졌음이 달랐다.

처음에는 2월에 치루어졌으나 의종毅宗 때부터는 정월 보름에 행하였고 성종成宗 때(982년)에는 유학도儒學徒들의 반대로 일시적으로 중지된 적도 있었다. 그러나 현종顯宗 원년(1010년) 2월에 다시 부활되었다. 공민왕恭愍王 이후 조선 시대에는 4월 초파일에 가졌다.

연등회 역시 소회 행사가 있었는데 내용은 왕이 신하들을 거느리고 봉은사로 가서 복주福酒를 마시는 것이었다. 그러나 이때는 차를 올리지 않았다.

고려사 69권 상원연등회의조上元燃燈會儀條를 보면 의식의 진행 방법이 소상하게 나와 있다.

집례관이 신하가 왕에게 진다進茶(차를 바침)하라고

명하면 집례관이 차를 올리고 국궁재배한다. 어주御酒와 수라를 올릴 때도 마찬가지다.

이때 왕은 반드시 태자를 비롯한 신하들에게 차를 하사하는 것이 예이다. 왕이 하사한 차가 신하에게 이르면 집례관은 배례할 것을 청한다.

그러면 차를 받는 자는 감사하는 뜻으로 재배한다. 집례관의 집전執典에 따라 의식을 마치고 읍揖한다.

다. 중형진대의重型秦對儀

왕이 국문할 때 형을 판결하기에 앞서 공정하고 신중하게 판단하기 위해 신하들과 차를 나누었다. 사헌부에서 다회를 갖는 것과 같은 이치였다.

라. 재齋

비가 안 와서 농민들이 농사를 짓지 못하면 왕이 직접 나서서 기우제를 지냈다. 또 국운이 융성치 못해 백성들의 삶이 궁핍해져도 공덕재를 올렸다. 이것은 왕이 직접 나아가 신이나 부처에게 재를 올림으로써 바라는 바를 이루고자 하는 의식이었다.

고려 초 최승로崔承老(927~989)가 6대 성종에게 올린 상소문에는 왕이 재를 올리기 위하여 어떻게 했는지를 알 수 있게 해주는 대목이 있다.

"왕께서 공덕재를 올리기 위하여 손수 차를 끓이고 또 보리를 빻는다 하옵는데 성체에 무리가 가지 않을지 신은 걱정이 되옵니다."

이를 보면 재를 올릴 때 차를 사용했다는 것과 백성을 위해서는 왕이 직접 나섰다는 것을 알 수 있다.

마. 원회의元會儀

설날 왕께 올리는 하례회였다. 태자와 신하들이 몸을 단정히 하고 다례청 관리가 먼저 왕에게 차를 올리고 난 후 태자는 무병장수를 기원하는 술을 올렸다.

연회가 있을 때에도 먼저 왕에게 차를 올리면 왕은 태자나 신하들에게 차를 내려 함께 마셨다.

바. 연회宴會

태자 책봉이나 왕자의 탄생 및 왕족의 생일, 공주의 출가 등 궁중의 각종 경사에는 반드시 진다의례를 가졌다.

또한 외국의 사신이 왔을 때에도 다연회를 베풀었는데 재미있는 것은 상대국 왕의 칙서勅書를 가져 온 사신에게는 격식을 갖추어 진다의례를 행하고, 아닐 경우에는 그냥 차를 베풀었다.

이 외에도 다음과 같은 의식에서 다회를 가졌다.

사. 부태묘의 祔太廟儀

아. 영북조조사의迎北朝詔使儀

자. 영대명무조칙사의迎大明無詔勅使儀

차. 책태후의冊太后儀

카. 대관전연군신의大觀殿宴君臣儀

타. 노인사설의老人賜設儀

파. 동당감시방방의 東堂監試放牓儀

고려사高麗史 예부禮部에는 무려 98가지의 의식에 대해서 열거되어 있는데 그 중에 차를 내어야 하는 경우를 다음과 같이 명시하고 있다.

- 경영전景靈殿에서 선왕先王에게 재齋를 올릴 때
- 왕자가 출생 또는 책봉받을 때
- 공주가 출생 또는 혼례시
- 대관전에서 군신 또는 고관들이 회의할 때
- 외국에서 사신이 왔을 때
- 관리의 사망시
- 사면赦免 또는 감형減刑할 때

3) 상류 사회에서의 다생활

고려인들은 고려의 토산차가 중국의 차보다 우수하다는 강한 자부심을 가지고 있었던 것 같다.

그 증거로는 선비들이나 문인들이 중국의 《다경》이나 《다보》를 보았을 터이지만 일본이나 중국에서 차그릇을 지칭할 때 쓰는 완(碗, 盌)자가 어느 곳에서도 발견되지 않고 있다.

조선에서는 완椀자를 주로 기록하거나 더러 구歐나 자瓷를 쓰기도 하였다. 즉 그들은 외국의 다문화를 그대로 인용, 답습하지 않고 자주적인 다문화를 가지고 있었다는 이야기다.

고려인들 중에 상류 사회를 형성했던 관리나 선비들은 다생활을 하나의 고급 사교 의식으로 인식하고 엄숙하게 행하였다.

그들은 차를 함께 마시기 위해 자리를 같이하는 경우에 일정한 수준과 자격을 갖춘 사람들끼리만 어울렸다. 그래서 차를 마시는 일이 있을 경우에는 특별히 초대장을 보내 그 대상을 선별하기도 했다. 김서金㥠의 글 중에 다음과 같은 구절에서 이를 확인할 수 있다.

> 불도佛道가 높은 이는 지팡이와 짚신만 남고
> 높은 분들이 계契를 여니 관리들이 고루 참석했구나
> 다행히 낭주郎州에 왕래하는 절친한 친구가 있어
> 다석에 아무나 끼는 것도 참아야 하리.

기로회耆老會나 계契를 하는 자리도 일종의 차를 마시는 자리(茗席, 茶筵)였다. 그런가 하면 그들이 학문을 하는 선비 또는 문인들이었으므로 차는 자연스럽게 글감으로도 쓰였다.

> 밤이 깊어 술상을 치우고 찻자리를 차리니
> 문틈으로 숨어든 명월이 우리를 엿보는구나.

이는 이규보李奎報(문장가. 1168년~1241년)가 불교에 귀의하는 스님과의 송별연에서 차를 마시면서 석별의 정을 노래한 것이다. 그는 차를 무척 사랑한 다인이었는데 차를 도道의 맛이라고 격을 높여 칭송하기도 했다.

다음의 시는 《동국이상국집》 제7권에 수록되어 있는 이규보의 〈복화復和(다시 화답함)〉라는 시로써 그 중에 몇 구절을 옮긴다.

밤이 깊어 물 떨어지는 소리가 딩동 하고 들릴 때

그대에게 삼어三語(여래如來의 세 가지 가르침)에 대해서 묻노니 그 차이를 가르쳐 주오

오랜 세월 공부에 정진했으나 스스로 구하기 어려웠는데

그대를 보고나니 그 동안의 모든 노력이 헛것이었네

한자韓子(당나라의 문장가 한퇴지韓退之)의 쌍조부雙鳥賦(뜻이 깊은 두 충신을 새에 비유한 시)는 익히 많이 들었고

장자莊子의 이충설二蟲說(조그만 매미와 비둘기가 어찌 봉황의 뜻을 알겠느냐' 하는 장자의 소요유逍遙遊에서 나온 말)을 몹시 좋아하였네

타오르는 불에 끓인 향기로운 차는 참으로 도道의 맛이고

흰구름과 밝은 달은 곧 가풍家風이었네

살아 있는 스승(梁나라의 고승 도생道生)의 그 가르침이 날카롭고

열자列子가 바람을 타고 다닌 것은 육신이 해탈됨일세

그대를 우연히 만나 초탈하여 뜻을 얻으니

그 당시의 방공龐公에 부끄럽지 않네.

이규보는 차를 마시면 선禪에 몰입하는데 큰 도움이 된다고 차의 효용성을 높이 평가했다. 다음의 시에서 그의 생각을 알아보자.

그윽한 암자로 찾아가

책과 함께 사색에 잠기려네

비록 늙은 몸이지만 샘물을 길어

한 잔의 차는 바로 참선의 시작이네.

위의 시는 그가 방연보房衍寶로부터 차를 선물로 받고 그 보답으로 쓴 시의 마지막 연이다. 이 시에서도 그는 차를 그냥 단순한 기호음료가 아닌 오묘한 선, 또는 도의 경지로 안내하는 촉매제로 인식하고 있음을 알 수 있다.

질화로에 불을 붙여 차를 끓여서 손수 꽃잔에 따르니
색과 맛이 좋아라
입에 대니 끈적끈적 무르고도 부드러워
어린 아이에게서 나는 젖비린내 같구나.

이는 운봉雲峰에 사는 노규老珪선사로부터 첫물 차를 얻어 맛보고서 지은 시다. 차가 젖먹이 아기처럼 부드럽다는 뜻이다.

이처럼 고려의 상류 사회를 이루었던 선비나 문인들은 차를 끓이는 일을 그냥 예사롭게 하지 않았다.

특별한 경우가 아니면 자신이 직접 차를 끓이면서 정성을 들였고, 나아가 점다삼매點茶三昧를 즐겼다. 다인으로서 차를 손수 끓이는 일을 너무도 당연시했고, 그 행위 자체를 하나의 수신지행受信之行으로 삼았던 것이며 유일하게 남성이 직접 차를 끓여 마셨다.

고려의 선비가 어떻게 생활하고 어떤 사고방식을 지니고 있었는지 단적으로 설명해 주는 또 다른 사례가

있다. 바로 난파蘭坡 이거인李居仁이라는 사람의 이야기이다. 고려 말기에서 조선 초기에 걸쳐 살았던 학자 권근(權近 1352~1409)이 쓴 양촌집陽村集에는 다음과 같은 내용이 있다.

'공公은 어려서부터 세속과는 다른 것을 좋아했다. 살림의 많고 적음에 대해서 초연했다. 그가 간직한 것은 서화와 비파琵琶와 바둑이었고, 심어 놓은 것은 매화와 난초와 소나무와 대나무였다. 그리고 기르는 동물은 사슴과 학이었다. 이 중에 한 가지라도 갖추어지지 않으면 불만스러워 반드시 갖추어 간직해야 마음이 편안해했다. 손님이 올 때면 반드시 물을 뿌려 청소를 하고 향을 피웠으며 술과 차를 내고 노래를 주고받았다. 술이 취하면 여자 종으로 하여금 현악기를 타게 하며 즐겼지만, 결코 난잡해지지는 않았다.'

위의 내용으로 보아 고려의 상류사회 구성원이었던 선비들의 다생활과 일상생활이 단아하고 세속에 초연했음을 알 수 있다.'

이처럼 그들은 수많은 시가를 통해 차를 찬양하고 다생활의 격조를 노래했다.

임서하林西河의 〈다점주면茶店晝眠〉을 보면 "무너지듯 평상에 누우니 문득 형체를 잃는구나."라고 망형忘形의 극치를 달리기도 했다.

이러한 다생활이 다문화로 격상되고, 고려청자의 다기에 투영되었던 것이니 그 비색의 아름다움은 극적으로 표현되기도 하였으나 이에 대한 찬미는 뒤에 따로 항목을 설정해 살펴보아야 할 것 같다.

고려 후기에는 차인이 곧 선객禪客으로서 차선일치茶禪一致경지가 한껏 추구되었다. 여기에 고려자기의 예술미가 가미되어 격조 높은 차문화가 영위되었던 것이다. 그러니 그 차원을 이해하지 못하고서는 고려차의 진면목을 안다고 해서는 안된다.

4) 불가佛家의 다생활

고려가 불교를 국교로 삼았다는 것은 앞에서 언급한 바 있다. 고려가 세워지기 전, 궁예의 집권 시절에도 그러하였거니와 태조 왕건 역시 불교를 신봉하여 국가의 안위와 화평을 불력佛力에서 얻고자 했다. 그런데 석가의 득도와 그 깨달음을 밝힌 화엄경華嚴經에 차에 대해서 예찬하고 있는 부분이 있다.

> 또다시 광명을 차로써 장식하니
> 갖가지 기묘한 차가 가득
> 온 누리에 두루 뿌려져서
> 모든 영혼에게 공양하도다.

이렇게 예부터 차와 선승들과는 불가분의 관계에 있었다. 그것은 차가 선승으로 하여금 속세의 모든 번뇌를 끊고 무아정적無我靜寂으로 몰입하여 들어가는 데 큰 역할을 해주는 없어서는 안 되는 필수품이었기 때문이다. 다선삼매茶禪三昧 또는 다선일여茶禪一如라고 하여 차와 선을 하나로 묶어 일체로 보는 것은 이런 연유이다.

승려들이 차를 마실 때는 그냥 적당히 마시지 않았다. 당나라의 선사 백장회해百丈懷海(720~824)가 쓴 선승 규범서인 《백장청규百丈淸

規》에 따라 엄격한 격식을 갖추어 마셨다.

이렇게 스님이 차를 직접 음용하는 외에도 불가의 각종 의식에서는 부처께 차를 정갈하게 공양했다.

고승들의 기제忌祭 때도 차는 쓰였다. 고려 말부터 조선 초까지 살았던 함허涵虛 스님이 먼저 열반에 든 진산 스님께 제문을 지어 바쳤는데 그 기록이 다음과 같이 남아 있다.

한 잔의 차는 한 조각 마음에서 나오고
한 조각 마음은 한 잔의 차 속에 있도다
차 한 잔의 맛에 무량한 즐거움 일어나리.

그는 또 옥봉 스님의 영전에도 차와 함께 글을 올렸다.

한 잔의 차로써 나의 옛정을 드립니다
이 차 속에는 조주趙州의 선풍이 들어 있으니
권하옵건대 그대여! 한번 맛보소서.

육우와 같은 시대 사람으로 당나라에 조주종심趙州從諗(778~897)이라는 사람이 있었는데 그의 〈끽다거喫茶去〉이야기는 너무도 유명하여 고금을 통하여 널리 회자되고 있다. 그 내용 중 〈지월록指月錄〉부분을 옮겨 보기로 한다.

두 스님이 조주趙州를 찾아오자 조주가 한 스님에게 물었다.
"여기에는 처음 왔는가? 아니면 전에도 온 적이 있는가?"

불정심다라니경의 공양다라니경 · 1

그는 전에 온 적이 있다고 대답했다. 그러자 조주는,

"차 한 잔 마시고 가게(喫茶去)."

라고 했다. 조주는 같은 물음을 나머지 스님에게도 했다. 그 스님은 온 적이 없다고 했다. 조주는 역시,

"차 한 잔 마시고 가게."

라고 했다. 그들이 돌아가고 난 후 원주院主가 물었다.

"왜 온 적이 있다고 해도 차 한 잔 마시고 가라 하고, 온 적이 없다고 해도 차 한 잔 마시고 가라 하셨습니까?"

그러자 조주는 또다시 말했다.

"이보게, 자네도 차나 한 잔 하시게."

중생의 삶을 모두 헛된 것으로 보는 불교적 시각을 잘 대변해 주는 일화라고 생각되는데 문제를 푸는 방법으로 차 한 잔을 권하는 것이 재미있다.

승려들 중에 나이가 어린 사미승들은 참선을 하다가 심심하면 차

불정심다라니경의 공양다라니경 · 2

싸움을 했다고 한다. 한자로는 명전茗戰 또는 투다鬪茶라고 하는데, 그 방법은 서로가 끓인 차의 맛을 비교하는 일종의 품평회였다. 경내에서 고승들에게 드리는 차를 끓여내야 하는 사미승들이었으니 차를 끓이는 기술도 연마할 겸 심심풀이로 능히 있었을 법한 일이다.

불가에서는 차를 신성시 했으므로 궁중에서 사용하는 것 못지않게 그 질質 또한 우수한 것만을 썼다. 소모되는 수량도 많아서 승려들이 직접 사찰 주변을 일궈 재배하거나 아예 차를 생산하여 바치는 마을을 따로이 두기도 했다.

5) 서민들의 다생활

고려 시대 초기에는 차가 주로 상류계급인들의 문화였으나 무신난을 거친 후에는 일반 서민들도 차를 즐겼다. 저자거리에는 다점(茶店–다방)이 있어 누구나 돈, 또는 베 등을 주고 차를 마실 수 있었

직경 14cm, 높이 7.6cm

다. 다점이란 용어는 목종 5년(1002년) 7월의 교敎(특별 담화 같은 것)에 보여지는 것으로 《고려사절요高麗史節要》(조선조 춘추관에서 편찬한 고려 편년사)에 나와 있다.

임춘의 시에 다점주소라 나오는데 이는 차를 거래도 하고, 차를 마시며 낮잠도 잘 수 있는 휴식의 공간이었을 것 같다. 당시에는 국산차가 거의 국가나 사찰로 납품되었기 때문에 이를 원하는 사람에게 공급할 수 있는 거래처가 곧 다점이었다. 또 특별한 날이라 할 수 있는 상례喪禮, 혼례婚禮, 제례祭禮 때도 차는 의식의 일부분으로 쓰이거나 접대용으로 애용되었다.

차는 일반 서민들에게 있어 초기에는 구하기가 어려운 귀중품이었으나 병사가 전장에서 전사하거나 특별한 공로가 있을 때에는 왕이 하사하기도 했다.

남자들뿐만 아니라 여성들도 차를 기호품으로 즐기는 사람이 늘어났다. 고려 시대에는 고관, 선비의 부인이나 기생 그리고 일반 서민 여성들의 복색이 구별이 없었다. 이는 당시에 계급 차별이 심하지 않았기 때문이었다. 따라서 여성들의 다문화도 그만큼 보편화되어 있었다.

여성들의 다생활 이야기가 나온김에 당시 교방기敎坊記(교방이란 음악을 하는 여성들을 관리하는 부서)에 나와 있는 주씨周氏라는 기녀의 시를 한 편 적는다.

> 빠르게 날아가는 저 제비는 뉘집의 제비이며
> 내 앞에 날아든 꽃잎은 어디에 있던 꽃인가
> 깊숙한 원院에 해는 긴데 일 없어
> 한 병의 봄물로 차를 달인다.

한가롭고 고즈넉한 봄날, 따뜻한 차를 달이며 외로운 심사를 달래는 여인의 심사가 잘 드러나 있어 차의 맛만큼이나 감미롭게 느껴진다.

고려 후기에 서민들의 다생활을 요약하면 상류층의 영향을 받아 날로 확산 보급되어 남녀노소, 지위 고하를 막론하고 누구나 쉽게 즐겼다는 것이다. 그러기에 서민들 역시 차를 귀하게 생각하고 다례에 충실했다.

그런가 하면 이와 같은 다생활을 하기 위해서 차를 생산하는 농민들의 노고는 대단했다. 사실 더운 날씨에 맹수가 출몰하는 산속에서 찻잎을 따고, 특별한 운송수단이 없어 등으로 져 날라야 하는 등 고충이 컸었으리라는 것은 누구나 쉽게 짐작할 수 있을 것이다. 해서 이규보는 시로써 그들의 노고를 치하했다.

> – 전략
> 이야말로 백성들의 기름과 살이니
> 뭇사람을 할퀴고 저며 얻은 것이네.

6) 고려 시대의 차

고려 시대에는 다문화가 폭 넓게 발전하였던 만큼 그 형태나 종류도 다양했다. 크게 분류하면 마시는 방법으로는 다유茶乳와 다탕茶湯이 있고, 형태로 보면 단차團茶, 엽차葉茶, 말차末茶가 있었으며, 발효 정도에 따라서는 발효차와 비발효차가 있었다.

가. 다유茶乳

이른 봄에 어린 찻잎을 따서 말린 후 가루로 만들어 끓인 물에 타서 마시는 차로써 차 중에 가장 고급품이다. 다른 이름으로는 백유白乳·운유雲乳·설유雪乳·향유香乳로 불렸는데 이는 체로 쳐낸 고운 차를 뜨거운 물에 넣어 휘저을 때 거품이 이는 모양이 마치 우유 같다고 해서 붙여진 이름이다. 궁중이나 국제간의 예물로 쓰인 차의 대부분은 이 가루차였다. 선비, 문인, 승려들도 때로 애용했다.

나. 다탕茶湯

잎차 또는 떡차를 한약처럼 달여 거른 물을 말한다. 실제로 고려에서는 이렇게 만든 차를 약 또는 탕약湯藥이라고도 했다. 왕이나 관리들은 식사 전에는 다유를 마셨고 식후에는 다탕을 마셨다.

다탕으로 쓰일 다감은 다유와는 달리 잎이 조금 자라서 땄으므로 생산량이 많아 차의 확산보급에 공헌했다.

다. 단차團茶

단차는 덩어리 형태의 고형차固形茶를 말하며 다른 말로는 떡차餠

茶, 유단차乳團茶라고 했다. 그러나 용도는 서로 달라서 떡차는 그냥 달여내 맑은 물로 마시는 다탕이고, 유단차는 가루차로 만들어 뜨거운 물에 타서 마시는 차이다. 앞에서 언급한대로 말차로 쓰였던 유단차는 고급품이어서 찻잎이 쇠기 전에 따야 했으므로 한식寒食 전에 땄다.

단차를 만드는 방법은 어린 찻잎을 가마솥에 찐 다음 절구에 찧어서 덩어리로 만들고 용이나 봉황 또는 글씨를 새긴 거푸집에 넣어 모양을 냈다. 또 이렇게 덩어리가 된 차는 운반과 보관이 수월하도록 가운데에 구멍을 뚫었는데, 그 모양이 동전과 비슷하다 해서 돈차, 전차錢茶라고도 했다.

라. 엽차葉茶

특별히 가공하지 않고 그냥 물에 달여 마시는 잎 그대로의 차를 말한다. 생김새가 참새의 혀처럼 생겼다해서 작설차雀舌茶, 싹의 색이 자주빛이라 해서 자순차紫筍茶, 거친 잎파리로 되어 있다해서 모차茅茶라고도 했다.

마. 말차末茶

가루로 된 차를 말한다. 유단차 또는 엽차를 맷돌에 갈거나 약절구에 찧어 체로 쳐 고운 가루로 만든 다음 이를 뜨거운 물에 타서 마셨다.

가화금속다완, 직경 15cm, 높이 8.5cm

이인로李仁老는 절에서 맷

돌로 차를 가는 모습을 보고 아래와 같이 시를 읊기도 했다.

바람 없는 날
개미걸음처럼 천천히
달 모양의 맷돌을 돌려도
옥색 가루가 날리는구나.

바. 발효차

찻잎에 적정한 온도와 습도를 조절하여 주면 발효되면서 잎 속의 탄닌 성분에 효소가 작용하여 누렇게, 혹은 자주색, 검은색으로 바뀐다. 이때 특유의 향과 맛이 만들어지고 오래 보관해도 변질되지 않는 발효차가 되는데 다른 말로는 뜸차라고도 했다.

발효차는 탄닌이 이미 산화되었으므로 비발효차에 비해 맛이 부드럽고 독특한 향취가 있다.

사. 비발효차

찻잎을 따자마자 발효될 틈을 주지 않고 바로 찌거나 덖어 만드는 차로 흔히 녹차綠茶라고 불렀다. 끓이면 탄닌과 카페인이 많이 우러나 다소 쓰고 떫은맛이 났다. 고려 시대의 고급 유단차는 대부분 녹단차綠團茶로써 다른 이름으로는 녹명綠茗, 녹태전綠苔錢 또는 청태전靑苔錢이라고도 했다.

아. 뇌원차腦原茶

이른 봄 막 움트기 시작하는 차의 싹을 따서 쪄낸 후 다시 절구에 찧어 덩어리로 만든 고급 유단차였다. 즉 뇌원차는 단차였다. 다경의 차 제조법처럼 따서, 찌고, 찧고, 대나무통과 같은 틀에 박아서 불에 쬐어 구멍을 뚫고 봉해 두었다. 그리고 용뇌수에서 뽑은 고급 향료인 용뇌향龍腦香을 섞었었는지도 모른다. 뇌원차라는 특이한 이름이 그럴 가능성을 암시한다.

앞에서 언급했던대로 신하인 최승로의 만류에도 불구하고 공덕재를 올리기 위해서 성종이 손수 맷돌에 갈았던 차가 바로 이 뇌원차였을 것으로 추측한다. 그러니 최상급의 차로써 왕이나 궁중 그리고 외국으로 보내는 예물로 많이 쓰였다 한다. 성종 8년(989년)부터 뇌원차가 우리의 토산차로써 정사正史에 오르내리고 있다. 한때는 거란까지 수출이 되기도 했던 고려의 명차였다.

자. 소차小茶, 중차中茶, 대차大茶

소엽小葉, 중엽中葉, 대엽大葉 등 찻잎의 크기에 따라 분류했던 명칭이다. 소차는 다른 말로 세차細茶라고도 했으며 고급차로 분류된다.

《대각국사 문집》을 보면 송나라의 변진辯眞이라는 승려가 대각국사 의천(義天 1055~1101)에게 소차 100편片을 보냈다는 기록이 있다. 본시 편이라 함은 조각을 나타내는 단위이지만 여기서는 덩어리라는 뜻이다.

중차나 대차는 고급품이 아니어서 그런지 기록에 나와 있는 것이 별로 보이지 않는다. 다만 대차는 왕이 신하의 상례에 부의로 주었다는 기록이 있다. 그러니 중차, 대차는 일반 서민들이 애용했을 것으로 추측된다.

차. 향차香茶

향차란 소차와 같은 질 좋은 차에 여러 가지 향기가 나는 한약재를 섞어 가루로 만든 다음 쌀죽에 버무려 틀 속에 넣어 찍어 낸 단차였다. 다른 말로는 방차芳茶, 방명芳茗이라고도 했다. 향기가 나는 한약재와 혼합하였으므로 엽차에 비하여 맛이 순하였고 그래서 한 자리에서 여러 잔을 마시기도 했던 것으로 보인다.

이규보는 '일곱 잔의 향차는 겨드랑이에서 바람을 일으킨다.'라는 글을 남겨 이를 뒷받침해 준다. 외국에 보내는 예물로 쓰이기도 했다.

카. 그 밖의 차

차는 여러 계층의 사람들이 만드는 방법에 따라 다양한 맛이 났으므로 이름 또한 여러 가지로 불렸다. 거기에 지식층이었던 선비와 문인 그리고 승려들이 차를 폭넓게 기호식품으로 애용했던 것도 많은 이름들을 얻게 된 이유가 될 것이다.

어차御茶, 명차名茶, 선차仙茶, 선품仙品, 산차山茶, 야차野茶, 가명佳茗, 조명早茗, 조아차早芽茶, 화전향명火前香茗, 두강頭綱, 두번頭番 등등 그 종류가 많다.

타. 물맛과 차맛

기우자騎牛子 이행李行의 방문을 받은 상곡桑谷 성석연成石珚은 환담 중 "충주와 원주의 물맛이 천하 제일"이라 하면서 그 이유는 근처에 명산이 많기 때문이라고 했다. 그리고 한강의 우중수牛重水를 2급수라 했고, 속리산의 삼타수三陀水를 3급수라고 했다. 그만큼 옛

차인들은 차의 몸체가 되는 물맛에 예민하였던 것이다.

청화백자

두 사람 모두 고려말 중신들로, 이행은 격변으로 숨어 살면서 운곡 원천석元天錫과 야은 길재吉再 등과 교우하며 지냈다.

조선을 개국한 조정에서 여러 차례 불렀으나 끝내 나아가지 않고 스산한 나날을 보냈던 이행에게 한 잔의 차는 가장 따뜻한 친구였을 것이다.

파. 차를 측량하는 단위

• 각角 : <모>와 같은 의미. 각이 진 물체를 세는 단위로 주로 단차를 셀 때 사용했다. 그러니 고려 시대에는 물체의 개체가 아니라 일정량을 포장한 상태의 단위였다. 1각은 보통 1/4근이었다.

• 근斤 : 저울로 물체의 무게를 달 때 사용하는 단위. 주로 엽차를 측량하는 데 사용했다.

• 봉封 : 근과 마찬가지로 엽차를 측량하는 데 사용했다. 고려 말엽에 많이 쓰였는데 아마 포장을 하지 않고 봉지에 담았기 때문이었을 것이다.

• 궤櫃 : 통桶과 마찬가지로 물량을 포장할 때 사용하는 단위. 대개 나무로 만든 상자를 일컬었다.

• 기타 : 짐, 양兩, 균鈞, 석石 등의 단위도 쓰였다.

(6) 조선 시대의 차

차가 일반 백성들에게 널리 대중화된 것이 고려 중엽부터라는 것은 앞에서 살펴본 대로이다. 그 후 조선 초기에는 그런대로 다생활이 활발했으나 중엽 임진왜란 때에 이르러 쇠락하다가 실학이 힘을 얻는 말엽에는 다시 중흥하는 궤적을 그린다. 그러나 전체적으로는 고려 시대보다 약화된 양상을 보였다.

조선왕조실록에는 중국의 사신맞이 의전에서 다례에 관한 기록이 유난히 많아 궁중에서의 다생활이 매우 융성하지 않았나 추측된다. 그러나 이는 조선의 다생활이 활성화 되어서라기보다는 중국의 사신들이 차를 애호했던 까닭에 그들의 기호에 맞추다보니 그리됐을 것이다.

김홍도의 계회도

그렇다고 조선인들이 차를 멀리한 것은 아니었다. 일반 백성들까지 차를 즐길 수 있는 제반 여건이 충족되지 못해서 양적으로는 약화되었으나 질적으로는 더 고양되었다. 지금까지 전해져 오는 많은 다시茶詩와 차에 관련된 수준 높은 저서들이 이를 증명해 준다.

1) 조선 시대 다문화의 흐름

고려 시대에는 불교가 융성함에 따라 사찰과 승려들을 중심으로 다문화가 크게 발전했었다. 이에 비해 조선 시대에는 주자학이 정치 이념의 중심이 되면서 사찰들이 쇠퇴하고 재정도 나빠졌다. 따라서 승려 사회에서의 다문화도 그만큼 활발하지 못했다.

조선 시대의 다문화가 침체되게 된 중요한 이유는 첫째, 사람들이 차의 가치를 그다지 높게 평가하지 않은 의식을 들 수 있겠다. 임진왜란 때 명나라의 장수 양호楊鎬와 선조宣祖대왕 사이에 오고 간 다음의 일화(선조실록 제7권)가 당시 사람들의 의식의 단면을 읽게 해주는 좋은 예가 될 것이다.

양호가 남원(중국의 지명)의 토산차 두 봉지를 왕에게 진상하며 물었다.

"이 차는 남원에서 생산된 것으로 품질이 매우 좋은 것입니다. 그런데 귀국인들은 왜 들지 않습니까?"

"조선인들의 습성은 본시 차를 즐기지 않소."

"차는 상품으로도 훌륭합니다. 서번인西蕃人(여진족)들은 고유膏油를 많이 먹기 때문에 매일같이 차를 마시지 않으면 죽습니다. 해서, 중국은 이들에게 차를 팔아서 매년 만여 필의 전마戰馬를 얻습니다."

"우리나라의 차는 육안차六安茶(중국의 차)가 아니고 작설차雀舌茶

라고 하는 것이오."

"그 두 가지는 같은 것입니다. 조선인들은 인삼차를 마신다고 하오나 그것은 차가 아니고 탕湯입니다. 인삼탕을 마시면 속에서 열이 나서 차를 마시는 것과 같이 상쾌하지 않습니다. 차를 마시면 마음이 열리고 기운이 나서 모든 일을 잘할 수 있습니다."

선조는 다음 날 여러 대신들과 비변사 유사備邊司有司들을 불러 물었다.

"양대인楊大人(楊鎬)이 나를 만날 때마다 우리나라 사람들은 성격이 느려 일을 잘하지 못한다고 말하더니, 전일에는 남원차 두 봉지를 가지고 와 하는 말이 '귀국에서는 좋은 차가 생산되는데 왜 마시지도 않고 팔지도 않느냐?' 고 물었소. 또 차를 음용하면 정신이 맑아지고 기운이 나서 부지런해지고 일을 잘할 수 있다고 하는데 이는 우리를 떠보고자 하는 말이 아니오?"

그러자 대신 가운데 정탁鄭琢이 나아가 아뢰었다.

"이는 참으로 우리를 모욕하는 말이옵니다. 게으름이 어찌 차를 마신다고 해서 치유될 수 있겠나이까?"

백성의 지도층인 대신들의 차에 대한 인식이 이러했으니 다문화가 크게 발전하는 것은 매우 어려웠을 것이다.

두 번째로는 차에 대한 세금이었다. 차세는 현물로 내야 했는데, 차를 거래하고 공납하는 데 부과되는 세금이 과다하여 서민들은 차를 구하기가 어려웠다. 조선 시대 초기 이목李穆의 저서 중에 〈차에 부침茶賦〉이라는 글이 있는데, 그 머리말에 다음과 같은 내용이 있어 당시의 상황을 짐작케 한다.

'차는 세금을 내야 하므로 오히려 사람들의 걱정거리가 되는데

그래도 그대는 차에 대해서 말하고자 하는가?'

즉 차세 때문에 차를 마음대로 즐길 수 없는 상황이었던 것이다. 성종成宗 때 형조판서刑曹判書를 지낸 학자 김종직金宗直(1431~1492년)의 이야기를 들으면 당시 백성들이 차로 인하여 겪어야 했던 고충의 정도를 알 수 있다.

그가 젊어 성종 2년(1471년)에 경상남도 함양 군수로 갔을 때였다. 현지에 도착하여 보니 옛날에는 차의 산지로 유명했던 곳이 어찌된 연유인지 차의 생산이 끊겨 있었다. 그렇게 차가 생산되지 않는 곳에서 차세를 현물로 바쳐야 하는 농민들의 고충은 이만저만이 아니었다. 그들은 멀리 전라도에까지 가서 비싼 값으로 차를 구해다가 다세를 내고 있었다. 이에 김종직은 차세를 군민으로부터 받지 않고 이웃 관청을 돌며 차를 구해다가 조정에 내는 한편, 차밭을 일구어 차의 생산을 서둘렀다.

그는 역사서를 읽어 신라 때 당나라에서 차의 씨앗을 가져와 가까운 지리산에 심었다는 사실을 알아냈다. 그리고 그곳 일대를 뒤져 엄천사嚴川寺라는 사찰 뒷편 대밭 속에 자생하고 있는 차나무를 찾아내 그곳을 차밭으로 가꾸어 그 이후로는 그곳에서 생산되는 차로 세금을 냈다.

또 국민 경제의 빈곤도 그 이유 중에 하나였다. 세종 때에는 먹을 거리가 없어 굶어 죽는 사람이 있었고, 크고 작은 왜란과 호란을 겪으면서는 더욱 피폐해져 일반 서민이 차와 같은 기호 음료를 즐긴다는 것은 상상도 못할 일이었다. 더구나 차는 비만한 사람이나 포식했을 때에는 좋지만 마른 체구의 사람이나 속이 허할 때에는 좋지 않다고 알려져 가난한 백성들이 즐기지 않는 것은 당연했다. 상황이 이러하니 차 마시기를 기피해 다인은 계속 줄어들었다.

전체적으로는 이렇듯 다생활이 침체되긴 했으나 산림山林(선비 사회)이나 불가의 뒤란에서 이어진 차와 관련된 문화의 발전은 괄목할 만했다. 문사들은 다시茶詩를 쓰고, 다화茶畵를 그렸으며, 선비나 학자들은 다회茶會를 열고, 다서茶書와 다론茶論을 체계화시켰다. 또한 산문의 스님들은 선계禪偈를 통하여 차를 노래했는데 지금까지 전해 내려오는 대부분의 다시茶詩와 다서茶書는 그들의 작품이라 해도 과언이 아닐 것이다. 대표적인 작품으로는 초의草衣 스님의《다신전茶神典》과《동다송東茶頌》이 있고, 차의 약리 해설서인 범해梵海(1820~1896년) 스님의《다약설茶藥說》이 있으며, 서산대사西山大師와 사명대사泗冥大師도 탁월한 다시를 남겼다.

실학의 대가 정약용丁若鏞(1762~1836년)은 자신의 호에 다자를 넣어 다산茶山이라 작호할 정도로 차를 즐겼으며 70여 편의 다시를 남겼다.

추사 김정희金正喜(1786~1856년)도 차를 예찬했으며, 신상에 관한 기록은 전해져 오지 않으나 서유거徐有渠(1764~1845년)는 임원십육지林園十六志라는 훌륭한 저서를 남기기도 했다. 이 외에도 다인茶人들의 많은 다시가 전해지고 있다. 이 밖에 차와 관련된 시설로는 누구나 쉽게 차를 마실 수 있는 다점이나 다방이 있었다.

여기서 조선 시대의 과중한 차세에 대해서 자세히 살펴보자. 차세 때문에 조선의 민초들이 핍박받았던 절대 원인은 중국에 바치는 조공朝貢 때문이었다.

인조仁祖 5년(1627년), 훗날 청清으로 국명을 바꾸었던 후금後金이 침입하여 정묘호란丁卯胡亂을 일으켰다. 무릇 전쟁에서 패전한 나라는 승전국의 지시를 받을 수밖에 없다. 조선은 그들의 요구대로 조공을 바쳐야 했다. 그 품목 가운데 차도 들어 있어 1627년, 1629년, 1636년 세 차례에 걸쳐 작설차와 천지차天地茶 등을 각 50봉씩 보내야 했다.

1636년 병자년丙子年에는 앞서 정묘호란 때 맺은 약속이 이행되지 않고 있음을 트집잡아 또다시 쳐들어 와 병자호란丙子胡亂을 일으켰다. 이번에는 군신의 의義를 맺게 하여 조공의 물량이 더욱 늘어났다. 그 중 차는 매년 200담(1담 – 한 사람이 짊어질 수 있는 양) 또는 1,000포씩을 볼모로 끌려갔던 소현세자가 돌아온 1645년까지 계속 보내야 했다.

차의 조공량이 이렇게 증가하자 국내의 차 가격이 폭등하여 15세기에는 차 한 홉과 쌀 한 말이 맞바꾸어졌고, 17세기에는 차 한 말과 무명 30필이 같은 가격으로 거래되었다.

가. 궁중의 다생활

조선의 궁중에서는 차가 고려 시대만큼 큰 대접을 받지는 못했다. 고려 시대에는 궁중의 각종 의례에서 차가 소중하게 다뤄지고 중요한 위치를 차지했었지만 조선시대로 넘어와 그 자리를 대부분

술이 차지했다. 그 이유는 차의 공급물량이 부족했기 때문이었다.

성종은 즉위한 지 5년이 되던 해(1474년)에 각종 제사에 술 대신 차를 올리도록 예조에 지시할 정도에 이르렀던 것이다.

왕이나 왕비가 돌아가신 지 3년 안에 혼전魂殿(태조와 왕비의 위폐를 모시는 곳)이나 능에서 올리는 제사에 주다례晝茶禮 또는 주다의晝茶儀라고 하는 의례가 있었는데 이는 말 그대로 낮에 차를 가지고 올리는 제사였다.

그 의식의 순서는 다음과 같으며 주된 제물은 차였다.

① 정오가 되면 능을 관리하는 능사陵司가 향로, 향합, 촛불을 영좌靈座 앞에 설치한 후 다병과 다잔을 받들어 영좌로 통하는 출입문의 입구에 두고 서쪽을 향하여 꿇어앉는다.

② 내시가 문 안으로 들어가 역시 서쪽을 향하여 꿇어 앉아 세 번 향을 올리고 조금 뒤로 물러나 다시 꿇어앉는다.

③ 내수內豎라고 하는 심부름하는 관원이 빈 제사상을 들고 섬돌 위로 나아가면 능사가 이를 받들고 문 안으로 들어가 내시에게 전해 준다. 내시는 이를 영좌 앞에 놓는다.

④ 내시가 두 가지 색의 떡과 각종 과일 그리고 꿀과 나물을 접시에 담아 젓가락과 함께 제사상에 올린다.

⑤ 능사가 잔에 차를 따라서 내시에게 주면 내시는 이를 받아 올리고 문 밖으로 나와 부복하고 일정 시간 동안 기다린다.

⑥ 이상과 같은 의례가 끝나면 내시가 들어가 꿇어앉아서 차와 음식을 거둔다.

궁중에는 내시부內侍府 소속으로 다례만을 전담하는 관리를 따로 두었다. 상다尙茶라는 직책의 관리는 정3품으로서 왕과 비빈, 왕세자 등 왕족이 마시는 차를 총괄했다. 또 국가의 제사와 시호諡號를 내리는 일을 맡아 관장하는 부서인 봉상사奉嘗司에서는 의전 중에 차를 끓여내는 일을 하던 다모茶母가 있었다.

말엽에는 의약을 담당하던 내국內局에서 왕족의 생일에 작설차를 달여 올렸다.

사옹원司饔院에서는 다색장리茶色掌吏라는 다례를 맡아 주관하는 관리 두 명씩을 각 궁에 파견하여 차 끓이는 일을 하도록 했다. 한편 궁중에서 행하였던 중요한 다례로는 다음과 같은 것들이 있다.

나. 회강會講 다례

왕세자는 장차 왕으로서의 자질을 갖추기 위하여 시강원侍講院에 따로이 스승을 모시고 공부를 했는데 이곳에서 매월 두서너 번씩 정1품 관리와 상객들을 참석케 하여 사기史記와 경서經書를 강론했다. 이를 회강이라 하였는데 이때 술과 과일, 그리고 차를 접대했다.

다. 사신使臣 영접 다례

중국과 주종 관계에 있던 당시에는 그만큼 중국과 교류가 잦았다. 내왕 사신 영접 업무는 외무관리가 맡았는데 이들에 대한 접대는 소홀히 할 수 없는 중요한 일이었다. 만약 접대가 흡족치 못하면 사신의 비위를 거스르게 되어 양국 관계에 영향을 줄 수도 있기 때문에 사신을 영접하는 의전은 항상 정중했다.

그래서 세종 때에는 국조오례의國朝五禮儀라는 의전서를 편찬했는데 그 중에 연조정사의宴朝廷使儀는 사신을 접대하는 연회에서의 의례를 별도로 규정했다. 그에 따르면 왕이 사신에게 차를 권하면 사신도 화답하여 왕께 권한 후 함께 차를 마셔야 한다고 기록되어 있다.

사신 영접례

세종 32년에는 왕세자가 임금을 대행하여 사신을 맞이했는데 이때 연회에서의 다례를 구체적으로 정하였다. 이 의례에서는 모화사상慕華思想에 따라 왕의 자리에 정사를 앉히고, 왕세자가 말석에 앉는 굴욕적인 배치를 하고 있다. 행사의 절차는 아래와 같다.

① 정사正使의 자리는 태평관太平館 중앙의 북쪽에서 남쪽을 향하여 설치하고, 부사副使는 동쪽에서 서쪽을 향하여 앉도록 하며, 왕세자는 서쪽의 남측에서 동쪽을 향하여 앉도록 한다. 단 정 · 부사가 모두 남쪽을 향해 앉을 때는 왕세

자는 동쪽에서 서쪽을 향한다. 주탁酒卓은 남쪽에서 북쪽을 향해 설치한다.

② 왕세자는 미리 설치해 둔 막사에 들어가 있다가 사신이 태평관에 들면 서쪽 문으로 들어가 사신에게 먼저 읍揖하고 사신이 답례로 읍하면 모두 자리에 앉는다.

③ 왕세자와 사신이 자리에 앉으면 사준별감 한 사람이 다종茶鐘(차그릇)을 받들고 주탁의 서쪽에 조금 물러서고 다른 한 사람은 차종반茶鐘盤을 들고 주탁의 동쪽에 선다.

④ 사옹별좌司饔別座 세 사람이 과반을 받드는데 한 사람은 정사의 오른편에 동향으로 서고, 한 사람은 부사의 왼쪽에 북향으로 서며, 나머지 한 사람은 왕세자의 오른편에 북향으로 선다.

⑤ 먼저 사옹제거司饔提擧가 다종에 차를 따라 왕세자에게 바치면 왕세자는 이를 들고 정사에게로 나아가 바친다. 차를 받은 정사는 잠깐동안 통사에게 맡긴다. 부사에게도 같은 방법으로 준다.

⑥ 사옹제거가 다시 다종에 차를 받아 정사에게 주면 정사는 이를 받아 아까와는 반대 방법으로 왕세자에게 준다.

⑦ 각자 다시 자기 자리로 돌아가 자리에 앉으면 정사는 통사에게 맡겼던 다종을 다시 받아 왕세자와 함께 차를 마신다.

⑧ 사옹제거가 왕세자와 사신으로부터 빈 다종을 다종반에 받아 나온다.

⑨ 사옹별좌가 각각 모시고 있는 사람에게 과일을 올리고 과반을 챙겨 나온다.

라. 문사文士들의 다생활

조선의 상류 사회를 형성했던 선비와 문인들의 다생활은 고려 시대와는 달리 검소했다. 차의 공급이 원활하지 못했던 탓도 있겠으나 주자사상과 유교정신에 입각하여 안빈낙도安貧樂道하는 의식이 사회 전반을 지배했던 영향이었다. 스스로의 분수를 지키며 자연 속에서 유유자적하는 이들은 차에 대하여 사무사思無邪, 즉 자기의 생각에 그릇됨이 없게 처신했다. 실리보다는 명분과 체면을 중요시하여 아무리 급해도 뛰지 않으며, 아무리 배가 고파도 구걸을 하지 않았다. 이처럼 유교를 신봉하는 사대부의 선비정신은 차 한 잔 마시는 데까지 미쳤다.

형편이 좋은 고관대작들은 경치가 좋은 곳에 누각을 지었으나 가난한 선비나 문인들은 볏집이나 갈대 같은 풀을 모아 초당을 지었으며, 그도 아니 되면 계곡의 물가 넓은 바위에 둘러앉아 시를 지어 읊거나 그림을 그렸다. 이런 때에는 반드시 차를 마셨다.

〈적벽도赤壁圖〉의 일부. 작자 미상. 소동파의 〈적벽부〉를 그림으로 표현한 것임. 다상 위에 놓여 있는 찻잔과 다식이 평안한 느낌을 준다.

영조 시대 청백리淸白吏였던 이형상李衡祥(1653~1733년)의 다음과 같은 시에서 당시의 모습을 볼 수 있다.

> 내 집은 초가 삼 간 세상의 번거러움 없네
> 차 끓이는 탕관과 고기 잡는 낚싯대 하나
> 뒷산에 절로 난 고사리, 그것이 분수인가 하네.

그런가 하면 문사들이 서로의 뜻을 하나로 집결하는 큰일을 할 때면 차를 마시며 의지를 다졌다. 당파 싸움으로 서로 반목하던 조정에서도 1616년에는 대북파와 소북파가 한 자리에 앉아 차를 마시며 화해를 했다는 기록도 있다.

오늘날 저축 수단으로 변질된 계契도 처음에는 목적과 취미를 같이하는 친목 모임이어서 곗날이면 으레 술과 차를 즐겼다. 선비들이 그린 문인화나 풍속화에서도 차를 나눠 마시는 장면이 자주 등장한다. 특히 단원 김홍도(金弘道 1745~?)는 다화를 많이 그렸다. 김시습, 추사 김정희를 비롯 다인들의 일화도 일일이 열거하기에 힘들 만큼 많다.

마. 불가佛家의 다생활

앞에서 기술한 대로 조선의 불교는 고려보다 쇠락하여 승려의 지위나 활약이 약화되었다. 팔관회와 연등회도 겨우 명맥만 유지될 뿐 행사의 종류나 숫자도 줄어들었다.

한편 사찰의 의식에서 차가 쓰일 때는 삼보三寶(佛, 法, 僧 또는 나한羅漢에게 다례를 올릴 때와 부처의 사리나 괘불掛佛(그림으로 된 불상))를 옮길

〈남지기로회도南池耆老會圖〉의 부분. 이기룡 작.
조선 시대 동고품계인 가선대부를 비롯한 노인들이 다회를 갖고 있다.

때, 불상佛像의 점안식 때, 상례喪禮, 제사祭祀 때 등이었다. 또 부도浮屠(부도다례는 음 9월 9일에 갖음)와 탑에도 다례를 드렸다.

그런데 흥미로운 것은 불가에서 상례와 제사의식을 갖는데 유교 의식으로 치루었다는 것이다. 이는 조선시대에는 불교를 숭상하지 않고 모든 의식을 유교의 예법에 따르도록 했기 때문이었다.

그러나 조선 초기의 일반 백성들은 질병이나 상喪을 당하면 불상 앞에 밥과 향, 그리고 차와 꽃을 올리고 불공을 드려 인간의 미력함을 부처의 힘으로 극복하려 했다.

승려들은 다례를 갖을 때는 반드시 게偈를 읊었다. 게란 불가의 노래인데 다례 후에 부르는 게는 대개 4행으로 되어 있다.

법음집法音集(1721년 지환智還 저著)에 의하면 욕불浴佛(불상에 향수를 뿌리는 행사)할 때 다탕茶湯이 있으면 게를 읊고, 없으면 그만 두었다고 한다.

법음집에 나와 있는 게를 한 편 옮겨 적는다.

제가 지금 차 한 그릇을

영산靈山(석가가 설법을 폈던 산) 대법회에 올리오니
간절한 마음을 살피시어
자비를 내려 주시옵소서.

다음은《귀감서龜鑑書(白坡 著)》에 나와 있는 게偈이다.

제가 지금 청정수로
감로차를 만들어
삼보전에 올리나니
자비로이 받아 주소서.

그런가 하면 민요에도 차에 대한 내용이 있다. 곡조가 어떠했는지는 알 수 없으나 그 내용은 불가에서도 즐겨 읊었음직하다.

국사암國師庵 나한羅漢들은
긴 대밭(長竹田)의 찻잎을 따서
육조六祖(당나라 선조禪宗의 제6조 혜능慧能을 가르킴)와 차를 마시는데
금당 안의 선지식善知識(깨우침을 얻은 스님)들은 코만 고누나.

조선조 스님들도 음료로는 차를 마셨다. 각종 행사에서의 의전은 비록 유교 의식을 따랐지만 음다문화는 여전히 고려 때의 전통을 그대로 이어받아 선을 수행하는 데 의미를 두고 애용하였다. 다만 앞서 기술한대로 차가 풍족치 못해 귀하게 여겼다. 그래서 차를 끓이는 일도 차가 풍족할 때는 사미승이나 시자侍者들도 취급했지만,

다문화가 쇠퇴하던 17세기 이후에는 다각茶角이라 하여 차끓이기를 전담하는 사람을 따로 두었다. 또 사찰에서는 선달 그믐날이면 스님들이 모여 앉아 차를 마시며 큰 스님의 법어를 듣는 것이 연례 행사였다.

바. 백성들의 다생활

조선시대 일반 백성들에게 있어 차는 기호음료 그 이상이었다. 차가 귀해서이기도 했지만 그 효능을 높게 평가한 나머지 일종의 약으로 인식하기도 했다. 그런 근거로는 전남 지방에 구전으로 전해 오는 민요에서 찾아볼 수 있다.

> 초엽은 따다가 상전에게 주고
> 중엽은 따다가 부모에게 주고
> 말엽은 따다가 남편에게 주고
> 늙은 잎은 따다가 약을 지어…….

그런가 하면 심지어는 차가 신통력과 마력魔力을 지녔다고 믿기도 했다.

17세기 홍만선洪萬選이 쓴 《산림경제山林經濟》를 보면 단오날 오시午時에 붉은 색으로 〈차茶〉자를 써서 붙이면 사갈蛇蝎(뱀과 전갈)이 접근을 못한다고 했다.

또 《동국세시기東國歲時記》 입춘立春편을 보면 이 날 부적을 만드는 데 신다울루神茶鬱壘라고 써 두었다가 단오날에 붙인다. 그렇게 하면 울루鬱壘라고 하는 다신茶神이 나쁜 귀신을 쫓아준다는 중국의 풍습을 따른 것으로 보인다.

한편, 여성들은 누에를 칠 때 누에가 건강하게 잘 자라 많은 실을 뽑게 해 달라고 잠신蠶神(누에신)에게 제사를 지내는 데 제물로는 역시 차가 쓰였다.

선전관청 계회도.
왕명을 받들어 시행하는 관리인이 한강에서 배를 띄워 놓고 모임을 갖고 있다.

세종 때 쓰여진 농업 서적 《사시찬요四時纂要》를 보면 누에를 치는 여자가 제사를 지낼 때는 떡, 음식, 그리고 향을 피우고 술 대신 차를 올린다고 되어 있다. 또 인간의 힘으로 해결하기 어려운 고난이 있을 때에는 수시로 삼신三神(우리나라를 세운 세 신. 즉 천신天神인 환웅桓因, 그의 아들인 환검桓雄, 단군인 환검桓儉)을 모신 제단에 차를 올리고 소원을 빌기도 했다. 이렇게 제사에 차가 널리 쓰인 것은 다례가 신을 감응시킬 수 있다고 믿어서였을 것이다.

사. 그 밖의 다문화

조선의 서민들은 차의 거래가 풍족치는 못했으나 각종 의례가 있어 지속적으로 차를 접하는 기회를 가질 수 있었다. 각종 의례에서의 주된 차림은 차였기 때문이다.

〈누각아집도樓閣雅集圖〉의 부분. 이인문 작.
누각에 주인과 손님이 담소하고 있고
다동이 분주하게 차를 끓이고 있는 풍경이 평화롭다.

주로 관혼상제冠婚喪祭를 중심으로 이루어졌던 서민들의 행사는 토속신앙이나 도교의 영향을 많이 받았다. 조선 초기에는 사대부가를 중심으로 상류층에서 주자가례朱子家禮를 많이 따랐으나 점차 유교의 영향을 받아 일반 서민들도 이를 따르게 되었다. 17세기에 이르러서는 이러한 의례를 정리한《가례언해家禮諺解》와《가례집람家禮輯覽》같은 서적이 편찬되기도 했다.

이에 각종 의례에 접근하여 차의 효용을 살펴보기로 한다.

아. 관례冠禮

관례라 함은 지금의 성인식과 같은 의례이다. 남자의 나이가 16세가 되면 올려졌는데, 1700년 무렵에 만들어진《증보산림경제增補山林經濟》를 보면 의식의 진행 방법에 대해서 설명하고 있다.

'정해진 날이 되면 가까운 친척과 마을의 어른들을 초청한 가운데 성인이 되는 사람에게 관冠을 씌워주고, 사당에 차례를 올리게 한 후 술과 음식으로 오신 손님들을 대접한다.'

또는 동제洞祭를 올릴 때나 사당에서 제사를 모실 때에 차를 썼던 것은 차가 인간과 신과의 사이를 연결시켜 주는 매개 역할을 해준다고 믿었기 때문이었다.

자. 혼례婚禮

혼례에서의 다례는 납채納采, 즉 오늘날로 말하면 함을 보낼 때에 이루어졌다. 납채라 함은 신랑이 신부의 집으로 찾아가서 혼인해 줄 것을 청하고 신부의 출생 일시를 묻는 의식이다. 이 때 신부의 집에서는 사당에 이를 고하는 의식을 치루며 다례를 행했다. 이 때의 다례 절차는 비교적 간단했다.

〈취성도〉의 부분. 겸제 정선 작
개울물이 흐르는 별장에서 손님에게 차를 대접하고 있다. 선명한 주다탁(朱茶卓)(붉은 차탁자)이 인상적이다.

먼저 주인과 신랑될 사람이 사당에 올라 동서로 마주 서서 읍하고 나면 집사가 신랑이 가져온 예물을 뜰에 늘어놓는다. 그 다음 주인과 신랑될 사람은 자리에 앉아 내어온 차를 나누어 마신다. 차를 마시는 일이 다 끝나면 옆에 대기하고 있던 집사가 신부될 사람의 출생 년월일을 기록한 종이를 전해 주는 것으로 다례를 끝낸다.

혼례 중에 신랑과 신부가 한 잔의 술을 서로 나누어 마시는 의식을 다례라고 했기에 원래는 술이 아닌 차를 나누어 마신 것이 아닌가 싶다.

차. 상례喪禮

상례는 그 의식이 번거로운 만큼 다례의 횟수도 많았다. 시호諡號(생전의 공덕을 인정하여 나라에서 왕이 내리는 이름)를 영전에 바칠 때, 관을 장지로 옮기기 위해서 빈소를 열 때, 발인 전 영결을 고하는 제사 때, 장지로 이동 중에 올리는 노제路祭 때 다례를 올렸다.

조선실록을 보면 상례에서의 다례 의식은 다음의 순서로 진행되었다.

① 관세盥洗(손 씻는 물그릇)와 잔세殘洗(잔 씻는 물그릇) 그리고 술잔 셋과 찻잔 하나를 준비한다.

② 집사가 먼저 손을 씻은 후 잔을 씻어 다른 제물이 진설되어 있는 젯상에 올려놓고 상주가 영좌靈座 앞에 꿇어앉기를 기다렸다가 술과 차를 따른다.

카. 제례祭禮

제례란 각종 제사 의례를 말한다. 앞에서 말했듯이 깨끗한 향다香茶는 신과의 연결 매체가 된다고 생각했다. 그래서 제사에서는 없어서는 안 되었고, 매우 높은 대접을 받았다.

따라서 헌다는 일반적으로 명절名節과

속절俗節에 올렸고, 상중喪中에는 삭망朔望에도 올렸다.

명절은 정조正朝라 불리는 설날과 한식, 단오, 추석을 말하고, 속절은 약식을 먹는 정월 보름, 두견화전과 두견화술을 먹는 삼월 삼짓날, 국화전을 먹는 9월 9일을 말한다. 삭망은 매월 1일과 보름날을 일컫는다.

본시 제사에 올리는 차는 귀신이 식사를 마치고 입가심을 한다는 의미를 갖고 있다. 그러기에 기제사에서는 물을 올리는 것으로 대신했으나 위에서 언급한 명절, 속절, 삭망의 제사는 반드시 차를 올렸기 때문에 차례 또는 차사茶祀라고도 불렀다.

1632년, 한글로 편찬됐던 가례언해家禮諺解에는 망일이면 차를 올리라고 했고, 또 일이 있을 때도 사당에 고하여 정조나 망일과 같이 하되 술과 차를 올리라고 했다.

타. 차와 관련된 풍속

(가) 다시茶時

관청에서 관리들이 정해진 시간에 차를 마시는 것을 일컫는다. 이렇게 일정한 시간에 규칙적으로 차를 마시는 것은 절제된 의례를 행하는 가운데 항상 맑고 청정한 평상심을 유지하기 위해서였다.

특히 사헌부司憲府의 다시는 고종 때까지 계속되어 매우 엄격하게 지켜졌다. 사헌부는 오늘날의 사법부와 같아 업무가 공정하고 단호해야 했던 관계로 관리들의 마음가짐을 바로 하는데 차가 매우 중요한 역할을 했던 것이다.

사헌부에는 다시청茶時廳과 재좌청齋坐廳이라는 두 개의 기구가 있었다. 다시청에서 근무하는 정6품직의 감찰들은 성상소城上所라고 하는 회의실에서 차를 마시며 토론했다. 그들은 복장을 일부러 남루하게 차리고 다니기도 했다.

조선조 초기에는 야다시夜茶時라고 하여 간사한 자, 탐욕스런 자, 행실이 부정한 자 등 사회적으로 지탄 받는 사람을 퇴출시키는 집단 운동도 있었다. 그 방법은 한밤에 다시를 가진 후 퇴출시키고자 하는 사람의 비행을 널판지에 자세히 적어 그 사람의 집 대문 위에 붙여놓고 다음날부터 상종을 안하는 것이었다. 요즈음 말로 하면 왕따시켜 버리는 것이었다.

(나) 재좌청

재좌청은 조정에 큰 일이 있을 때, 이를 의논하고 큰 예의大禮儀를 가르치는 곳이었다. 재좌라는 말은 몸을 깨끗이 하고 마음을 정숙하게 가다듬고 앉는다는 뜻으로써 구성원들은 대사헌을 비롯하여 정5품 이상의 고급관리들이었다.

이들도 모임이 있을 때에는 다시청의 관리들과 마찬가지로 차를 마셨는데 상급자에 대한 예의범절이 매우 엄격하여 다른 관청의 관리들과는 비교가 되지 않을 정도였다고 한다.

(다) 다방茶房

조선 시대의 다방은 오늘날 거리의 다방과는 다르다.

이조吏曹에 소속된 관청으로서 왕실은 물론이고 조정 대신들의 모임, 사신이 왔을 때 등 궁궐 내에서 행해지는 각종 다례를 주관하던 곳이었다. 초기에는 다방의 격이 높아 태조가 새 궁궐의 한 칸을 배정했고, 그 곳 출신의 관리가 지방의 수령으로 발령을 받을 정도였다.

태종 때에는 공신의 아들 중에 과거에 합격하지 못한 사람들이 초임지로 근무했다. 또 다방에서는 단순히 차만을 취급한 것이 아니라 왕실에서 소모하는 쌀과 피륙, 반찬으로 쓰이는 채소 등의 출납을 담당하기도 했다.

세종 때에는 다방의 관리를 뽑기 위한 특별 시험이 치루어졌다. 시험 과목은 글씨 쓰기, 수의 계산, 시낭송(律), 가례家例 등이었다.

세종 29년에는 명칭을 사준원司準院이라 개칭하고 외국 사신에게 차를 접대하는 일을 전담케 했다.

2) 조선시대 다인들의 일화

가. 다인들의 일사일언

여말 충신 정몽주鄭夢周는 경세가로서 자신의 심정을 다음과 같이 노래했다.

보국에 공효 없는 늙은 서생이
차 마시는 버릇에 세정을 몰라라

눈보라 치는 나직한 집에 누우니
돌솥의 물 끓는 소리가 정겨웁구나.

– 원문 생략

세상을 다스리는 사람도 이렇듯 때로는 자기만의 고독에 눌리어 떨기도 한다. 헛되고 허망함에 허탈해하면서도 차 한잔의 향기와 운치에 젖어 천상의 시간을 누릴 수도 있다. 이 얼마나 침착한 정신 세계의 경영이며 경작인가.

조선조에도 다인은 그치지 않고 계속 출현했던 것이니, 유명한 차인을 열거해 보려고 한다.

세종 때에 신숙주申叔舟와 김유金紐 등의 다시가 전해지고 있어 그들도 차를 애용했던 것 같다.

중종 때의 화담 서경덕徐敬德도 차를 꽤나 즐겼던 것 같다. 그의 다시에 '다여열고서茶餘閱古書'라는 구절이 있는 것으로 보아 책을 읽을 때에는 반드시 차를 마셔 머리를 맑게 했음을 알 수 있다.

율곡 이이

세조 때의 생육신 김시습金時習은 삼각산 중흥사에서 공부를 하다가 수양대군이 단종을 내쫓고 왕위에 올랐다는 소식을 듣고서 인간의 악성에 괴로워했다고 한다. 그때 그의 나이 21세였다.

그는 바로 서책을 불사른 뒤 전국 유명 산을 유람하며 수 많은 명문과 시를 남겼다. 그 중에는 주옥같은 다시도 있어 그가 손수 찻잎을 따 제다製茶하고 찻물을 끓여 행다行茶했을 것으로 보여진다.

선조 때 율곡 이이李珥도 차를 마시며 성리학의 깊은 계곡을 유영했던 것일까.

그가 스님에게서 차 한 잔을 얻어 마시 듯 짤막한 오언절구를 남겼다.

> 약초를 캐다가 길을 잃어 살펴보니
> 산 봉우리마다 고운 단풍이 덮혔더라
> 산승이 물을 길어 돌아가는 것으로 보아
> 숲속 끝에 찻물 끓이는 연기가 일겠구나.
>
> – 원문 생략

본시 시란 인간의 정감을 그려내는 예술이다. 찻잔을 기울이며 유현한 철학의 맛을 즐길 때에는 스스로 고고해져서 불후의 명작을 토해내기도 한다. 시인의 즐거움이 그 아니랴!

다승 서산대사西山大師는 청허清虛(맑은 마음)한 심연을 다스린 다음과 같은 다시를 남기었다.

서산대사

> 만국의 도성은 개미집과 같고
> 수많은 호걸들은 하루살이 같아

달 밝은 밤 창가에 가까이 누워

찻물 끓는 소리에 속심을 떨치도다.

– 원문 생략

대개 은사隱士들은 명월과 백운과 산수를 벗하며 찻물 끓이는 소리에 번뇌를 떨쳐 버릴 수 있었던 것이니, 속인이 어찌 그들의 나태함을 가타부타할 수 있겠는가. 서산대사의 제자 부휴浮休와 사명泗溟도 다승답게 많은 다시를 남겼다.

물론 임란 전에는 선조宣祖가 남원의 토산차 맛을 보고서 '이것은 작설차로구나' 라고 했다. 이처럼 차는 불승이나 문사가 아니라도 왕족이나 귀족 사회에서도 애용했다. 이러하던 차가 시들해진 결정적 동기는 임진왜란이었다. 전 국토가 유린당하여 피폐해진 백성에게 고급스런 음료 문화가 점점 자취를 감추었던 것은 당연한 것이었다.

그런데 이상한 것은 그 무렵부터 일본에서는 차가 성행하였다는 것이다. 왜일까? 그들 스스로 승전국이 되어 고급스런 여유를 부렸던 것일까. 아마 조선의 다례茶禮 문화에 자극을 받아 분발했기 때문일 것이다.

석다완. 구경 11.5cm, 높이 5.8cm

우리의 산야에 있던 야생 벚나무가 개량되어 역수입 되듯 차나무가 개량되어 역수입되고 있는 현실이다. 그러나 순종(재래종) 토산품이 우리 입에 좋은 것을 어찌할 수 없다.

나. 공차貢茶의 시련과 쇠퇴기 제현상

고려나 조선조의 농민들이 지배층이나 관리들의 가렴주구에 얼마나 시달렸는지는 모은 사서들이 전해 주고 있다. 상류층 귀족이나 사대부, 호족이나 선비들이 녹차를 즐기는 동안 한쪽에서는 차를 원망하며 차가 자라는 땅을 저주하기도 했다. 왜냐하면 차를 공납해야 하는 농민들의 처지가 필설로 형용할 수가 없을 너무도 비참하였기 때문이다.

일찍이 고려의 말엽의 문호 이규보李奎報는 공다로 인한 농민들의 참상을 다음과 같이 글로 남겼다.

> 남쪽 사람들은 성난 짐승을 두려워 하지 않아
> 칡 머루 덩굴을 헤치며 산 속 깊이 들어선다
> 일만 잎을 따서 떡차 한 개를 겨우 만드니
> 떡차 한 개 값이 천금으로도 바꾸기 어렵네.
>
> – 원문 생략

얼마나 기막힌 정경인가. 차 잎을 따는 철을 맞아 깊은 산 속을 헤매며 어린 순을 따다가 차를 만드는 고통이라니. 포악한 관리들의 채근에 채다와 제다에 정신없었을 우리네 선조들이 눈에 선하다. 그렇게 해서 가공된 차를 짊어지고 한양길 천리를 나서야 했을 것이다.

오죽했으면 이규보는 차茶를 두고 '이는 백성의 살아온 피이니, 산야의 차나무를 불질러 없애야 한다' 고 했다.

아무튼 백성의 고혈을 짜내던 공다貢茶의 악습은 음다문화의 저

변 확대를 막아버렸다. 고려 시대 그토록 일반화된 다문화가 조선조의 배불숭유 정책으로 막히게 된 것이다. 임진 · 정유 양란 이후 파쟁, 민란, 군란, 정변 등 갖가지 사변으로 피폐해진 백성에게 여유가 없었던 것이다.

더욱이 동학혁명 후 근대에 이르러 일제탄압과 6 · 25, 군사독재까지 이어진 계속된 국란을 거치다 보니 우리 문화예술은 뿌리째 흔들리기도 했다. 고통과 한으로 점철된 우리 민족에게는 살아남기 위한 노력이 더 시급했던 것이다.

다. 다례와 차례

임진왜란 때에는 차를 마시지 않던 선조가 의주義州 행재소(行在所 : 임금이 밖에서 잠시 머무는 곳)에서 명나라 사신들을 접할 때마다 다례를 행했다는 기록이 있다. 병자호란 때는 청나라에 볼모로 갔던 소현세자昭顯世子가 갑신년(1644)에 잠깐 서울에 돌아온 일이 있었다. 그때 세자는 종묘에 인사드린 뒤 남별궁에서 그를 호위하고 있던 청나라 장수에게 다례를 행했다는 기록도 남아있다.

고종高宗 13년(1876)에도 청나라 사신을 근정전에서 접견할 때 다례를 행했다는 기록이 있어 차는 조선 말기까지도 외교상 빼놓을 수 없는 의례였음을 알 수 있다. 그런데 여기서 살펴볼 것은 〈행다례行茶禮〉라고 하는 기록이다.

(가) 차례의 어원

차례란 본시 간소한 제사를 말한다. 그러던 것이 민속 명절 때 제사의 명칭이 되었다.

이는 사당제도와 밀접한 관련이 있는 것으로 보인다.

청자다완

《가례家禮》에 의하면 조상의 신주를 모시는 사당에는 정월 초하루와 동지, 또는 매월 초하루와 보름에 참배하는 제사가 있었다. 이 중에서 매월 보름에는 술을 올리지 않고 차를 올리게 되어 있었다. 그러니까 제사 중에서 가장 간략한 제사에 차를 올리는 예라 하여〈차례〉란 말이 유래된 것으로 이해된다.

사당의 제사 가운데 민속 명절에 올리는 제사는 그때 그때 계절식을 올리는 것이 예였다. 그렇게 간결하게 올리는 명절 제사를 차례라 했던 것이다.

사당에서 올리던 차례는 설과 동지, 초하루와 보름, 큰 절기 등을 합하면 1년에 무려 30여 회에 이른다. 그러던 것이 근래 사당이 사라지면서 줄어진 제사가 차례라는 명절로 남게 된 것이다. 그것도 요즘에는 설과 추석에만 사당 예법으로 차례를 지내고 있다.

물론 조상에게 올리는 기제사忌祭祀도 차례이다.

명절날 아침에는 각 가정에서 조상의 신주나 지방 또는 사진을 모시고 차례를 지낸다. 그런데 차의 수난기를 거치면서 차의 자리에 술이 올려지게 된 것이다.

그러니 전통 다문화에서 행하여졌던 다례와 제사로써의 차례는 엄연히 구별되어야 한다. 즉 '토속화된 관용어' 로서의 〈차례〉와 '차를 마시는 예의' 를 뜻하는 〈다례〉라는 말을 가려 써야 한다.

라. 다문화의 전승

조선조에 들어와서는 지배층인 사대부나 귀족은 물론이고, 피지배층인 농민이나 노비등 소외를 받은 자 사이에서도 차생활은 급속도로 쇠퇴했다. 그런데 그 시절 일본에서는 반대로 길거리에서도 차를 사고 팔 만큼 대중화되고 있었다. 고려조의 중흥기가 일본에서 재현되고 있었으나 우리의 전통 다문화는 밀리다 못해 잊혀지고 있었던 것이다.

세종世宗 25년(1443년) 신숙주가 일본에 갔다가 돌아와서 쓴 해동제국기海東諸國記에 일본에서 성행하는 다문화에 대해서 소상히 적고 있다.

"사람마다 차 마시기를 좋아해서 길가에는 다점茶店을 두고 차를 사고 판다. 보아하니 행인은 한 푼의 돈을 주고 차 한 사발을 사서 마신다."

그러면 여기에서 다문화가 우리에게 왜 그토록 소중한 것인지 잠시 살펴보자.

중국에서의 다예茶芸가 청구靑丘(우리나라)에서는 다례茶禮요, 일본에서는 다도茶道로 규정되고 있다. 이는 다 그만한 이유가 있겠지만 여기에서는 논설을 유보한다.

일본에서 다도가 소중히 다루어지고 있는 것은 오늘의 현대 물질문명 속에서도 상하좌우의 질서라고 하는 도덕적 성품을 고양시키고 있음 때문이다. 우리에게도 서구의 개인주의 유입 이후 몰락된 예를 다례에서 이어주고 있기에 여간 다행스러운 일이 아닐 수 없다. 동방예의지국 재건을 위해서라도 다시 다듬어 나아가야 할 다례임이 분명하다.

조선 중기 이후에 2백 년이나 모든 기록에서 사라졌던 차가 다시 우리 역사에 나타난 것은 19세기 초의 일이다. 하마터면 영원히 끊길 뻔했던 차가 다시 맥을 잇고 지탱할 수 있었던 것은 선각의 뜻있는 다인들이 있었기 때문이다.

정말이지 얼마나 다행인지 모른다. 정다산의 강진 유배로 이어져 오늘 우리에게 소중한 많은 자료들을 제공해 주고 있으니 그저 감사할 뿐이다. 선인들에게 그토록 엄중한 다례가 있었고, 지고한 정신이 있었으며, 아름다운 다담이 있었다니 감사하지 않을 수 없다.

이는 단순한 역사적 사실로만 접어두고 넘어갈 성질의 것이 아니기에 다음 장에서 조선 다인들의 족적을 계속 추적해 보고자 한다.

3) 조선 후기의 다인들

가. 다산茶山 정약용丁若鏞(1762~1836)

실학의 대가 정다산은 영조 38년(1762년) 진주목사 정재원丁載遠의 넷째 아들로 태어났다.

어려서부터 총명했던 다산은 22세에 생원시에 급제한 뒤 28세에 문과文科에 올라 경기도 어사, 곡산부사, 승지承旨, 형조참의 등의 벼슬살이를 했었다.

그러던 그가 반대파(벽파)에 밀리면서 천주교도들의 박해가 시작되었던 것이니, 이른바 신유사옥辛酉邪獄이다.

다산 정약용

정조正祖와 영의정 번암 채제공蔡濟恭의 사랑을 받던 다산의 가문은 1799년 채제공이 죽고 이듬해 정조마저 승하하게 되자 야멸찬 박해를 받기 시작했다.

마침내 1801년 2월 26일 형 약전은 전라도로, 약용(다산)은 경상도로 귀양갔다. 그런데 설상가상으로 다산의 조카사위 황사영이 그해 가을 구원을 요청하는 서찰을 북경교회로 보내려다 발각되어 다산은 서울로 올라와 모진 형벌을 받고 친구 황일환의 도움으로 겨우 목숨을 부지하여 전라도 강진으로 유배되었다. 그 때 다산의 나이 40으로 후일 조선의 실학實學을 집대성하게 되는 18년의 유배생활이 그렇게 시작되게 되었던 것이다.

다산은 동문 밖 주막집 협실에서 쓸쓸한 유배생활을 시작하였으나 후환이 두려워 아무도 가까이 하지 않으려 했다.

다만 이때 시중을 든 네 사람이 있었으니, 훗날 다산은 다신계茶信契의 절목節目에 부기해 그 내용을 밝히고 있다. 이때 그는 너무도 궁핍하여 사람의 꼴이 아니었다고 전해진다. 그에게는 지필묵은커녕 서책도 없어 늘 묵상하며 주역을 암송하는 것으로 4년여의 시간을 보냈다고 한다.

그러다가 을축년(1805년) 가을, 다산은 한 시골 노인을 따라 가까운 도암면 백련사白蓮社로 모처럼 나들이를 갔다. 물론 감시가 엄해서 문밖 출입도 여의치 않았으나 지엄한 정순대비가 승하한 탓으로 당국의 단속이 느슨해져 군내의 나들이만은 허용이 되었다. 더욱 다행이었던 것은 그곳 백련사에서 젊은 학승 혜장惠藏을 만나 교우하게 되었으니 다산의 나이 44세, 혜장은 34세 때의 일이었다.

그해 겨울, 다산은 우이산 우두봉 아래에 있는 고성사高聲寺로 거처를 옮기었다. 이는 필경 혜장 스님의 도움이었을 것이다. 그 곳 산사의 보은산방報恩山房에서 다산의 차 생활은 시작되었고, 차는 혜장이 백련사(만덕사)에서 보내주었다. 또한 혜장이 친히 제자를 보내 차 시중을 들게 해 주었던 것이니, 내용이 수룡袖龍과 철경이라는 다신계 절목편에 전해지고 있다.

그 무렵 보은산방의 다산은 너무도 소중했던 혜장에게 여러 수의 시와 서간을 보내며 우의를 다졌다. 그 중에는 차를 구걸하는 서찰도 있었으니 초의의 동다송에 인용되어 유명해진 걸명소乞茗疏가 그것이다. 여기서 다산은 육우의 다경을 비롯한 여러 다서와 다시를 섭렵한 다선茶禪의 세계에 들어섰음을 엿볼 수 있다.

필자는 기모경과 이찬황의 고사를 잘 알지 못한다. 다만 귀양살이 중 타향에서 다산이 기막힌 심경을 맑은 차로 다스리려 했음을 충분히 이해할 수 있을 것 같다.

그러나 다산의 차세계에의 몰입은 그가 귤동橘洞의 다산초당茶山草當으로 처소를 옮겨 스스로 다산茶山이라고 작호한 뒤의 일일 것 같다.

무진년(1808년) 봄에 축대를 쌓고 연못을 팠으며 꽃나무를 심고 폭포를 만들기도 했다. 그가 그토록 좋아하던 서책들을 모아 쌓아두고서 손이 시리고 다리가 아리도록 글씨를 썼던 것이니 오늘 우리들에게 보여지는 방대한 저서들이 그때 탄생했다.

鴉谷新茶始展期　一包纔得里人貽
아곡신차시전기　일포재득리인이

棣泉水品淸何似　閒就銀甁梳試之
체천수품청하사　한취은병소시지

아곡의 새차가 좋아 보여서
마을 사람들에게서 한 포 얻었네
길러 온 샘물이 어찌나 맑은지
한가로이 고운 잔에 시험을 하네.

어느 날 마을 사람들이 새로 만든 차 한 봉지를 가져왔다. 다산은 즉석에서 시 한 수를 지었다. 다산은 이렇듯 차가 있어 생이 즐거웠고, 생이 있어 차가 다정했던 것이다.

그는《동다기東茶記》와《다합시첩茶盒詩帖》등을 썼는데 그 중《동다기》는 다조茶祖 초의가《동다송》에서 읊은 구절을 인용했을 뿐, 전해지지는 않고 있다. 다만《다합시첩》의 시문에서 다산의 차세계를 엿볼 수 있게 되며, 강진 유배 18년간을 통하여 길러낸 제자들에 의해 만들어진 다신계茶信契 절목에서 당시 제다의 일면을 엿볼 수 있게 하는 귀중한 자료를 남겼다.

다산은 이렇듯 그의 초당에서 차를 즐겨 마시며 대작들을 집필하여 일일이 열거하기조차 힘든 수많은 서책과 옥문들을 남겼다. 그는 무릇 70여 책의 5백 8권 중 3분의 2를 강진 유배지에서 엮어냈던 것이다. 그것 말고도《만덕사지萬德寺志》등 여러 서책 교지를 감수 교정하기도 했다.

이처럼 날마다 집필에 몰두하던 다산은 1818년 9월, 뜻밖에 귀양에서 풀려 고향에 돌아갈 수 있었다. 그 해 여름, 다산을 찾아 강진까지 갔던 옛친구 김이교金履喬가 조정에 상소하였던 것이다. 김이교는 안동 김씨로, 당시 세도를 휘어잡던 김조순金祖淳의 집안 사람이었다. 그와 헤어질 때에 10리 밖에까지 따라 나와 전송해 주던 다산의 정을 못 잊어 김조순을 찾아갔고, 김조순은 순조純祖를 찾아가 다산을 귀향에서 풀어 주도록 청원했던 것이다.

다산이 귀향에서 풀렸다는 소식은 곧바로 제자들에게 알려졌다. 그리하여 다산 초당에서 공부했던 제자들은 8월 그믐 경 모두 한 자리에 모여 스승을 잊지 않고 기리기 위한 모임을 발족시켰다. 이름하여 다신계茶信契가 그것이다.

그들은 다신계책 전문에 다신계를 만들게 된 내력을 적고 18제자의 이름을 형제끼리 연이어 적었다. 그것이 소위 우리나라에서 최초로 생겨난 다회茶會로 보아 틀리지 않을 것 같다.

그 후, 뒷일을 제자들에게 일일이 당부한 다산은 조용히 강진을 떠났다. 다시 고향집에 돌아온 그는 제자들이 보내준 차를 마시며 〈흠흠신서欽欽新書〉 등의 작품을 쓰다가 1836년 75세를 일기로 세상을 떠났다.

후일 초의대사의 《동다송東茶》에 다산의 〈동다기東茶記〉 한 구절이 전해지고 있으니 그나마 다행이다. 그 내용은 다음과 같다.

'어떤 이는 우리나라 차의 효능이 월산越産(중국 절강성)보다 못하다고 하는데, 내가 보기에는 색과 향과 맛이 조금도 차이가 없다. 또한 향토의 육안차陸安茶는 맛이 좋고 몽산차蒙山茶는 약효가 좋다고 하지만, 우리 차(東茶)는 그 두 가지를 겸했다. 만약 이찬황李贊皇과 육우陸羽가 있어 들으면 반드시 내 말이 옳다고 할 것이다.'

이렇듯 70여 편의 다시茶時를 쓴 다산은 동다(우리 차)의 예찬론자이기도 하다. 장할사, 스스로 자호한 다산은 천문 · 지리 · 역사 ·

의복(의료와 복술) · 사회 · 정치 등 거의 모든 분야에서 조선조의 진보적인 학풍을 집대성한 공적을 남겼다. 그 유명한 목민심서牧民心書와 경세유표經世遺表 등이 그것이다. 훗날 나라에서는 '문도文度'라는 시호를 내렸다.

다산의 강진 유배생활이 2백여 년간 단절되었던 다문화를 연결시켜 주었던 것이니 그저 감사하지 않을 수 없다. 전화위복이라고나 할까. 만일 다산이 북녘이나 섬으로 유배를 갔더라면 어찌 저 방대한 저술활동을 하였겠는가. 더욱이 초의 · 추사 · 소치로 이어지는 다맥의 계승은 여간 다행이 아닐 수 없다.

나. 초의草衣 장의순張意恂(1786~1866)

근역의 다조茶祖 초의대사는 1786년 4월 5일, 지금은 목포시로 편입된 무안군 삼향면 석현리에서 장삼천張三阡의 3남으로 태어났다. 이름은 의순意恂이며 자는 중부中孚로, 16세에 출가하여 나주 운흥사雲興寺에서 구족계具足戒를 받은 학승이다.

초의가 다산을 처음 만난 것은 1809년 대흥사에서였다. 이는 초의 24세 때에 다산에게 보낸 장시에 두 사람이 상봉하는 내용이 나타나 있다.

초의집草衣集 상권 첫장에 있는 〈봉정 탁옹 선생奉呈籜翁先生〉이라는 시제에 수록된 글에서 '기사재대둔사己巳在大芚寺'라고 하여 시기를 분명히 적고 있다. 여기서 탁옹은 다산의 별호이며, 대둔사는 대흥사의 옛이름이다.

초의는 이 장문의 한시에서 '이제까지 현인 군자를 두루 찾아보았지만, 모두가 비린내 나는 어물전 좌판에 지나지 않았다.'라고 술회했다. 또한 '하늘이 나를 맹모 곁에 있게 했다.' 고 다산을 만난 반가움을 표현하기도 했다. 이어 '덕업이 나라 안에 으뜸이며 문질文質이 뛰어나신 선생님의 가르침을 받고 싶다.' 라고 소원하고 있다. 그로부터 3년 뒤인 1812년 9월 백운동白雲洞(현 강진군 성전면 월하리)의 무위사無爲寺에서 두 사람은 다시 만났다. 이는 다산의《여유당전서與猶堂全書》기록에 의해 밝혀진 것으로, 때마침 무위사에 와 있던 초의는 다산을 만나자 반색을 하며 기뻐했다.

이렇게 약 4년 여 동안, 다산과 초의는 사제로서의 교류를 했던 것 같다. 문우 혜장을 잃은 다산이 24살 연하의 초의에게 새로운 애정을 갖게 된 것이리라. 재주가 범상치 않았던 초의 또한 다산으로부터 유서儒書를 익히고 시도詩道를 배워 크게 선경禪境을 열었던 것이다.

초의선사 장의순

그러던 초의가 1815년 경기도 양주군 와부면에 있는 수종사水鍾寺에 머물며 한양에 있는 다산의 집에 들렀다. 그리하여 다산의 장남 유산酉山 정학연丁學淵과 친해졌고, 이를 계기로 그해 겨울 추사秋史를 만나게 되었다.

이때 초의와 추사는 동갑나기로 30세였다. 그런데 추사는 이미 24세 때 중국에 사신으로 간 아버지(김노경金魯敬)를 따라 연경燕京에 머무른 동안 여러 거유巨儒들을 만나 금석학金石學을 익히고 여러 명문의 차를 마셔보고 돌아왔다. 그러니 그 무렵 추사는 차생활을 즐기고 있었을지도 모른다.

1817년까지 2년여 기호지방의 유랑생활을 마친 초의는 대흥사로 다시 돌아와 그리던 다산에게 문안 인사를 드리러 나섰더니 때마침 자하동(다산 초당 근처)에 꽃이 만발했다.

오랜만에 만난 두 사람은 자신이 정배 중인 것과 까까머리 먹적삼인 것도 잊고서 꽃향기와 다향에 취해 시를 읊조리며 노닐었다. 그러나 그들의 다정다한도 이듬해에는 끝나야 했으니, 다산의 18년 귀향살이가 풀렸기 때문이었다.

이후 10여 년, 초의는 대흥사에서 더욱 수도에 정진하며 다향의 일각을 즐겼다. 물론 불가의 명승들과 지방 문인들과도 교류를 지속하며 지냈던 것 같다.

그러다가 1828년 쌍계사雙溪寺(지리산)를 찾았다. 장마철이 되어 그 곳 칠불암의 아자방亞字房에서 기거하며 스님들이 끓여 준 쓰고 떫은 차를 마시며 지냈다. 그곳의 차맛이 달랐던 것은 제다 방법에 문제가 있었던 것 같다.

그러나 다행히도 기거하는 아자방에 청나라《만보전서萬寶全書》라는 책이 있었다. 그 책 속에는 차에 관한 다양한 기록이 있어서 초의는 그것을 베껴 가지고 대흥사로 돌아왔다. 거기에는 차를 따는 시기부터 차를 만드는 요령과 저장하는 방법, 물을 끓이고 따르며 차를 마시는 과정이 간략하고도 조리 있게 적혀 있었다.

대흥사로 돌아온 초의는 그곳에서 가깝고도 조용한 곳에 일지암一枝庵이라는 암자를 하나 지었다. 그 곳 일지암에 차실을 두고 초의는 더욱 다선茶禪의 세계에 몰입했던 것 같다. 그런데 시자로 수

홍修洪이라는 사미승이 있었는데 그의 차 끓이는 솜씨가 신통치 않았던 모양이다.

어느 날 초의는 전에 칠불암 아자방에서 베껴왔던 비본을 정서하여 표지에 《다신전茶神傳》이라 명기했다. 그러기에 다신전은 어차피 초의의 온전한 창작집은 아니었다. 다만 초의는 다경의 단차 만드는 방법만을 고수해 오던 그 시절 사찰에서의 차 제조에 새로운 정보를 준 셈이다. 그는 '절간 수도장에 간혹 조주趙州스님의 차풍茶風이 있기는 하나 다 알지 못하는 고로 이를 초회하여 보이는 것이니 두렵다.' 라고 말하기도 했다.

초의는 일지암에서 그럭저럭 수년을 보내면서 그동안 한양에 두어 번 나들이를 했었다. 다산을 찾아 문안드리면서 다산 주위의 선비들과 교류도 하고 싶었기 때문이다. 그리하여 다산의 아들 유산酉山과 제자 운포 정학유丁學遊, 순조純祖의 부마(사위) 해거 홍현주洪顯周, 명문장가 자하 신위申緯 등과 사귀었고, 추사와 그의 동생 산천 김명희金命喜를 다시 만나기도 했다.

이처럼 십수 년이 흘러간 1837년, 북산 변지화卞持和가 일지암을 찾아와 해거海居 홍현주의 안부를 전해 주었다. 그 때 변지화는 해거가 다도茶道를 알고자 하더라고 이야기하니, 초의는 쾌히 승락하고 다서들을 들추어 무엇인가를 써내려 갔다. 그것이 이른바 오늘날까지 유명한 전문 31송의 《동다송東茶頌》이다. 각 송마다 원

조주선사

문의 출전을 기록하여 이해가 되도록 했기에 후인에게는 더할 나위 없이 귀한 입문서가 되고 있다. 그 시절 초의는 추사의 소개로 우석于石 신관호申觀浩와도 각별한 우정을 맺었다. 우석은 소치小癡 허련을 헌종憲宗에게 소개한 사람이다.

1840년 무렵이다. 우석 신관호는 해남의 우수영에서 우수사右水使로 있을 때에 초의와 우의를 더욱 돈독히 했다. 우석은 초의에게 자주 시문을 보냈었고 초의 또한 우석에게 화답의 시문을 주곤 했었다. 그런 인연으로 나중에 우석은 초의의 비명碑銘을 썼다.

어느 때인가 추사의 동생 산천 김명희가 초의로부터 차를 전해 받고 감사함을 시로 보내왔다. 초의는 다음과 같이 자랑스러운 화답의 시를 썼다.

> 옛 성현들은 모두 차를 사랑했었다. 古來聖賢俱愛茶
> 차는 군자와 같아 사특함이 없다네. 茶如君子性無邪
> 인간이 처음 차를 마시게 된 것은 人間草茶差嘗盡
> 멀리 설령에서 차싹을 따온 때부터였지. 遠入雪嶺採露芽
> 이를 법제해 품질에 따라 이름 지어 法製從佗受題品
> 비단으로 싸 옥단지 속에 넣어서 玉壜盛裏十樣錦
> 황하의 최상류 깊은 물로 끓이니 水尋黃河最上源
> 물의 여덟 덕이 아름답기 그지없더라. 具合八德美更甚
> 차의 가볍고 부드러운 깊이를 맛보니 深汲輕軟一試來
> 참과 깨끗함이 어울려 신비가 열리네. 眞精適和體神開
> 추하고 더러움을 없애면 정기가 스미듯 麤穢除盡精氣入
> 대도를 얻는 것이 어찌 어려우리요. 大道得成何遠哉

영산으로 가지고 가 부처님께 바치려고 持歸靈山獻諸佛
차 끓이며 법률을 세밀히 헤아리니 煎點更細考梵律
차의 참모습은 묘한 조원이 있어서 閼伽眞體窮妙源
그 근원에 집착 없음이 곧 바라밀인데 妙源無着波羅蜜
아아, 삼천 년을 취해 내가 태어났으나 嗟我生浚三千年
독경소리 아득히 선천으로 멀어져 가고 潮音測測隔先天
묘한 근원 욕심내도 얻는 것 없으리니 妙源欲問無所得
열반 앞서 인연 못 끊음을 한탄하네. 長恨不生泥洹前
내 일찍이 차를 즐겨 마실 줄 몰라 從來未能洗茶愛
우리 땅에 차 들여온 것만 비소했었네. 持歸東土笑自隘
이제는 비단 보에 옥병 마개를 봉해서 錦纏玉壜解斜封
먼저 지음의 친구에게 선사를 하였도다. 先向知己修檀稅

초의선사가 65세 때에 쓴 다시이다. 원숙할 대로 원숙해진 다선일치茶禪一致의 작품이 아닐 수 없다. 어쩌면 제2의 동다송이라도 해도 좋을 다도의 비의를 담고 있다.

이렇듯 초의는 차에 있어서만은 달인의 경지에 있었으니, 조선의 육우라고 하여도 지나치지 아니할 것이다.

꺼져가는 조선의 차를 다산이 일으켜 세워 초의가 잘 지나게 하였던 것이니, 오늘의 다인들에게는 귀하고 귀한 분이 아닐 수 없다. 대둔산 기슭 일지암에서 구도의 길을 가며 우리의 차를 지켜낸 초의가 있어 오늘 우리의 차문화가 그렇게 쓸쓸하지만은 않다는 생각이다.

다. 추사秋史 김정희金正喜(1786~1856)

추사는 초의와 동갑내기로 서로 교류가 있었음은 앞에서 밝힌 바다. 두 사람은 조선조 다인들 가운데 빼놓을 수 없다. 조선 후기를 대표하는 최고의 학자이자 명필인 추사의 진면목도 다인으로서의 고고한 생을 살았기에 더욱 빛나 보인다.

그는 1786년 6월 3일 초의보다 2개월 후 충청도 예산에서 김노경金魯敬의 장남으로 태어났다. 그 후, 궁중의 종척인 지체 높은 백부 김노영金魯永(예조참판)의 양자로 입적되었다. 그는 경주 김씨로, 7대조 홍욱弘郁이 황해도 관찰사로 있으면서 강빈옥사姜嬪獄事에 대한 바른 말로 상소하다 장살 된 후 명신이 된 훈척勳戚 가문의 손이기도 하다.

추사는 24세 때 생원시生員試에 합격한 뒤, 생부 김노경이 사은사謝恩使의 부사로 연경燕京으로 떠나자 수행하게 되었다. 그는 연경에서 완원阮元 등 몇몇 학자들을 만나 금석학金石學을 익혔다. 그 때 차의 세계도 넘나들었던 것이니, 완원과 차를 옆에 두고 서지와 금석문에 대한 수많은 대화를 나누었던 것이다. 후에 그의 호를 완당阮堂이라고 했던 것은 완원의 이름에서 따온 것이고, 승설도인勝雪道人이라고 했던 것은 그 곳 승설차에서 따온 것이라고 한다.

그러나 다산의 경우처럼 종척의 가문에서 태어난 추사도 당파의 회오리바람에는 무사할 수가 없었다. 34세에 문과에 급제하여 순조롭게 출세가도에 나섰던 그는 규장각대교奎章閣待敎, 암행어사, 성균관 대사성成均館 大司成, 병조참판兵曹參判에까지 올랐다. 그러나 1830년 추사의 생부 김노경이 박종훈朴宗薰, 신위申緯 등을 무고한

윤상도尹尙度 옥사의 배후 인물로 지목되어 멀리 거제도로 유배되면서 비운은 시작되었다. 3년 뒤 순조의 배려로 노경은 잠시 귀양에서 풀렸으나 1840년 안동 김씨들이 다시 추사 가문에 대한 10년 전의 옥사를 들추어 대대적인 공격을 가했다. 결국 노경은 추탈 관직까지 당하고 추사는 체포된다.

추사 김정희

이처럼 비극에 휘말리게 된 추사는 다행히도 같은 해에 등과했던 친구 조인영趙寅永의 적극적인 변론으로 목숨만은 건져 제주도로 귀향을 가는 신세가 되었다. 그 때가 추사 나이 55세 때였다.

자신의 그림 〈세한도〉에서 보듯, 인생의 허허로움을 안고 귀향길에 오른 추사는 해남을 거쳐 완도로 가던 중이었다. 일지암에서 소식을 들은 초의는 추사를 만나보고 세간의 정을 이기지 못해 괴로워했다.

추사의 제주도 생활은 참으로 비참했다. 이엉을 둘러친 맨방바닥에서 날마다 임금이 있는 북쪽을 향해 절하기를 그치지 아니했다. 때로는 좌장坐杖에 몸을 의지하고 앉아 가물거리는 등잔불을 하염없이 바라보기도 했다. 이는 뒷날 소치가 추사의 유배생활을 적어두었기에 알게 된 단면이다.

제주도에서의 9년 동안 추사는 초의가 보내준 차를 마시며 선禪의 세계에도 깊이 몰입했던 것 같다. 그러기에 그의 다시에는 늘 선사상이 배어 있었다. 또한 그의 일필휘지一筆揮之한 붓끝은 〈명선茗禪〉, 〈다삼매茶三昧〉, 〈선탑다연禪榻茶烟〉 등의 글문을 즐겨 쓰기도

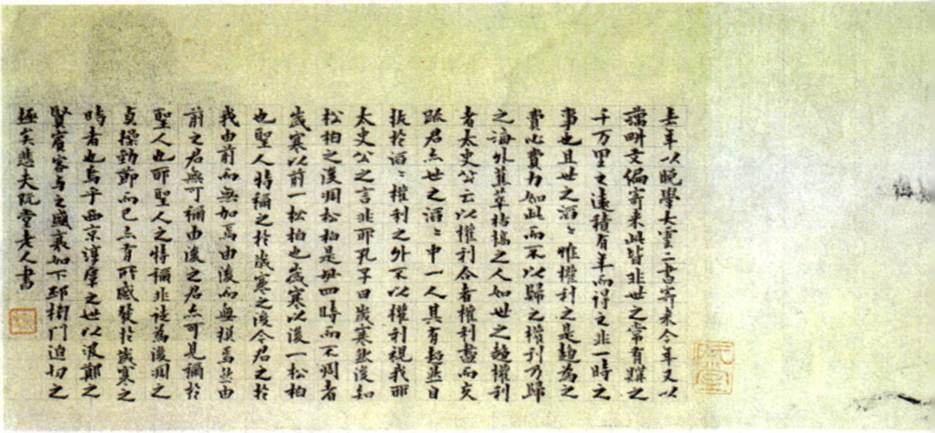

했다. 특히 〈명선〉이란 글씨 옆에는 '초의가 손수 만든 차를 보내왔기에 보답하여 쓴다' 라고 적고 있다.

이렇듯 그는 초의에게서 전적으로 차를 공급받아 즐겼던 것이다. 해남 대흥사에 걸려 있는 운백복運百福이란 현판 글씨도 제주도에서 써서 보낸 것이고, 명필을 휘둘러 반야심경般若心經도 한 벌 써서 보냈던 것이다. 어떤 때는 못 갚는 은정을 정중하게 편지로 써서 표현하기도 했다.

사실 그 당시 해마다 거르지 않고 차를 보내주기란 보통 정성이 아니면 하기 힘든 일이었다. 그러기에 추사는 늘 서한이나 시문을 보내 감사함을 표했다. 그 중에는 초의에게 보낸 다음과 같은 명문의 다시가 있다.

유초의선留草衣禪

눈 앞의 하얀 조주차를 마시며 眼前白喫趙州茶

추사 김정희의 〈세한도〉

손에는 범지의 꽃을 꼭 쥐었네 手裏牢拈梵志華
할 소리 귓뒤로 천천히 차를 마시니 喝後耳門飮箇漸
춘풍에 어느 곳인들 산문이 아니리. 春風何處不山家

'봄바람 부는 곳이면 어느 곳이나 산가(절)가 아니겠는가.' 라는 구절은 바로 선의 세계를 말함이요, 서로가 둘이 아닌 하나임을 말하는 것이리라. 추사는 차가 있어 선의 세계도 즐길 줄 알았던 것이다.

그는 우리 차를 무척 좋아했다. 다산이 우리 차를 중국 차 못지않은 차라고 했듯이, 그도 우리 차를 여간 사랑한 것이 아니었다. 일찍이 중국에서 여러 가지 고급 차를 맛보았던 추사는 다산과 초의와 함께 이 땅의 당당한 다인들이었다.

언젠가 초의는 제주도에 갔다가 말에서 떨어져 팔을 다친 적이 있었다. 한양의 유산酉山(다산의 큰아들)은 회갑을 맞은 초의에게 "추사는 용서 받고 돌아왔건만 초의는 어찌 못 오시는가. 지둔마遲鈍馬를 타는 건 무방하나니 북쪽 사람들이 팔 부러진 스님을 다투어 구경할 것이로세."라고 익살을 부리며 한 번 올라오기를 청했다. 그러나 노령에 접어든 초의는 일지암에 깊이 숨어 지인들의 차 심부름이나 하고 있었다.

1856년, 추사는 71세를 일기로 별세別世했다. 초의는 뜻하지 않은 소식을 들었으나 바로 달려갈 수가 없었다. 그러나 다음 다음해 청명淸明 무렵에 초의는 과천의 추사 고택에 불쑥 나타났다. 탈상전에 찾아가고 싶었던 마음에서였다. 추사의 영전에 고개 숙인 초의의 눈에 이슬이 맺혔음은 불문가지이다.

'함풍咸豊(淸) 8년 무오 2월 청명일에 방외의 친구 의순(초의)이 완당(추사) 영전에 청주 한 잔을 올리며 고하려네. – 중략 –

…… 슬프도다. 생전에 자주 만나지는 못했지만 그대 글을 대할 때마다 그대 얼굴을 본 듯 했었네. 그러니 만나서 이야기를 나눌 때는 얼마나 다정했던지 우리에게 정녕 허물이란 없었네. 그러기에 제주에서 반 년을 함께 지낼 때 그대는 너무도 당당했고, 정담을 나눌 때에는 따사로운 봄 햇볕 같았네. 때로는 뇌협차雷莢茶와 설유차雪乳茶를 함께 나누며 나라 안의 슬픈 소식을 들으면 심성 고운 그대는 이내 눈물을 뿌려 옷깃을 적시곤 했었네. – 중략 –

…… 지난 날의 모든 것은 헛된 것인가. 헛됨이 다하면 오히려 오묘함이 되는 것. 연꽃이 불 속에서 피어나는 격이라오. 42년의 깊은 우정을 결코 잊을 수 없네. 이제 서로 만날 수 없어 오고 감이 없을 테니 어찌하리요. 하늘과 땅 사이 모든 사람이 알지 못해도 오직 그

대만은 나의 떨리는 심정을 알 터이니 흠향하소서.'

이처럼 초의는 장문의 제문을 지어 바쳤다. 그리고 해맑은 낭랑한 목소리로, 이내 금방 울먹임으로, 격한 심정을 이기지 못해 소리 지르며 읽었다. 그러나 부질없는 일. 허망한 발길을 돌려나온 초의도 10년 후 추사의 길을 따라 떠나갔다.

추사는 살아서 단연죽로시옥端硏竹爐詩屋이라는 단문을 족자簇子해 두었었다. 단계의 벼루와 차 끓이는 대나무화로(불에 데이지 않게 대나무로 둘러친 화로), 그리고 시를 지으며 기거할 수 있는 조그만 집 한 채만 있으면 족하다는 말이다. 그의 선비적 생활을 가능케 하는 것으로, 최소한의 조건만 충족되면 더 바랄 게 없다는 뜻일 것이다. 한마디로 지고지존한 정신 영역을 추구했던 조선후기 문사와 은사들의 일면을 보는 것 같다.

여기서 주목할 것은 이같은 조선의 선비들에 의해 끽다의 문화가 유존하게 되었다는 사실이다. 강진 초당에서 다정茶井을 가꾸며 차 생활의 뿌리를 내린 다산과 대둔산 일지암에서 찻잎을 따며《동다송》을 쓴 초의가 있었고, 우리 해동의 차를 그토록 애찬하며 선비들과 교류했던 추사가 있었기에 오늘 우리는 우리의 다사와 다문화를 자랑할 수 있는 것이다.

라. 범해선사梵海禪師(1820~1896)

범해는 초의선사에게서 구족계를 받았으며 차에 관한 초의 제다법에서부터 차 끓이는 법, 차를 마시는 법까지 모두 초의를 따라 그대로 행하였다. 그는 곡우 전에 딴 작설차를 초의차草衣茶라고 부르며 시를 쓰기도 하였다. 이밖에 다약설茶藥說과 다가茶歌, 다구명茶具銘에 관한 시 한 수가 있는데 그 시구 중에는 다구 배치에 관한 내용이 있는 바 이로써 범해의 해박한 차의 경지를 가늠할 수 있다.

그는 다기구를 찻상에 배열할 때 와관열우瓦罐列右, 오른편에는 다관을 놓고, 자완재좌瓷盌在左, 즉 왼편에는 사발을 놓았다. 이 말은 매우 간단하지만 사람들이 흔히 쓰지 않았던 말이다. 이것은 다구를 배치하는데 가장 근본이 되어 다도의 규범이 후유증을 일으키지 않고 순리로 행하게 하는 법도가 되었던 것이다. 이것이 바로 우리의 가장 보편적인 전통적 방법인 동시에 깊은 의미의 철학이 스며 있는 발상법과 상통하는 것이다.

범해선사의 차생활은 매우 소박하였으며 자신이 직접 경험을 통해 얻은 확신이 있어야 비로소 일을 시작하는 매우 곧은 성격이 아닌가 싶다. 차의 다약설을 살펴보기로 한다.

(가) 다약설茶藥說

'백약이 아무리 좋다해도 모르면 쓸 수 없고, 백병百病은 구제하지 않으면 살지 못한다. 구제하지 못하여 살릴 수 없는 때에 구제하여 살리는 법이 있고, 몰라서 쓰지 못하는 사이에 알아서 쓰게 되는 묘妙가 있는 법이다. 그러나 사람은 감동해도 하늘이 호응하지 않는다면 약과 병은 서로 어쩌지 못하는 것이다.

내가 임자년 가을 남암南庵에 있을 적에 이질痢疾로 사지가 나른하고 세 끼의 밥을 잊은 지 문득 열흘이 넘어 스스로 꼭 죽는 줄로 알았다. 그러던 어느 날 함께 입실入室한 형 무위無爲가 부모를 모시다가 왔고, 같이 선참禪懺하던 동생 당인當仁이 스승을 모시다가 와서 삼형제가 자리를 같이 한지라 스스로 반드시 살아날 줄 알았다.

얼마 후 형이 말하기를 "나는 냉차冷茶로써 어머니를 구제하는데 아주 위급할 때 급히 달여서 썼다."하고, 아우는 말하기를 "저는 아차芽茶를 간직해 두고 뜻밖의 일에 대비해 왔는데 어떤 어려움에도 쓸 수 있다." 하므로 그 말대로 달여서 써보았다. 한 주발을 마시고 나니 뱃속이 다소 안정이 되고, 두 주발을 마시니 정신이 상쾌해지고, 세 네 주발을 거듭 마시고나니 온 몸에서 땀이 흘러 시원한 바람이 뼈 속에 스며드는 듯 상쾌하기가 애초에 병이 없었던 듯하였다.

이로부터 식욕이 점점 더하여 움직이는 것이 날로 나아져 바로 여섯 달이 되매 70리나 떨어진 본가에 가서 어머니의 기제忌祭에 참례하였는데 이때가 바로 함풍咸豊 2년 1852년이었다. 그래서 듣는 자는 놀라고 보는 자는 가리키며 신기해 하였다.

아! 차는 땅에서 자라고 인명은 하늘에 있는 것인데 하늘과 땅이 호응한 것인가? 어찌 효험이 이같이도 신기한가! 약은 형에게 있고, 병은 아우에게 있었는데, 형제가 감응한 것인가! 어찌 효험이 이같이도 신기한가! 차로서 어머니를 구제했고, 차로서 아우를 살렸으니, 효제孝悌의 도리를 다한 것이다.

아아! 병이 매우 중하지 않았다면 꼭 죽는 줄을 어찌 알겠으며, 정이 매우 두텁지 않았으면 반드시 살아날 줄은 어찌 알겠는가! 그 평소의 정분이 어떠하였는지 알 수 있을 것이다. 이를 기록하여 후래자後來者에게 구제할 수 있는 길과 구제할 수 없는 유流가 있음을 보이노라.'

(나) 다구명茶具銘

생애가 한가로우니 두어 말 어린 차뿐이네 生涯淸閒 數斗茶芽

이지러진 화로를 갖고 문무의 불을 붙이노라 設苦窳爐 載文武火

오른편에는 질탕관 왼편에는 오지 사발 벌려 놓고 瓦罐列右 瓷盌在左

오직 차에만 열중하니 무엇이 나를 유혹하리. 惟茶是務 何物誘我

(다) 초의차草衣茶

곡우 뒷 날 개였는데 누른 싹에 잎은 피지 않았네 穀雨初晴日 黃芽葉未開

빈 솥에 볶아내고 밀실에 말리기도 하지 空鐺精炒 出密室好乾

모 나고 둥근 백두柏斗로 누르고 대 껍질로 싸기도 하네 來伯斗方 圓印竹皮苞

외부 공기 막고자 잘 간직하니 한 사발 그득 향기 감도네 裏裁嚴藏防外氣一椀滿香回.

마. 소치小癡 허유許維

소치의 이름은 허유許維요, 자는 마힐摩詰이다. 전남 진도에서 한적한 시골 중인의 아들로 태어났다. 그의 이름이 세도가들의 입에 오르내렸던 것은 그의 그만한 노력이 있었기 때문이다.

일찍이 추사는 소치의 그림을 보고 "압록강 동쪽에는 그만한 것이 없다."고 칭찬을 아끼지 않았다. 조선 남종화南宗畵의 대가로서 시와 글씨에도 뛰어났던 그는 조선의 다인록에서도 빠질 수가 없다. 다산 · 초의 · 추사가 18세기 다인들이라면, 소치는 19세기를 대표한 다인이라 하여도 부족함이 없을 것 같다. 물론 19세기 후반 상현 · 호암 · 의재 · 응송 등의 쟁쟁한 다인들이 출현하지만 소치에 비할 바 아니다.

그는 어려서부터 그림 그리기를 좋아해 글씨를 쓰다가도 새나 꽃을 곧잘 그렸었다. 그러나 궁벽한 시골에 그림을 지도해 줄 선배나 스승이 없었기에 남의 집에 좋은 병풍이 있다는 소문만 들어도 곧장 달려가 살펴보았다.

어느 날 소치는 두 폭의 병풍을 그려 숙부에게 보였다. 숙부는 그림을 보고 감탄하며 오륜행실도五倫行實圖를 구해 그것을 그려보라고 말했다. 그러나 소치가 정작 구해 볼 수 있었던 것은 속된 그림일 뿐, 하나도 눈에 차는 것이 없었다. 이미 27세의 장년으로 자란 소치는 스스로 그림을 깨우칠 길이 없음을 알고서 마침내 초의대사를 찾아 나섰다.

초의는 그때 대흥사 근처 일지암에 있었는데 소치가 당돌하게도 찾아온 뜻을 말하자 쾌히 승낙하였다. 초의에게서 고결한 학풍과 기본적인 화법을 익힌 소치는 다시금 유학의 길을 모색하였다.

운림산방에 있는 소치 허유 선생 기적비
전남 진도군 의신면 사천리 소재.

그러던 차 소치는 초의의 소개장을 들고 그곳에서 멀지 않은 해남 연동蓮洞으로 녹우단綠雨壇을 찾아갔다. 녹우단은 조선중기의 문신文臣 고산 윤선도尹善道의 후손들이 살고 있는 저택으로 공재 윤두서尹斗緖, 낙서 윤덕희尹德熙,

청고 윤용尹榕 등의 3대에 걸친 그림이 간직되어 있었다.

소치가 초의의 소개장을 정중히 내밀자 주인 석표石瓢(청고의 종손)는 간직하고 있던 그림들을 선선히 내보여 주었다. 소치에게는 새로이 눈이 번쩍 뜨이는 기막힌 작품들이었다.

그대로 녹우단에 주저앉은 소치는 공재의 그림을 보고 정신없이 모사模寫했다. 그는 또 거기서 고개지顧愷之(중국 동진의 문인화가)의 화보도 구해 볼 수가 있었다. 사실 소치는 그때 동양화론의 시조인 고개지의 그림을 보고서 느낀 바 컸다. 인물 · 산수화에 있어서 대상이 지니고 있는 생명, 곧 정신의 표현에 중점을 두었기에 소치의 화폭에 커다란 변화를 주었던 것이다. 다시금 초의의 문하에서 4년여 동안 공부를 한 그는 마침내 금석학의 대가이자 당대의 명필인 추사 김정희를 만나게 되니 그 때가 1839년이다.

평소 초의는 추사의 이야기를 들려주며 그의 고고한 인품과 뛰어난 재능을 찬탄하였다. 그러기에 초의가 한양 나들이에 나서자 소치는 그림 몇 폭을 스승 초의의 행낭에 담으며 추사에게 보여달라고 부탁을 했다. 오래지 않아 추사에게서 편지가 왔다.

> 許君書格 重看益妙 己足成格 特聞見不拘 不能快駛 驥足 函合上京 以拓其眼如何.
>
> 허군의 화격은 볼수록 기묘함이 더하니 이미 품격을 이루었소. 다만 견문이 아직 좁아 솜씨가 능하지 못하오. 빨리 말을 몰아 상경하여 안목을 넓히는 것이 어떠하오?

결국 소치의 그림은 추사로 하여금 기쁨을 금치 못하게 하였다.

추사는 초의에게 "이와 같이 뛰어난 인재를 어찌 손을 잡고 함께 오지 않았느냐?"며 책망까지 하였다.

추사의 편지(사실은 초의의 편지에 곁들여 온 것임)를 받아 쥔 소치는 바로 행장을 꾸려 한양으로 향했다. 정말이지 천리마를 방불케하는 그의 발걸음은 가볍기만 했다. 경기도 소사素砂에 이르렀을 때 대기하고 있던 초의선사를 만났다. 근처 청량사淸凉寺에서 함께 밤을 보낸 소치는 초의가 써준 서찰을 들고 추사를 찾아갔다.

여기서 잠깐, 초의와 추사는 자유로이 교통할 수가 없었다. 승려였던 초의는 봉문(성문) 출입을 함부로 할 수가 없었기 때문이었다. 그는 서울 근교 청량사에 머물며 장안의 선비들과 어울릴 때는 한강 주변의 정자에서나 만날 수 있었다. 그러나 소치는 일반 선비의 복장을 하고 있었기에 조금은 자유스러웠다.

추사는 소치를 청나라 초기의 화가 왕잠王岑의 화첩을 내어주며 화폭 하나를 열 번씩 그려보라고 했다. 그러면 추사는 그걸 친구들에게 나누어 주며 소치를 불러 칭찬하기를 아끼지 않았다. 사실은 소치小癡라는 호도 그 때에 지어주었다. 중국의 왕대치王大癡와 견줄만하다는 뜻이었다.

소치는 다음해까지 추사의 집에 머물었다. 그 사이 소치의 이름은 장안에 퍼진 것은 물론이었다. 그동안 추사는 병조참판이 되어 세도가의 반열에 들었으나 정적 김홍근金弘根의 탄핵을 받아 1840년 제주도로 귀양길에 올랐다. 갑자기 스승을 잃은 소치는 순식간에 정배를 오고 가는 정객들을 지켜보며 한세상 살아가기가 쉽지 않음을 깨달았다.

그리하여 소치는 강원도를 거쳐 고향에 내려왔다가 이듬해 1841

년 봄, 일지암에 들러 초의선사에게 문안을 드린 뒤 제주도로 향했다. 초의가 싸준 차 봉지를 들고서 추사를 찾아갔던 것이다.

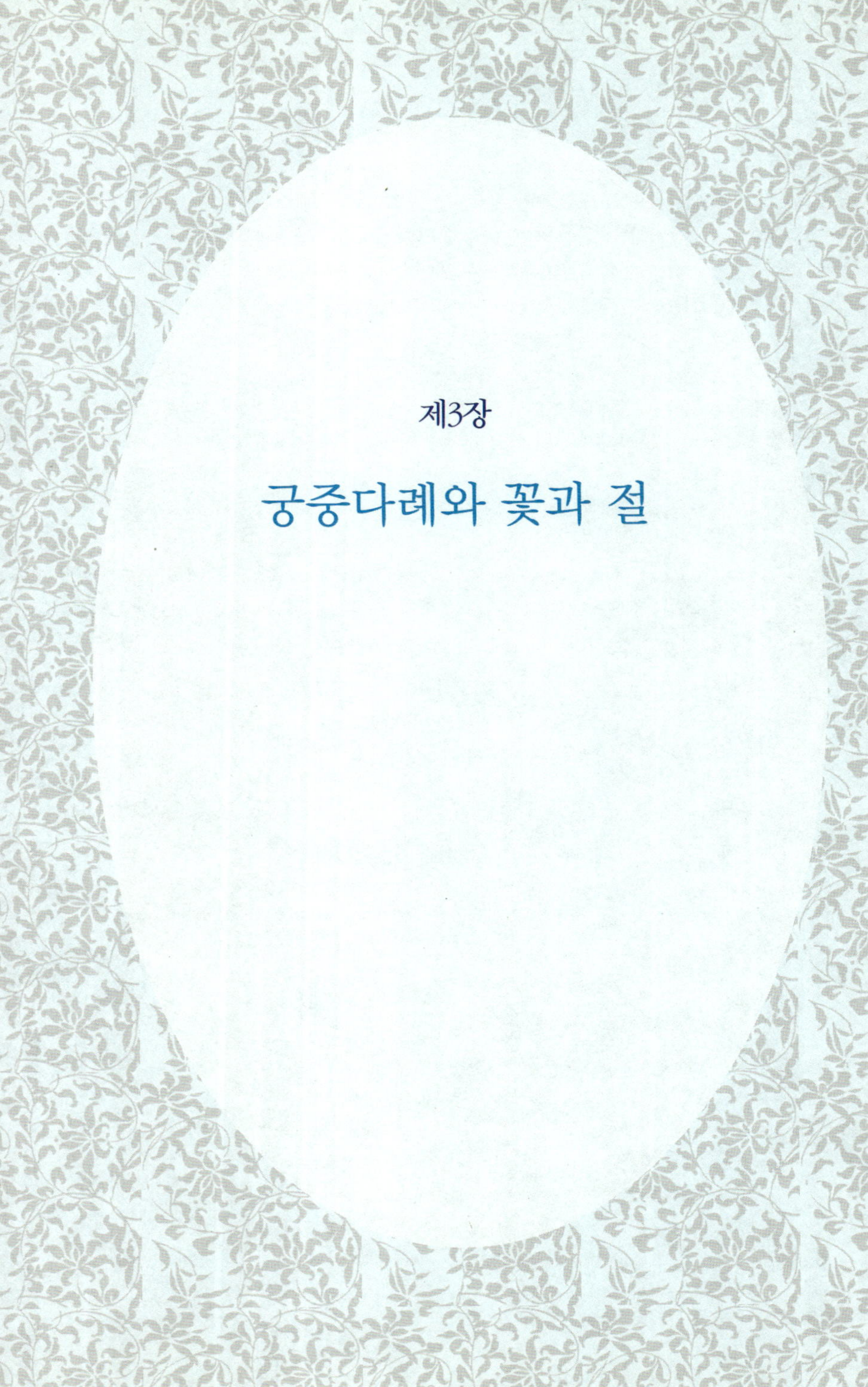

제3장

궁중다례와 꽃과 절

제3장 궁중다례와 꽃과 절

1. 고대 국가의 의식과 꽃과 절(拜)

세상에 꽃을 보고 화가 나거나 짜증을 내는 사람이 있을까? 꽃은 나름대로 아름답지 않은 것이 없다. 그 자태 하나로 사람의 마음을 풍요롭게, 아름답게, 또 더러는 순박하게, 따스하게, 상냥하게도 만드는 말없는 마법사이다.

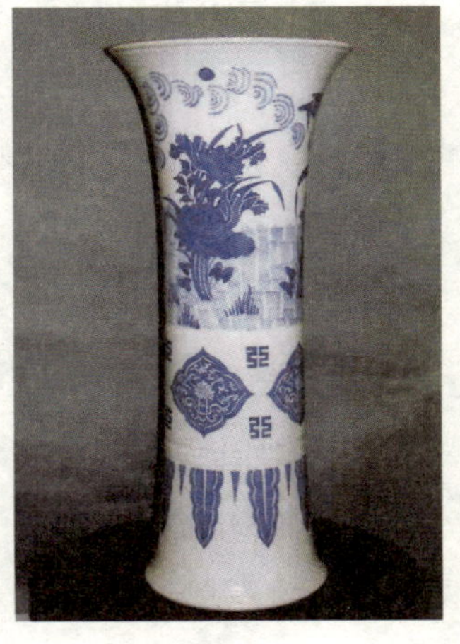

그러기에 고대에서는 꽃은 신神과 인간과의 사이에 가교의 순환 역할을 한다고 생각하였다. 꽃은 화려하게 피고 나면 반드시 씨를 남겨 수십에서 수백배로 번성하게 하니 번영을 상징하였다. 또 땅에 떨어진 씨앗은 반드시 싹을

틔워 꽃을 피운다고 하는 강인한 생명력을 보여줌으로써 모든 인간들의 행복 추구의 근본으로 삼았던 것이다. 이러한 흔적은 종교나 무속 등에서 얼마든지 찾아 볼 수 있다. 우리의 고대사인《단군세기檀君世紀》의 기록을 살펴보자.

11세 단군 도해道奚 경인 원년(B. C. 1891년), 제帝가 오가五加에 명하여 국선소도國仙蘇塗를 설치하게 하였다. 주변에 단수檀樹를 많이 심고 제일 큰 나무를 가려내어 환웅상을 봉하고 제사를 지냈는데 이름을 웅상雄常이라 하였다. 이 박달나무 아래 환화桓花(무궁화라고도 함)의 위에 앉으니 마치 하나의 원심圓心이 있는 듯하였다.

여기에 꽃문양이 새겨진 좌대가 웅상을 받치고 있다. 이것은 불교에서 연화좌대에 부처님을 모셔놓은 것과 같은데, 예로부터 성신聖神을 모시는 좌대를 꽃으로 장식하였음에서 잘 알 수 있다.

13세 단군 흘달屹達 갑오 16년(B. C. 1767년), 이때 소도蘇塗를 많이 설치하여 천지화天指花를 심고, 미혼 자제가 독서와 활쏘기를 익히니 그들을 국자랑國子郎이라 하였다. 이들 국자랑이 나와 다닐 때에는 머리에 천지화를 꽂았기 때문에 사람들이 천지화랑天指花郎이라 불렀다라는 기록이 있다.

국자랑은 신라 화랑의 전신이었다고 하여도 과히 틀린 말은 아닐 것 같다. 삼일포로 유람가서 돌아오지 않았다는 사선四仙(영랑永朗 · 술랑述朗 · 남랑南郎 · 안상安詳)들도 바로 국자랑들일 것이라는 생각이다. 머리에 꽂았다고 하는 천지화가 지금의 어떤 꽃인지는 알 수 없으나 신라의 화랑들이 그러했고, 고려에서 조선조에 이르기까지 경사스러운 궁중의식이 있을 때마다 왕에서부터 대신, 무인들까지도 머리에 꽃을 꽂았던 것이 일맥상통한다.

그리고 과거에 급제하면 반드시 꽃(어사화)을 썼던 것은 꽃과 같이 아름답고 꽃과 같이 향기롭게 학문에 힘써 꽃을 피웠으면 결실을 거두고, 거둔 결실은 백 배 천 배의 씨를 뿌려 아름다운 꽃으로 가꾸며, 꽃과 같은 번성, 꽃과 같은 결실, 꽃과 같은 품위, 꽃과 같은 성공, 꽃과 같은 지적인 미의식을 상징적인 의미로 부여했던 것이라고 생각된다.

이것이 바로 이화세계를 꿈꿔 온 지혜로운 선인들이 생각하고 경험한 교육이며, 미학적인 표현이라고 생각한다.

(1) 조화의 역사와 종류

조화造花란 계절 따라 피는 꽃도 아니요, 곧 시들어 버리는 꽃도 아니다. 또 필요에 따라 그 수를 갖추어 여유있게 만들어 쓸 수 있다는 장점이 있다. 그러나 제아무리 아름답다하여도 향기가 없으니 꽃의 성정을 느낄 수 없고, 성정이 없으면 생명이 없는 것이기에 참(眞)이 없다는 것이 단점이니 그 참을 표현하고자한 상징적인 의미로 쓰였던 것이다.

조화의 역사는 고대 단군 시대부터 있었을 것이라고 추측할 수 있다. 천지화가 사철 피어 있는 꽃이 아닌 바에는 국자랑들이 꽂았다고 하는 천지화가 조화일 확률이 높다. 따라서 신라 화랑들도 같을 것이라는 생각이다. 신라 화랑들은 적게는 몇 백 명, 많게는 삼천 명이 같이 다닌 것으로 미루어 그 수는 우리가 생각하는 것보다 많았을 것으로 미루어 생각되어 조화였을 것이라고 믿어진다.

고구려나 신라의 여러 자료 중 고분 벽화 등에 나타는 것으로 보아 그 시대 조화의 수준이 생화로 착각할 만큼 정교했으며, 또 재료도 다양하여 옥돌에서부터 밀랍, 명주, 비단, 종이에 이르기까지 다양한 소재로 만들었던 것이다. 그러나 이러한 것이 기록으로 남아 있지 않기 때문에 아쉽기는 하지만 여러 가지 의식을 살펴보면 역사상 고려 시대에 차와 꽃을 가장 많이 소비하였음을 알 수 있다.

1902년 임인년 고종 때의 기록인 진연의궤도進宴儀軌에 22종의 꽃들이 기록되어 있어서 그래도 전후의 꽃 역사를 가늠해 볼 수 있다는 것은 다행한 일이 아닐 수 없다.

(2) 조화의 종류와 명칭

① 어잠사권화御簪絲圈花 : 길이가 일촉 이촌으로, 임금이 머리에 꽂는 꽃.

② 사권화絲圈花 : 왕에게 잔을 드리는 재상이 꽂는 꽃으로 길이가 일척 이촌一尺二寸이고, 은銀으로 굽(발등부)을 삼고 색객 융화絨花로 꽃잎을 만들고, 은동사銀銅絲로 광匡을 삼아 만든다.

③ 수공화首拱花 : 내외빈이 꽂은 꽃으로 홍도紅桃 두 가지 아래에 당가화唐假花 한 가지를 곁들인 꽃. 순검, 무예별감, 병정 이하

는 홍도 가지를 곁들인 꽃. 정재呈才(가무악단) 여령女伶은 수파련에 당가화 1가지를 곁들인다.

④ 준화樽花 : 구척 오촌九尺五寸 길이로 홍도벽화로 꾸며서 준樽(술통)에 꽂는다.

⑤ 삼층대수파련三層大水波蓮 : 밀납으로 연꽃과 연잎을 만들고 그 사이에 월계, 홍벽도, 그 아래에 당가화 등속을 곁들인다. 선동仙童 10인의 금은

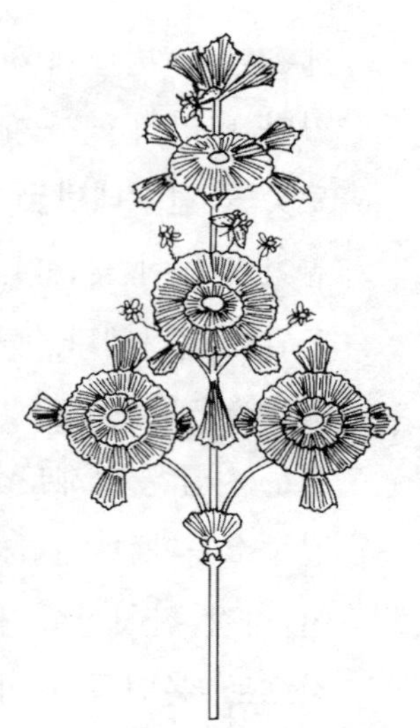
사권화絲圈花

삼층대수파련三層大水波蓮
큰 연꽃 조화 3단계(상화床花)

이층중수파련二層中水波蓮
연꽃 조화 2단계

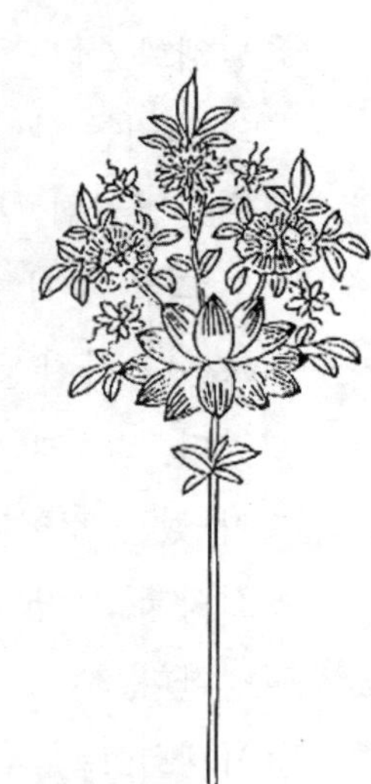
일층소수파련一層小水波連
작은 연꽃 조화 1단계

배金銀拜를 받들게 하고 맨 위에는 남극노인南極老人의 상을 앉혔다. 나라의 행사 때 큰 잔치상 가운데에 꽂았다. 지금도 황해도굿 중 만수대탁굿이나 소놀음굿을 할 때 이 삼층대수파련을 높이 만들어 꽂는다. 수파련의 의미는 신스러움, 청정함과 청순함을 나타낸다.

⑥ 이층중수파련二層中水波蓮 : 현화탁이나 잔치상에 장식하는 꽃으로 지금은 황해도굿을 할 때 전물상에 꽂는다.

⑦ 일층소수파련一層小水波蓮 : 동자를 꽂은 수파련은 일반 백성들이 회갑 잔칫상에 올리는 것으로, 본인들이 아주 자랑스러워했다.

⑧ 목단화牧丹花 : 부귀와 화려함을 상징한다.

⑨ 월계화月桂花 : 영광과 명예와 승리를 상징한다.

⑩ 홍도별간화紅桃別間花 : 크고 작은 찬기饌器와 외선상外宣床, 사찬상賜饌床에 꽂았다. 간화間花는 꽃과 잎이 있는 것이다. 홍도화는 희망과 사랑과 행복을 상징한다.

⑪ 사계화四季花 : 변함없음을 상징한다.

홍도일본벽도일본紅桃一本碧桃一本
붉은 복숭아꽃 한가지로 만든 조화(준화樽花)

⑫ 홍도삼지화紅桃三枝花

⑬ 홍도별건화紅桃別建花 : 번거로운 것을 상징한다.

⑭ 홍도이지화紅桃二枝花

⑮ 홍도건화紅桃建花

⑯ 과자화瓜子花(외꽃)

⑰ 국화菊花 : 성실, 정조, 고귀함(백색은 고결함, 붉은 색은 고상함, 황색은 실연)

⑱ 유자화柚子花 : 기쁜 소식을 상징한다.

⑲ 가자화茄子花(가지꽃) : 진실함을 상징한다.

⑳ 시자화柹子花(감꽃) : 경이로움과 자애로움과 소박함을 상징한다.

㉑ 포도화葡萄花 : 환희와 박애를 상징한다.

㉒ 복분자화福盆子花

(3) 용도用度

진연의 궤에는 용도별로는 나누어진 꽃은 두 가지로 구분되어 있는데 헌화의 장식용으로 구분하였다.

① 헌화獻花

어잠사권화御簪絲圈花 : 임금님 전용화

사건화絲圈花 : 삼정승용

② 장식화裝飾畵

준화樽花 : 술그릇 장식용

수파련水波蓮 : 연회상 장식용

③ 다화茶花의 경우는 앞서 여러 가지 꽃이 의식의 규모에 따라 쓰여졌을 것으로 사료되나 조선조에 이르러서는 궁중에서, 또는 사대부가에서 선비들의 서재書齋 등 그 규모에 따라 괴석분재怪石盆栽 한 점쯤은 화려한 꽃을 뒤로하고 다실茶室의 품위를 북돋울 수 있을 것이다.

오늘에 이르러서 일반 다인들이 차회를 할 때 또는 큰 차실茶室이라 할지라도 소박하고 청아한 작은 들꽃을 귀하게 여기며, 설령 옥잠화로 조각한 꽃이라 할지라도 차실 안에 끌어 들이지는 않는다. 소박하고 소외된 풀꽃이라도 생명이 싱그러운 윤기가 감돌아야 규범은 순리를 따라갈 것이다.

2. 고대의 배례拜禮

1세 단군 왕검王儉 경자 93년(B. C. 2241년) 10월에 궁중 대회를 열고 하늘에 제사를 지내니 백성들이 기뻐하여 즐겼다.

3세 단군 가륵嘉勒 기해 원년(B. C. 2182년)에 하늘에 제사를 지낼 때는 삼육대례배三六大禮拜로 엄지손가락을 교환하여 오른손에 보태어 태극이 교차하여 절을 한다. 제44세 단군 구물丘勿 정사년(B. C. 2241년) 예관이 삼신의 영고제迎鼓祭를 지내고자 하였다. 이에 3월 16

일 임금이 친히 나아가서 공손히 절하였는데, 첫 번 절에는 세 번 머리를 숙이고, 두 번 째 절에는 여섯 번 머리를 숙이고, 세 번째 절에는 아홉 번 머리를 숙이는 예를 행했다. 이것이 삼육 대례인 바 더러는 삼신영고제 라고 한다.

이상의 배례법拜禮法은 역사에서 최초의 기록이라고 할 수 있다.

절拜은 의식을 행하는데 모신 신神께 공경하는 자세이며, 잘 받들겠다는 약속의 표시요, 인간의 가장 겸손한 자세이자 표정이다. 사람은 자칫 교만하기 쉬우므로 절拜을 할 때에는 이마가 땅에 닿도록 하였다. 절은 지금도 이어져 오고 있는데 동양은 땅에 이마가 닿게 하였고, 서양은 땅에 입을 맞추는 점이 다른 것으로, 이 모두가 고대의 절로 신에게 바치는 경배였다.

3세 단군檀君 가륵嘉勒 기해 원년(B. C. 2182년) 5월에 임금이 삼랑三郞 을보륵乙普勒을 불러 신왕종전지도神王倧佺之道 · 교화敎化 · 치도治道를 행하였다.

44세 단군檀君 구물丘勿 정사 2년(B. C. 442년) 예관禮官이 청하여 삼신영고제三神迎鼓祭를 행하였다. 제帝가 친행하여 경배敬拜하였다. 초배는 세 번, 재배는 여섯 번, 삼배는 아홉 번을 두드렸다. 중衆에 따라 특별히 열 번을 두드리기도 하였다. 이것을 삼육대례三六大禮라 한다.

이상은 단군세기에 기록된 것으로 삼육대례는 양손의 엄지 손가락을 서로 교환하면 태극의 분할선이 생기는데 이것은 화합과 발전을 의미한다고 했다. 이에 대한 구체적 설명은 다음《태백일사太白逸史》의 〈소도경전본훈蘇塗經典本訓〉 아홉 번째《단군세기》에서 나온다.

'엄지손가락을 교차시키고 바른손을 올린 뒤에 삼육대례를 행한다. 엄지손가락을 교차시킴은 바른 엄지는 자子를 나타내고, 왼 엄지는 해亥를 나타내기 때문이다. 그리고 바른손을 더함은 태극의 현상을 만드는 것이다. 옛날에는 꿇어앉기에 앞서 반드시 먼저 읍을 한 후 꿇어 앉았으니 바로 보통의 예의다. 읍揖은 다른 말로 취聚라 한다. 마음을 모아 손을 마주잡은 다음 하늘을 생각한다.

꿇어앉음은 순順이다. 기氣를 순하게 하고 무릎을 합쳐서 땅에 감사하는 것이다. 배拜는 헌獻이다. 몸을 바치고, 머리를 땅에 대며 선조에 보답하는 것이다. 헌獻은 현現이라고도 한다. 머리가 땅에 이르름은고두叩頭라 한다. 고두는 곧 이마가 땅에 닿도록 머리를 굽혀 절하는 것이다.'

이 글을 쓴 사람은《단군세기》를 쓴 행촌 이암(杏村 李巖 1297~1363년)의 현손으로, 그의 호는 일십당인 이맥一十堂人 李陌이다. 그는 이 글에서 배拜에 관한 철학적인 의미를 너무나 절묘하고 알기 쉽게 정리하였다.

그는 한때 연산군의 노여움으로 유배되었다가 중종(1520년) 때에 천수관이 되어 비장 서책을 많이 접하였다. 귀양시절에 듣고 본 이야기들을 책의 내용과 비교하면서 차례로 엮어 쓴 것이 바로《태백

일사》이다. 한때 야사로 취급되었으나 지금에 와서 생각해 보면 그 얼마나 귀중한 유산인지 감사할 뿐이다.

3. 차와 가락국기駕洛國記

(1) 잊혀진 가야伽倻 문화를 찾아서

《삼국유사三國遺事》에는 가락국기駕洛國記가 있다.

일연선사一然禪師(1206~1282)는 고려 문종文宗 29년(1075년) 문인 금관金官 지주사知主事로 있던 김양감金良鑑이 쓴 가락국기를 기록한다고 하였다.

한때는 야사野史라 하여 뒷전에 버려졌던 《삼국유사》가 홀연히 부활하여 횃불을 들고 나타나 우리에게 많은 깨달음을 안겨 주었다. 자칫하면 모조리 잃을 뻔한 가야伽倻의 문화며 역사였다. 어쩌면 우리보다 관심이 더 많았던 일본과의 분쟁 속에서 가락국기는 우리의 중대한 관심사인 정사正史이다.

허황옥許黃玉(32~189년)이 아유타국에서 시집 올 때 차茶씨를 가져왔다고 전해진 말이 확실하다면 우리의 차사茶史는 또다른 문화사文化史로 연구되어야 하는 과제가 아닐 수 없다.

손잡이가 달린 굽다리잔
(토기, 가야 4~5세기)

이미 지나가버린 2천 년의 세월은 그 동안 신화로, 또는 설화로 희석되어 있는 것들을 찾아 발굴한다는 것은 결코 쉬운 일은 아니다. 그럼에도 2천 년을 거슬러 올라가 조금이나마 그 진실 속을 들여다보고 싶어 조심조심 다가가 흩어진 자료를 모아 기록하였다.

(2) 가락국駕洛國의 시조와 허황옥

1) 삼국유사三國遺事

가락국기에 아래와 같은 기록이 나온다.

'천지가 개벽한 후로 이곳에 아직 나라 이름도 없었고, 또한 군신君臣의 칭호도 없었다. 다만 아홉 간干(장長의 뜻이며 추장을 말함)이 있어 백성들을 통솔했는데 모두 1백 호戶로 인구는 모두 7만 5천 명이었다.

후한後漢의 세조 광무제光武帝 건무 18년 임인(A. D. 42년) 3월에 그들이 살고 있는 북쪽 구지龜旨에 이상한 기운이 돌았다. 마을 사람들이 그곳에 당도하여 확인

김수로왕 영정

하여 보니 금합金閤 속에 해처럼 둥근 황금빛 여섯 개의 알이 있었다. 그리고 신비롭게도 그 알에서는 각각 아기가 태어났다. 그렇게 태어난 용모 단정한 아기는 10여 일이 지나니 키가 9척으로 자랐다. 그 아기는 은나라天之 탕왕湯王과 같고, 용안龍顔은 한나라 고조高祖와 같았다. 눈썹은 8자八字로 채색이 나는 것이 당고唐高(요임금)와 같았으며, 눈동자가 겹으로 된 것은 우虞나라 순舜 임금과 같았다. 그 달 보름에 왕위에 올랐는데 세상에 처음 나타났다고 하여 이름을 수로首露라 하였다.'

이상과 같은 기록을 자세히 분석해 보면 수로왕의 생김생김이 매우 특이하여 보통 동양 사람들과는 판이하게 다르다는 느낌이다. 사람이 금알에서 태어났다고 하는 탄생설은 신화란 으레 그러한 것이니 별로 놀라운 일은 아니다. 그러나 불과 10여일 만에 키가 9척으로 성장하였다고 하였으며, 왕으로 즉위한 지 2년 만인 계묘(A. D. 43년)에 궁궐을 지었다고 했다.

허황옥 영정

무신(A. D. 48년) 7월 27일에는 아유타국의 공주가 가락국의 별포 나루터에 배로 도착하니 이들을 맞이하기 위해 이미 준비했던 목련으로 만든 키를 바로 잡고 계수나무로 만든 노를 저어 그들을 맞이하여 대궐로 들어가려 하자 배안에 있던 공주가 말했다.

"나는 너희들과 본시 모르는 터인데 어찌 감히 경솔하게 따라갈 수가 있겠느냐?"

이 말을 들은 구간九干의 한 사람인 유천간留天干이 수로왕에게 아뢰니 왕은 그 말이 옳다하여 대궐 아래에서 서남쪽으로 60보步 쯤 되는 산기슭에 장막을 쳐서 임시 궁궐을 만들어 놓고 기다렸다고 하였다.

이상의 기록을 살펴보면 수로왕과 허황옥 공주와는 한번도 대면한 적도, 약속도 없었던 사이라서 구간들이 대궐로 가자하니 한 나라의 공주답게 선뜻 응하지 아니하였다.

그런데 구간九干들이 어떻게 인도에서 온 공주와 그토록 쉽사리 의사소통을 할 수 있었을까? 그리고 별포 나루터에 배를 대고 육지로 올라와 높은 언덕에서 쉬었다가 입고 있던 바지를 벗어 산신山神에게 폐백으로 바쳤다고 하는데 낯선 타국에서 어떻게 그러한 일이 가능했을까? 궁금증에 대한 답을 명확히 알 수 없으니 계속해서 그 내용을 살펴보자.

이어 공주는 왕과 함께 침전寢殿에 들자 공손하게 말한다.(이 부분은 제1장 〈가야 시대〉부분에서 설명한 바 있으나 필요상 다시 인용한다.)

"저는 아유타국阿踰陀國의 공주인데 성은 허許 씨이고, 이름은 황옥黃玉이며, 나이는 16세입니다. 본국에 있을 때인 지난 5월에 부왕父王과 모후母后께서 저에게 말씀하시기를 '우리가 어젯밤 꿈에 하늘의 상제上帝를 뵈었는데 가락국의 수로首露는 하늘이 내려 보내어 왕위에 앉게 했으니 신령스럽고 성스러운 분이시다. 그런데 새로이 나라를 다스림에 아직 배필을 정하지 못하였으니 그대들은 공주를 보내 배필이 되게 하라.'는 말을 마치고 하늘로 올라가셨고 말씀하셨습니다."

여기에서 수로왕과 공주 사이에 의사소통이 매우 유창하게 이루어졌음에 주목할 만하다.

우선 2천 년 전의 국제결혼이라는 점을 감안할 때 지금 생각하여도 난감한데 그토록 쉽사리 이루어질 수 있었던 연유가 반드시 있었을 것이라는 점을 생각하지 않을 수 없다.

앞서 수로왕이 생김새가 심상치 않았다. 키가 9척인 신체적 조건이 우리와는 매우 다르다. 그렇다면 수로왕은 인도에서 온 외국인? 아니면 그의 조상이 아유타인이 아니었을까? 그러기에 의사소통이 쉽게 이루어 진 것은 아닐는지……. 신화로 가리어져 있는 많은 부분들이 앞으로 연구되어져야 할 것이다.

허황옥 공주를 따라온 사람들은 모두 20명이라 하였고, 가져온 패물은 헤아릴 수 없이 많았는데 그 중 금수錦繡 능라綾羅의 옷과 필단疋緞, 금은주옥金銀珠玉 구슬로 만든 패물 등은 이루다 기록할 수가 없을 만큼 많았다 하며 중국에서 나는 갖가지 물품도 많았다고 기록하고 있다.

(3) 아유타국阿踰陀國

이 지구상에 아유타국이라는 나라는 과연 존재하고 있었을까? 만약 있었다면 언제, 어디에 존재했던 나라일까?

한민족 뿌리찾기 학술단이 조사한 바에 의하면 인도에는 '아요디아' 라는 나라가 기원전 5~6세기 경에 있었다 한다. 그리고 태국에는 '아유티아' 라는 곳이 있었으나 이 도시는 16세기 경에 시작되니 이 도시와 공주와는 아무런 관련이 없다.

인도의 '아요디아' 는 옛부터 중국에서는 아유타阿踰陀로 불러왔다고 한다. 공주가 말하기를 "저는 아유타국의 공주인데 성은 허許씨이고 이름은 황옥黃玉이며 나이는 16세입니다."라고 하였으니, 이 말이 사실이라면 기원 48년, 가야伽倻로 시집올 때까지 아유타국은 존재하고 있었다고 보아진다. 그것은 공주가 처음 별포에 도착하였을 때 또는 수로왕과의 첫만남에서 그토록 당당하고 16세의 어린 신부로 느껴지지 않을 만큼 품위 있고 신중한 사람이었음을 느낄 수 있다.

그런데 본시 인도의 아유타국은 기원전의 태양 왕조로 갠지스 강 상류에 있는 마우리 제국의 코살라 왕국의 수도로 알려져 있다. 그곳은 라마의 탄생지이며 힌두교의 성지로도 익히 알려진 곳이다. 석가도 이곳에서 설법을 하였던 연유로 불가佛家의 성지로도 널리 알려진 곳이기도 하다. 이러한 여러 가지 사실들을 토대로 다음 기록들을 살펴보기로 한다.

주궁의 승려로는 최초에 파미르 고원을 넘어 인도의 불교유적지를 16년간을 두루 돌아다녔던 법현法顯(377~422년)은 《불국기佛國記》에 아유타에 대해서 기록을 남겼다.

《대당서역기大唐西域記》를 남긴 신라의 현장법사玄裝法師(622~664년)는 25,000km를 걸어서 중국의 고창高昌 등을 지나 파미르 고원을 넘어 인도에 들어가 여러 곳의 성지를 두루 참배했다. 그렇게 보고 듣고 하여 기록한 나라가 130여개국이나 되었다.

그가 인도에 머물었던 기간이 17년간이었는데 그의 기록에 의하면 인도의 아유타국은 싸움으로서는 이길 수 없는 나라이며, 그 나라의 주위가 5천 리이고 왕도는 이십 리인데, 주변이 성으로 둘러싸여 있었다고 기록하고 있다.

장유화상 영정

이상은 두 법사의 기록으로 아유타국은 분명히 당시까지 존재하였던 나라로 당나라 초기까지 있었다는 결론이 나온다. 법헌과 현장의 기록이 틀리지 않았다면 아유타국은 1,200년이나 계속된 나라인 것이다. 그 나라는 옛날 태양 왕조에서 마우리 제국, 코살라 왕국으로 이어져 허 황후가 가락국으로 시집올 때까지는 아유타국으로 불리웠다. 기원 전후 1세기는 인도의 불교가 서서히 동남아로 전도되었던 시기였으니 어쩌면 수로왕은 아유타국에서 미리 파견한 사람은 아니었는지…….

수로왕이 즉위한 2년 계묘(A. D. 43년) 정월에 왕이 말하기를 "내가 도읍을 정하려 한다."하고, 이내 임시 궁궐의 남쪽 신답평新畓坪(묵은 땅을 새로이 경작한 땅)의 사방 산악을 두루 바라보다가 신하들에게 말했다.

"이 땅은 여귀잎처럼 협소하기는 하지만 수려秀麗하고 기이하여 가히 16나한十六羅漢(석가의 16제자)이 살 곳으로 가장 적합하다. 여기를 근거지로 강토를 개척하여 좋은 곳을 만들면 어떻겠느냐?"

이에 신하들이 모두 찬성하자 그곳을 궁궐터로 잡았다고 한다.

이상을 살펴보면 수로왕은 이미 불교신자였음을 알 수 있다.

후일 수로왕과 허 황후의 사이에 태어난 10명의 왕자 중 일곱 명의 왕자가 생불이 되었음을 감안할 때 '칠성七聖이 살 곳'이라고 하였던 수로왕의 선견지명적인 암시는 과히 신神의 경지라고 보아야 할 것이다.

당시 인도의 불교가 동방으로 시작된 포교를 위해 허 황후의 오빠인 장유화상長遊和尙과 수로왕이 먼저 터를 잡은 다음 공주가 온 것은 아닐는지. 장유화상은 불가에서도 특이한 승려로 7왕자를 생불生佛이 되도록 포교한 승려이며, 나라의 건국과 함께 불국정토의 기초를 튼튼히 한 사람이다.

(4) 허황옥의 항해

고대의 교통수단은 육로보다는 해로海路가 훨씬 편리한 교통수단이었다. 비록 노를 저어야 하는 뱃길일지라도 바람의 방향을 잘 이용하면 그야말로 순풍에 돛단 듯 쉽게 목적을 달성할 수 있었던 것이다. 옛 사공들은 밤하늘의 별을 보고 항로와 바람의 방향 등을 감지하였다.

인도의 아유타국 동북부에 있는 캘커타의 항구에서 가락국까지는 4.179해리海里로 바람을 잘 타 순조롭게 항해한다면 약 90일~110일 정도면 도착할 수 있는 거리였다.

허 황후의 아버지와 어머니가 꿈을 꾼 것이 5월이고, 공주가 별포別浦 나루터에 도착한 것이 7월 27일이고 보면 인도에서의 출발은 5월 초나 늦어도 중순쯤이었을 것으로 보인다. 이렇게 계산하면 이 배는 계절풍을 타고 왔음이라고 쉽게 알 수 있다. 즉, 4월~5월부터 동북풍東北風이 불기 시작하고, 8월과 9월부터는 서남풍西南風이 불기 때문에 이러한 바람을 타게 되면 그야말로 순풍에 돛을 단 격이 되어 약 백 일이면 도착할 수 있었을 것이다.

중국의 법현에는 인도에 갈 때에는 파미르 고원을 넘어 걸어갔으나 돌아올 때는 16년간에 걸쳐 수집한 법문이나 법구 등을 운반하기 위해 배를 이용했는데 인도의 캘커타에서 중국 천진天津까지 110일이 걸렸다고 기록하고 있다. -《불국기 법헌전》

신라 경덕왕 때의 승려 혜초惠草(704년)는 719년 남인도의 밀교승인 금강지에게 불교를 배웠고, 다시 인도로 가는데 배를 타고 갔다고 하였다.

이상과 같은 사실과 후대의 유물을 볼 때 가락국은 인도뿐만 아니라 고대 중국과도 교류하였던 것으로 생각된다.

당시 가락국은 인도와 중국을 무역대상국으로 삼고 자주 왕래했던 것으로 그간 발견된 유물로도 분석되기도 한다.

(5) 인도의 풍습

허 황후는 처음 가야伽倻 땅을 밟았을 때 제일 먼저 산신山神에게 폐백을 올렸다고 하였다. 이 때 공주는 입고 있던 바지를 벗어 산신에게 폐백을 올렸다고 했는데 이런 풍속은 우리나라에서는 찾아볼 수 없지만 인도에서는 그런 풍속이 있다고 한다. 그러나 이를 확실하게 확인을 하지는 못하였다.

조선일보 해양학술 기행문에 의하면 우리나라 고인돌에서 발견된 사람의 유골 중에 유럽인들의 특징이 있는 뼈를 발견하였고, 또 '쌀'이라는 말은 본시 인도어라고 했다.

또 허황옥의 고향을 사천四川성의 허씨의 집성촌으로 추정하였는데 그렇게 생각할 수도 있겠으나 한자漢字를 쓰는 나라이므로 외국식 발음을 그대로 한자 표시를 한 예가 얼마든지 있다. 예를 들면 터어키는 토화라吐火羅, 수메르Sumer는 순밀이국順密爾國(메소포타미아에서 꽃을 피운 나라) 등으로 발음 그대로를 쓰기도 하였다.

신라의 승려 혜초慧草가 인도 오천축국五天竺國을 두루 돌아다닌 뒤에 쓴 글 속에서 다음과 같은 도시와 나라이름이 발견된다.

'가섭미대迦葉彌大, 소발률小勃律, 건태라建台羅, 오장烏長, 구위拘衛, 람파擥波, 범인犯引, 페루시아, 대식大食, 불림拂臨을 다니다, 다시 동쪽으로 안국安國, 조국曹國, 당국唐國, 발하나국跋河那國, 사국史國, 석라국石那國, 미국米國, 골돌국骨乭國, 호밀국胡密國, 소록국疏驪國 등을 거쳐 사대령탑四大靈塔 등의 모든 성적聖蹟을 두루 돌아다녔다.' 고 하였다. 그는 719년 인도로 가서 727년에 당나라 장안長安으로 돌아왔다.

이상과 같이 인도의 발음 그대로를 한자로 표기하였던 것이 우리의 언어로 들리는 것도 있을 것이다. 지금도 인도 동쪽으로 흐르는 갠지스 강 줄기에는 '가야'(Gara)라는 도시가 있는데, 고대 인도어인 드라비다 어로 '가락'이라 하였다. 그 뜻은 '물고기'라는 말이다. 그리고 보면 가락국駕洛國이나 가야伽倻라는 말은 우연이 아니라 무엇인가 의미가 있는 것이 아닐까 싶다.

(6) 쌍어문雙魚紋

김해金海 서산동에 있는 수로왕릉의 정문에는 코끼리 문양과 탑이 그려져 있고, 탑의 양편에 곧 쌍어문이 있다. 이 쌍어문은 유독 옛 가야 땅 영역에만 남아 있어 옛 전설을 전해주는 듯하다.

또 김해의 신어산神魚山에 있는 은하사銀河寺와 양산에 있는 계운사鷄雲寺에도 옛부터 전해져 내려오는 쌍어문이 있다. 이 것은 인도 아유타국阿踰陀國의 문장文章이라고 전해지고 있다. 실제로 그 쌍어문은 인도의 아요디아가 속해 있는 주정부의 문장이기도 해서 그곳 힌두교 사원마다 그려져 있다고 한다. 뿐만이 아니라 몽골의 라마교 사원에도 있는가 하면 부경시에 있는 밀교 사원에 있는 쌍어문은 팔보八寶 중 하나라고 한다.

이러한 쌍어문은 기원 전 8세기에 바빌로니아Bebylona에서 페루시아Persian 아요디아로 전해졌고, 다시 중국의 남부로 전해져 그곳

에서 김해로 확산되었다고 한다. (김병모 교수)

수로왕릉의 정문에 그려져 있는 코끼리와 탑은 불교적인 의미가 있는 것으로 아요디아 지방 사람들의 '요아네스' 신앙과 불교가 습합習合되어 김해로 상륙하게 되었다는 설이 있다.

(7) 파사석탑婆娑石塔

파사석탑은 허 왕후가 가락국으로 시집올 때 가져온 석탑으로 그 역사가 2천 년이 다 되어간다.

1987년 필자가 그 석탑을 보았을 때에는 화강암석과는 달리 진보라 빛에 가까운 빛깔이었다. 탑의 형태는 세월의 깊이만큼이나 마모되어 탑이라고 하기보다는 몇 개의 돌을 겹쳐 올려놓은 것에 불과했다.

그러나 그간 여러 학자들의 연구로 시험한 결과 이 돌은 우리나라에서는 어디에서도 찾아볼 수 없는 석질이라고 한다.

파사석탑婆娑石塔. 허황후가 가락국으로 시집올 때 가져온 석탑이다.

본초강목本草綱目에 이르기를 파사석은 불에 태우면 유황 냄새가 나고, 가루내어 닭의 피와 섞으면 그 피가 묽어지는데 비해 다른 돌가루는 뭉쳐진다 하

였다. 이에 근거하여 그대로 실험한 결과 과연 묽어졌다고 했다. (가야연구가 허명철)

(8) 명월사의 조각상

명월사는 본시 흥국사로 수로왕이 자신과 왕비, 그리고 왕자들을 위해 지었던 절이라고 전해지고 있다. 이 절의 부근에서 발견된 탑신의 일부분으로 보이는 돌조각에 부처의 상을 뱀이 감싸고 있는 조형물이 있었다. 이러한 상像은 지금까지 중국을 비롯한 동아시아에서는 뱀을 싫어하는 까닭으로 발견된 적이 없는 것이었다.

인도의 신학자인 차트라 박사는 그 조각만 보고도 허 황후가 인도에서 가져간 것이 분명하다고 주장했다. (이 상像을 탁본하여 인도까지 가져간 재야의 사학자인 이종기 씨가 직접 차트리 박사를 만났다고 함.)

(9) 허 황후와 차씨茶種子

차茶나무의 기원설은 지금까지도 인도와 중국으로 요약되어 있다. 이 중 인도의 차茶나무설은 다음과 같다.

고대 인도의 기파耆婆라는 사람은 왕사성王舍城의 이름난 명의였다. 이 사람은 빙파사라婆羅 왕의 아들이기도 한데, 그는 빈가라賓迦羅로부터 의술을 배웠으며 후일 부처님의 풍병이며 아나율阿那律의 실명과 아난阿難의 부스럼을 고쳤다고 한다.

어느 날, 그가 여행을 떠난 사이에 스무살의 딸이 죽었는데 몇일 뒤에 돌아온 기파는 딸에게 좋은 약 한 첩 써보지 못한 것이 너무나 한이 되었다. 그래서 좋은 약을 모두 딸의 무덤에 뿌렸더니 후에 나무가 하나 돋아났다 하여 그 나무를 스무 살짜리 사람甘人 나무木茶, 즉 차茶 나무라 불렀다고 한다.

신라의 법사방法師方을 보면 안약을 쓸 때에는 주문呪文을 읽는데 기파의왕耆婆醫王이라는 말이 나온다. 이런 것으로 보아 기파는 실존했던 인물이었을 것이라 생각된다.

신농 씨에 관련된 차茶에 관한 전설도 몇 가지가 있다. 그 중에는 기파의 왕처럼 신농 씨도 외출한 사이 딸이 죽자 사람의 목숨을 구하고자 깊은 산에 들어가 약초를 캐기 시작했는데 목초의 맛을 보다가 그만 독초를 씹어 독이 온 몸에 퍼졌을 때 찻잎을 따 먹었더니 독이 점차 해독되었으므로 늘 찻잎을 가지고 다녔다고 한다.

차의 효력은 그것뿐만이 아니었다. 특히 사막지대나 고원지대에서는 차茶를 마시지 않으면 괴혈병壞血病에 걸리기 때문에 반드시 준해야 하는 상비 음료였다.

《조선불교통사朝鮮佛敎通事》를 쓴 이능화李能和는(1869~1943년)는 "김해의 백월산에는 죽로차가 있는데 수로왕비인 허 씨가 인도에서 가져온 차씨라고 전해지고 있다."고 하였다.

그렇다면 허 황후가 가져온 차씨는 과연 어떠한 종류의 차씨였을까? 《한국韓國의 차도문화茶道

文化》(김명배)에서는 다음과 같이 기술하고 있다.

"김수로왕의 왕비 허황옥이 모국인 아유타국에서 가져온 차씨를 재배한 차였을 가능성이 많다. 그리고 그 차는 아삼종임에 틀림없다."라고 하였는데 아샘종은 차나무의 높이가 6~18m까지 자라며 줄기가 하나인 대엽종大葉種이다.

이러한 대엽종은 강우량이 월 100mm, 평균 기온은 섭씨 10℃~20℃ 이상이라야 하는데 당시의 기후가 어떠했는지 궁금하다. 차나무는 지금까지 알려진 바로는 주로 북위 20℃~30℃ 지역에 분포되어 있다.

고려 충열왕忠烈王(1236~1308년)은 경남 합포合浦에 행차하였을 때 산차나무山茶樹를 보고 장군차나무將軍茶樹라고 이름하였다. 차나무가 그 얼마나 당당하고 훤출하고 수려하였으면 행차하던 왕의 눈에 띄어 장군나무라고까지 칭호를 받을 수 있었을까. 이것은 대엽종이거나 그렇지 않으면 기후조건으로 변한 중엽종이 아닐지…….

허 황후와 충열왕과의 시차는 약 1,250년이고 보면 이 나무는 적어도 증손자 나무쯤 되지 않을까? 그 동안 번성했다가 더러는 죽기도 하고 더러는 떨어진 씨만으로 태어나 그 맥을 이은 것이 아닐지…….

고려 성종成宗(재위 982~997)과 목종穆宗(재위 997~1009)은 대신이 죽었을 때에 대차 10근大茶十斤을 문종文宗(원년 1047년)은 황보영皇甫穎이 죽었을 때 대차大茶 3백 근을 부의로 하사하였다는 기록이 있다.

우리의 역사에서 대차大茶는 성종에서부터 문종에 이르기까지 약 70~80년 동안에만 기록이 있을 뿐, 그 전에도 그 후에도 기록을 찾아볼 수 없다. 만약 대차가 대엽종이라고 한다면 성종과 충렬왕과의 시차는 약 3백 년이니 성종 때 왕성했던 차나무가 일부 살아 있었다고 한다면 장군나무는 이미 3백에서 2백살은 충분히 되는 나무가 아닐까 하는 생각이다.

신라의 대렴大廉이 828년에 당나라에서 차씨를 가져와 지리산에 심었다고 하는데 그보다 훨씬 이전인 선덕여왕(632~647) 때도 차를 마셨다는 설이 있다.

또 인도의 승려 연기조사가 화엄사를 창건한 때가 544년인데 그때 그가 부근 장죽전長竹田에 차씨를 심었다고 하였다.

그리고 앞서 말한 장군나무를 조선의 문신 서거정徐巨正(1420~1488년)이 보고 다음과 같은 시를 읊었으니 그 장군 차나무는 그 후 약 2백여 년을 더 살고 있었음을 알 수 있다.

> 말馬 가는 대로 경치 좋은 곳을 두루 다녔는데
> 분성盆成 북쪽의 절을 방문했다네
> 옛날의 금관국은 아득히 오래 되었고
> 일찍이 왕이 노닐던 곳 세월이 아득하구나
> 시조의 능은 적적히 깊은 산속에 있고
> 늙은 장군수 옆에는 풀만 우거졌네
> 가야의 옛 오래된 물건 지금도 있으니
> 전인신선을 보내고자 하니 노랫소리 낮아지네.

중국의 운남성이나 아삼지방에는 수령이 1,300살에서 7~8백 년쯤 되는 나무는 흔히 볼 수가 있다고 한다. 지금 우리나라와 같은 기후 조건이라면 매우 어려운 일이라 짐작되지만 모든 생물은 살아남기 위해 적응력이 생기기 마련이고 보면 대엽종의 큰나무도 중엽에서 소엽종으로 변형될 수도 있을 것이다. 그러한 예는 《삼국유사三國遺事》의 《원효불기元曉不羈》에서도 볼 수 있다.

토기

'옛날 한 절의 주지가 사미승에게 매일 저녁마다 밤 두 개씩을 밥 대신 주자 사미승이 관아에 호소했다. 관리가 괴이하게 여겨 조사해보니 밤 한 개가 사발에 가득 차기에 이후부터는 아예 한 개씩만 주라고 판결했다. 때문에 이곳을 율곡栗谷이라 했다.'

또 송나라 서긍徐兢이 1123년에 우리나라에 와서 보고 들은 것을 기록으로 남긴 《고려도경高麗圖經》에는 다음과 같은 기록이 있다.

'과일 중에 밤의 크기가 복숭아만한 것이 있는데 그 맛이 달고 좋았다. 옛 기록에 이르기를 여름에도 밤이 있다고 하여 그 까닭을 물었더니 질그릇에 밤을 담아서 흙으로 묻어두고 먹으면 해를 넘겨도 상하지 않는다.'

여기서 살펴보면 원효가 태어난 밤골의 밤은 큰 배만큼 커서 하나가 사발 가득 찼었는데, 고려 1123년 서긍이 왔을 당시는 복숭아만큼 작았다. 원효가 태어난 시기가 617년이니 그동안의 시차는 약 5백 년이다.

다시 1123년 후인 지금, 밤의 크기는 골무만하여졌고, 그 시차가 약 9백 년이고 보면 이렇게 작아진 것이 당연한 것이 아닐까 싶다.

허 황후가 가져왔던 차씨가 대엽종이라 하더라도 우리나라의 기후 조건으로 보아서 2천 년 후 소엽종으로 변형될 수도 있을 것이라는 생각이다.

얼마 전에 김해金海 가야伽倻에서 대엽종의 차나무를 발견하였다는 말을 들은 적이 있는데 아직 확인하지는 못했으나 차나무가 틀림없다 하였으니 그렇다면 더더욱 허황옥 공주가 차씨를 가져왔다고 하는 설이 맞다는 결론이 아닐까. 그리고 허황옥 공주가 인도 아유타국 사람이라는 것도.

수로왕릉의 중건신도비重建神道碑에는 태양 문양이 새겨져 있다. 이 문양은 기원전 태양 왕조의 상징으로 조각한 것일지도 모른다.

태양문太陽紋. 수로왕 신도비에 새겨져 있는 태양무늬로 태양왕조였던 인도 아유타국의 왕장으로 알려지고 있다.

마우리제국, 코살라 왕국 등과 함께 그 땅에 존재했던 아유다국은 현장법사의 기록이 틀리지 아니하였다면 당나라 초기까지 존재했던 나라이며, 우리의 차사茶史도 기원 48년으로 거슬러 올라가야 한다.

그리고 금관가야金官伽倻를 비롯해 대가야大伽倻高靈 고령가야古寧伽倻昌 소가야小伽倻固城 아라가야阿羅伽倻咸安 성산가야星山伽倻 등이 모두 차를 심어 기를 수 있는 곳이었으므로 가야의 왕조 때에는 차茶가 융성했고, 또 제물祭物로 반드시 올리는 품목이었으리라고 믿어진다.

가야에서는 해마다 정월 3일과 7일, 5월 5일, 8월 5일과 15일이면 풍성하고 정결한 제전으로 제사를 지냈다.

우리나라에서는 정월 초하루인 설날과 8월 15일 중추절이면 반드시 차례茶禮를 지내왔는데 이러한 풍속은 이미 가야시대부터 이어져 온 것이라고 보여진다.

신라 30대 법민왕法敏王-문무왕文武王 연간에 가야국 시조에서부터 9대손인 구현황과 그의 손주되는 서운갑간云甲干까지 제사를 지내도록 하였다.

그 제사의 제물에는 단술과 떡과 밥, 그리고 차와 과실 등을 올렸으니 가락국의 조상들이 제사에 차茶를 올렸다는 기록은 특별한 의미가 있지 않을까 싶다.

이러한 풍속은 점점 발달하여 신라, 백제, 고구려의 궁중에서 다례의식으로 발달하였다. 고려高麗에 이르러서는 이러한 다례의식이 그 절정에 이르러 유교문화와 함께 정신문화로 뿌리내리는 계기가 되었다. (월간《다도》연재 2001년 8, 9, 10월)

4. 고려 궁중의식과 차와 꽃

(1) 사직단社稷壇

성종成宗은 재위 10년에 아래와 같은 교서를 내렸다.

'내 듣건데 사社는 토지土地의 주主이니 이 땅이 넓어 다 공경할 수 없으므로 홀을 모아 사社로 삼음은 그 공에 보답코자 함이요, 직稷은 오곡의 으뜸인데 곡식이 많아 널리 제祭할 수 없음으로 사신稷神을 세워 이를 제祭하는 것이라.'

또 예기禮記에는 아래와 같은 기록이 있다.

윤경혁 작

'왕이 군성群姓을 위하여 사社를 세움으로 대사大社라 하고, 스스로를 위하여 사社를 세움을 왕사王社라 하며, 제후諸侯가 백성을 위하여 사社를 세움을 국사國社라 하고, 스스로를 위하여 사社를 세움을 후사候社라 하며, 대부大夫 이하는 여러 사람이 모여 사社를 세워 치사置社라 한다.

그러므로 국가를 가진 자는 사직社稷을 세우지 않을 수 없음이라, 위로는 천자로부터 아래로는 대부에 이르기까지 근본을 보이고, 공신의 은혜에 보답함을 갖추지 않을 수 없다. 우리나라에서는 태조 이래로 여러 대에 걸쳐 아직 하夏나라와 주周나라에서 행하던 이런 신사를 설치하지 못하였다.

그리하여 내 왕위를 계승한 이래 모든 시설과 경영을 반드시 예법에 의거케 하였다. 그리고 종묘에서는 자목부소子穆父昭(소는 오른쪽 위치, 목은 왼쪽 위치임)의 실이 거의 정비 되었으니 이번 봄철에는 풍년을 빌고 가을에는 그 은혜를 사례하는 사직단을 곧 창립하고자 한다. 여러 재상은 터를 잡아 단을 설치하게 하라.'

이렇게 해서 처음으로 사직단이 세워졌다.

(2) 경령전景靈殿

경령전에서는 정월 초하루, 단오, 추석, **중구**重九(9월 9일)에 왕이 친히 제향하는 의식을 가졌다.

그 의식의 순서는 다음과 같다.

① 왕이 전내殿內의 배위拜位에 들어가면 추밀의 찬창贊唱으로 왕이 삼배三拜한다.

② 내시원內侍員이 향합을 받들면 승선承宣이 전해 받들고, 추밀樞密이 홀笏을 받들면 왕이 향香을 피우고

삼배三拜하기를 마친다.

③ 경령전景靈殿에 들어가 동계하東階下로 나아가 서향西向하여 재배再拜하고, 전殿에 올라가 태조실太祖室 문밖으로 나아가 재배하기를 마치면 사인舍人이 '재배'라고 말한다. 왕이 물러나와 이실二室 문으로부터 태조전太祖前에 나아가 재배한다.

④ 승선承宣이 향합을 받들고 나아가면 왕이 홀을 꽂고 향香을 피우고 승선이 잔을 씻는 그릇을 받들고 있으면 왕이 잔을 추밀에게 준다.

⑤ 승선이 주전자主子를 받들어 올리면 왕이 대소大小의 잔盞에 술을 한 잔씩 부어 드리기를 마치고 재배再拜한다.

⑥ 다음으로 2실로 나아가 재배하고 향을 올린 후, 헌작獻爵하기를 위의 의식과 같이 한다. 그리고 나와 제 3, 4, 5실로 나아가 배례하고 헌작하고 향을 올리는 것을 위와 같이 하고 2실에 들어가 태조太祖전에 나아가 엎드린다.

⑦ 서랑壻郎이 서계西階로부터 전에 올라 태조실의 문 밖으로 나아가 축문 읽기를 마치면 왕이 재배한다.

⑧ 다방별감이 복주잔福酒殘을 받들어 승선이 전해 받들면 추밀에게 준다. 승선이 주전자를 받들면 술을 붓는다. 승선이 또 뢰주기酎酒器를 올리면 왕이 뢰주酹酒를 세 번 부리고, 복주福酒를 마신 후 재배하고 마친다.

관세盥洗(손을 씻는 세수대야)는 동東에 있고 작세爵洗(술잔 씻는 그릇)는 서西에 있으며 뢰酹는 세洗 동쪽에 있어 작勺을 가하고,

"세뢰洗酹는 무게가 12근이요, 발足까지의 전체 높이는 1척이며,

주둥이의 직경直徑이 8촌 4푼이요, 깊이는 7촌 1푼이며, 발 주둥이(足口)의 직경은 7촌 9푼이다."라고 하였다.

손과 잔을 씻을 물단지 비篚는 세의 서남에 있으며 행주와 수건을 담아둔다. 비는 대나무로 만들었다.

발까지 전체 높이는 5촌, 길이는 2척 8촌, 깊이는 4촌, 뚜껑의 깊이는 2촌 8푼이다. 음식물을 올리는데 사용하며 마디(節)가 있다.

(3) 문선왕묘文宣王廟 - 공자의 사당제

우리 전통적인 의식 중에 공자의 사당에 올리는 제례가 비교적 잘 지켜져왔다 하는데 그 의식의 규모나 순서를 다 기록할 수 없어 절하는 법과 차茶를 하사하는 부분만을 기술한다.

① 사인이 강서관講書官을 인도하여 배위拜位에 나아가 일배一拜하면 강서관은 다시 재배再拜하고 앞으로 나와 치사하고 물러나 위位로 돌아가 재배再拜하고 무도舞蹈하며 재배再拜하기를 마치면 사인舍人이 그를 인도하여 서편으로 나간다.

② 다른 사인舍人이 '찬배贊拜!' 라고 말하면 왕태자 및 재상 추밀관 이하는 모두 재배再拜하고 반수班首 행열에서 나와 진하陳賀하기를 마치고

사동 규부 공묘제례(2005. 9. 24)

위位로 돌아가면 사인舍人의 찬배贊拜로 위位 있는 관원이 모두 재배하고 무도舞蹈하며 또 재배한다. 감관監官, 학관學官, 학생學生도 진하陳賀하기를 이와 같이 하여 배拜하기를 마치는데 학생은 무도舞蹈가 없다.

③ 각문사閣門使가 왕지王旨를 전하여 자리에 나아가라고 하고 차茶를 내리賜면 사인舍人의 찬배로 왕태자 재상 이하 군신과 국가감監, 학관學官, 학생이 모두 재배再拜한다.

④ 왕태자 이하 군관群官이 당堂에 올라가 각각 자리 뒤에 나아가 선다. 사인이 '각각 자리에 나아가라' 고 하면 태자 이하가 모두 자리에 나아가고 차茶내리기를 마치면 국가감, 학관, 학생은 뜰아래에 서서 차茶를 받는다.

사인들이 그들을 인도하여 층계에서 내려 온 자리로 돌아가 서 있으면 사인이 '찬배!' 라고 한다. 왕태자, 대신, 추밀관 이하 모든 관리들과 국자감의 학관學官, 학생들이 모두 재배한 후 그들을 따로 따로 인도하여 차례로 나가고, 왕은 좌석에서 내려 대차로 가서 수레를 타고 올 때와 같은 절차로 궁으로 돌아간다.

(주 : 이밖에 음력 2월 중춘仲春과 8월 중추仲秋의 첫 정일 상하上下에 석전釋奠하는 의식이며 왕이 국자감을 시작할 때 작현하는 의식들이 있으나 모두 생략한다.)

(4) 흉례凶禮 국상國喪

고려 사람들은 국상에 관한 의식을 제정하지 않았다.

나라에 큰 상사가 나면 언제나 다 임시로 고전을 참고하고 전례를 인용하여 일을 치르고 나서 기록을 남기지 않았으므로 고려사에 나타난 것은 다만 대체적인 것뿐이라고 기록하고 있다.

옥잔

명종明宗 14년 5월 갑오일에 금金나라 제전사태부감祭奠使太府監 완안고完顔辜가 왔다. 그가 처음 서교정西郊亭에 이르렀을 때 접반사 대장군 장박인接伴使大將軍 張博仁이 무도舞蹈까지 하여 최대의 경의를 표한데 대하여 완안고가 '국상 중에 무도를 하는 것은 실례가 되지 않는가?' 라고 조소하였다. 그러나 장박인은 깨닫지 못하였다.

정사일에 왕이 금나라 사신을 위하여 연회를 베풀었다. 그러나 사신이 이에 응하지 않고 말하기를,

'오늘의 연회는 화연花宴일뿐더러 왕도 이미 기복起復한 터이니 당연히 길례吉禮에 따라 채붕彩棚 (임금이나 중국의 칙사가 행차할 때 성문이나 다리 등에 색색의 헝겊이나 색실을 걸어 놓는 것)을 매고 주악하며 머리에 꽃을 꽂도록 하시오. 그러하지 않으면 대접을 받지 않겠소.'

라고 하였다.

이에 대하여 왕이 사람을 시켜 대답하기를,

'내 비록 기복(탈복)은 하였으나 소상도 아직 지내지 못하였는데 길례를 따를 수는 없다.'

라고 했다. 그러자 금나라 사신이 화가 나서 연회에 참석하지 않았

다. 나라의 규범이 흔들렸기 때문에 당한 수난이 아닐 수 없다.

규범의 기준은 나라의 기준과 사회적인 기준이 다르다. 개인의 차이는 있을지언정 예절의 규범 중에서도 손님을 접대하는 규범은 손님 위주가 아닌 주인의 형편에 의해 치러야 하는 것이며, 이것이 바로 기준이 되는 것이다.

11월 갑오일에 우제를 지냈다.

이날 기해일에 팔관회八關會를 개회하고 왕이 구정毬庭(고려 때부터 궁중이나 귀한 귀족들이 만든 격구장)에서 음악을 들었는데 11월은 태후의 상사가 난 달이였으므로 백관들의 하례賀禮와 무도, 그리고 악사들이 뜰에서 춤추고 노래하는 것을 중지시켰다.

예관이 말하기를 '11월은 왕태후의 기일이 있는 달이니 12월에 팔관회를 하자.' 라고 하였다.

왕이 이것을 정부에 문의하니 참지정사 문극겸參知政事 文克謙이 말하기를,

'태조께서 처음 팔관회를 창설한 것은 천지귀신을 위한 것이었으므로 후대 임금이 무슨 사정이 있다 해서 이를 앞당기거나 늦춰서는 안됩니다.

태조께서 신명神明에게 빌기를 바라건대 대대로 11월에는 국상이 없도록 하여 줄 것이며 만일 불행하게도 국상이 있을 경우에는 나라가 장차 쇠망할 징조라고 의심하게 될 것이다.' 라고 하였습니다.

국토를 통일한 후 오늘에 이르기까지 11월 중에는 한번도 국상이 없었는데 이번에 이런 일이 생겼으니 이것은 나라의 불행입니다. 또한 팔관회를 12월에 개최하는 것도 결코 태조의 본의가 아니니

예관이 주청한 것은 허용될 수 없는 일입니다.

라고 하니 왕이 그의 의견대로 하였다.

이튿날 대회가 있었고, 왕이 또한 구정에서 음악을 감상하였다. 팔관회 시초는 신라 24대 진흥왕 33년, 572년이었다.

원종元宗이 원元나라에 가 있으면서 고종의 부음訃音을 받고 3일간 상복을 입었다가 벗었다.

10월 정육일에 경릉慶陵에 장사 지낼 때 각 판서에서는 간단한 술상으로 전제奠際를 지내어 영구를 하직하였다.

영구가 처음 떠날 때 왕은 상복을 입고 손에 향로를 들고 걸어서 십천교十川橋까지 와서는 가마를 타고 산릉으로 갔다. 장사를 마친 후 백관들을 인솔하고 마지막 곡을 한 후 혼백을 모시고 돌아와서 영진전靈眞展에 모시었다.

고려에서는 신하가 죽으면 왕이 부의賻儀를 하고 관직을 높여주는 등 대우가 극진하였다. 그러나 그 의식과 제도에 관하여 기록이 자세치 않으므로 역사에 나타난 자료들만을 서술한다.

① 성종成宗 6년 3월에 내사령內史令 최지몽崔知夢이 죽으니 왕이 그의 부고를 접하고 몹시 애도하여 베布 1,000필, 쌀米 300석, 보리麥 200석, 차茶 200각角(1각은 넉 되), 향 200근을 부의賻儀하고 관비로 장례를 돕게 하고 태자태부太子太傅

연산홍 석다완. 구경 13cm, 높이 70cm

의 관작을 추종하고, 시호를 민휴敏休라고 하였다.

② 성종 8년 5월에 수시중守侍中 최승로崔承老가 죽으니 왕이 매우 애통히 여겨 교지를 내려 그의 공덕을 표창하는 동시에 태사太師의 벼슬을 추증하고 베 1,000필, 보리 300석, 쌀 500석, 유향乳香 100근, 뇌원다腦原茶 200각과 대다大茶 10근을 부의하였다.

③ 성종 14년(995년) 4월에 평장사平章事 최량崔亮이 죽으니 왕이 매우 애통히 여겨 그에게 태자태사太子太師의 벼슬을 추증하고 쌀 300석, 보리 200석, 뇌원다腦原茶 1,000각을 부의하고 예로서 장례를 하였으며, 시호를 광빈匡彬이라고 하였다.

④ 목종穆宗 원년(1002년) 7월에 내사령 서희徐熙가 죽자 왕이 애도하여 베 1,000필과 보리 300석, 쌀 500석, 뇌원다 200각, 대다 10근과 전향栴香 300량을 부의하고 시호諡號를 장위章威라고 하고 장례를 하였다.

⑤ 목종 7년(1008년) 6월, 시중 한언공韓彦恭이 죽으니 왕이 그에게 쌀 500석, 보리 300석, 평포平布(보통 베) 800필, 중포中布 400필과 차茶 200각을 부의함과 동시에 내사령의 관직을 추증했다.

⑥ 문종文宗 원년(1047년) 10월에 평장사 황보영皇甫穎이 죽으니 쌀 100석, 보리 30석, 베 400필 대다大茶 300근과 향 10근을 주었다.

국화문 석잔 구경 8cm, 높이 5cm

⑦ 목종穆宗 12년(1009년) 7월에 왕이 구정毬庭에 나아가 백성의 남녀 나이 80세 이상 된 자와 불구자 635명을 모아 술과 음식, 포백布帛, 차茶, 약藥 등을 차등하여 나

누어 주었다.

⑧ 현종顯宗 13년(1022년) 9월에 서울의 남녀로서 나이 80세 이상 된 자와 독질, 폐질廢疾 환자에게 술과 음식과 차茶와 베布를 차등하여 나누어 주었다.

⑨ 문종文宗 3년(1049년), 80세된 국노 상서우북사 최보성, 사재경, 조옹, 태자청사, 이택성 등에게 합문에서 잔치를 베풀었다. 이때 왕이 친히 나가 술을 권하고, 보성 옹顒 등에게는 공복 각각 한 벌과 복두幞頭 두 개, 뇌원차腦原茶 30각을 주고, 택성에게는 공복 한 벌을 주었다.

⑩ 문종文宗 21년(1067년) 국사 해린(지광국사)이 늙어서 산중으로 돌아가기를 청하므로 왕이 친히 현화사에서 차와 약, 금은, 그릇, 비단 등 보물을 하사하였다.

⑪ 숙종肅宗 2년(1097년) 7월에 동여전의 적선 10척이 진명현鎭溟縣 성남城南 덕원德原(남쪽 24室에 있음)에서 약탈하므로 동묵현 병사 김한중의 판관 강증을 보내니 적과 싸워 이기고 배 3척을 포획하였으며, 머리 48급을 베었으므로 이들에게 은, 비단, 차, 약을 하사하였다.

⑫ 예종睿宗 2년(1107년) 정월 위계정魏繼廷(고려의 정치가 문인으로 유명)에게 차茶와 약을 은합과 같이 하사하였다.

⑬ 예종 10년(1115년) 서북면 병마사 박경작이 어전에 나가서 예를 올리고 떠나니 이름을 고쳐 경인京仁으로 하사하고 차와 약을 주었다.

⑭ 예종 12년(1117년) 6월에 여러 왕족과 양부를 모시고 천연각에서 잔치하였는데 송나라 황제가 보내준 향과 술, 그리고 용봉명단

龍鳳名團 진과珍果 명기를 사용하고 각각 물소 각띠와 의복을 하사하였다.

고려 시대에는 대신들이 죽으면 왕이 슬퍼하여 부의賻儀로 내린 차茶가 대단히 많았을 뿐 아니라 뇌원차腦原茶와 대차大茶도 있었다. 뇌원차의 단위는 각角으로 1각은 녁 되의 양이었다. 대차大茶는 한 근을 한 뭉치치로 포장했던 것 같다.

고려 6대 성종成宗(재위 982~997년)에서부터 11대 문종文宗(1049~1083년)까지 약 100년간은 고려의 문화가 꽃을 피운 때로 정치적으로도 안정되었었다. 이때 차茶가 성행하여 상가喪家의 부의로, 또는 길례吉禮의 예물禮物로 흔하게 쓰였음을 알 수 있다.

(5) 중한 죄인을 척결하는 의식에서의 차重刑奉對儀

① 왕이 평복을 입고 내전의 남쪽 행랑에 나와 앉으면 경룡慶龍, 도지都知, 승선承宣, 중방重房, 원방院房, 6국六局 관원들이 차례로 숙배肅拜(신중하고 엄격하게 하는 절을 말함) 한다. 함문을 통과하기 전에 가죽신을 벗고, 홀을 내려놓고, 미투리를 신고, 신하들도 모두 이와같이 한다. 뜰 안으로 들어가 옆으로 가면서 혼자서 '재배!' 라고 부르고 재배한 다음 그 자리에서 앞으로 걸어가서 본 자리로 돌아간다.

② 각 지후祗侯들의 뒤에 주대원奏對員과 성랑의 단필원丹筆員(주홍빛이 나는 먹과 붓을 가지고 대령한 관리)이 뜰로 들어오면 사인은 '재배!'

라고 말하고 밖으로 나간다.

③ 지후가 대신들과 추밀관을 인도하여 궁문에 이르면 집례관이 그들을 이어 받아 욕위褥位로 인도하여 자리에 가 선다. 집례관이 낮은 목소리로 '재배!' 라고 말하고 다른 집례관은 왕의 분부를 받아 '상좌賜座에 앉으라' 고 말하고 다시 낮은 소리로 '재배!' 라고 말한다. 이것이 끝나면 그들을 인도하여 전상에 올라 동편 욕위에 가 앉는다.

④ 다방茶房 참상원參上員이 곁문으로 들어와 차茶를 드리고 7품 내시관은 뚜껑을 연다. 이 때 집례는 전의 앞기둥 밖에 올라와서 마주 서서 절하고 차茶를 권한다. 차茶를 마신 다음에 전殿 아래로 내려간다.

⑤ 다음 8품관 이하 원방院房이 대신과 추밀관에게 차茶를 드리면 집례관이 다시 올라와서 이번에는 머리를 숙이고 차를 권하고 밖으로 나간다.

⑥ 다음 단필원과 주대원이 들어와서 사건 내용을 주달하면 왕은 단필로 참형의 판결을 삭제하고 죄인을 유인도有人島로 귀양보낼 것을 결재 후 시신侍臣들이 왕과 대신, 추밀관에게 약을 권한다. 이것이 끝나면 집례자가 대신들과 추밀관을 인도하여 뜰 아래에 욕위로 내려가서 낮은 목소리로 '재배!' 라고 말한다.

⑦ 집례관은 그들에게 주과酒果를 하사한다는 왕의 분부를 전달하고 낮은 목소리로 '재배!' 라 하고 그들을 인도하여 밖으로 나간다.

⑧ 주대원, 성랑, 단필들이 뜰안으로 들어오면 사인이 '재배!' 라고 말한다.

⑨ 집례관이 그들에게 주과를 하사한다는 왕의 분부를 하달하면 사인이 '재배!' 라고 말하고 밖으로 나간다.

⑩ 다음으로 합문이 재배한다. 집례관이 '시봉하는 원장에게 주과를 하사하라 하신다.' 라고 전하면 사인이 '재배!' 라고 말하고 집례관과 사인이 모두 재배하고 차례로 나간다.

이처럼 중형을 집행할 때에는 차茶를 마시며 신중에 신중을 기해 판결을 내렸다.

아무리 죄지은 사람이라 할지라도 사람이 사람을 판결한다는 것은 매우 심사숙고深思熟考해야 할 일인 바, 차茶로서 더욱 신중을 기하였음을 우리에게 알려주는 귀중한 자료이다.

(6) 영북조 조사의迎北朝詔使儀

외국 손님을 맞이하는 예식賓禮 북조의 조서를 가지고 오는 사신을 맞이하는 의식을 말한다.

① 왕이 건덕전乾德殿에 나와 앉으면 합문사와 무사 이상이 먼저 전정殿庭으로 들어가 공손히 절하고 다음으로 재상, 시신侍臣, 합문사와 남반南班들이 들어와 공손히 절하고 정렬한다. 또한 사신의 관반館伴과 집사執事들도 같이 전정으로 들어와 공손히 절한다.

② 합문원閤門員과 사인舍人들이 문사위問辭位로 가서 '북조의 사신이 이미 하문 밖에 와서 분부를 기다리고 있습니다.' 라고 알리면 합문사가 왕의 분부를 듣고 '들랍십니다(屈).' 라고 전달한다. 그러

면 합문원이 조서함을 든 사람을 앞세우고 사신을 가운데 문으로 인도하여 들어와 전문殿門의 서편에 가 선다.

③ 왕은 전문 밖 동쪽으로 나가 사신과 서로 읍하고 전정으로 들어온다.

④ 사신이 명령을 전달하는 자리로 가서 남쪽으로 향하여 서면 왕은 서쪽으로 향하여 재배하고, 그에게 황제의 안부를 묻고 사신이 대답한다. 왕은 절하고 춤추고 또 절한다.

⑤ 사인이 '대신 이하 시신 배무배(拜舞拜)!' 라고 한다. 이것이 끝나면 사신이 '조서를 휴대하였다' 고 말하고 왕은 재배한다.

⑥ 사신이 조서를 왕에게 전하면 왕이 받아서 대신에게 주고 대신은 꿇어 앉아 이것을 받아 함을 드는 사신에게 준다. 왕은 절하고 춤추고 또 절한다.

⑦ 사인이 '대신과 시신 배무배(拜舞拜)!' 라고 한다. 조서와 선물을 주고 받는 의식이 끝나면 잠시 임시 휴게소로 가고 왕은 조서를 본다. 합문원이 사신을 인도하여 전문 밖에 이르면 왕이 전문에 나가서 사신과 읍하고 전상으로 들어간다. 사신은 왕에게 재배하고 왕의 안부를 물은 다음 재배하고 축하의 말을 한다.

⑧ 사인이 '재배!' 라고 하면 그들은 재배하고 왕이 안부를 묻는다. 또 사인이 '재배!' 라고 하면 그들은 재배하고 앞으로 나가서 축하를 드린다. 사인이 또 '재배!' 라고 하면 재배한다. 합문원은 왕이 그들에게 객성客省에서 차茶와 술과 음식을 대접하라는 분부가 있었음을 전한다.

⑨ 사인이 '재배' 라고 하면 그들이 재배한다. 다음에 전문 밖으로 그들을 인도하여 나간다.

⑩ 왕이 자리에 앉은 다음 합문원은 하급 수행원을 인도하여 전정에 들어와 재배한 후 왕에게 문안을 드리고 다시 재배한다.

⑪ 합문원은 해당부서에서 그들에게 음식을 대접하라는 왕의 분부가 있었음을 전한 후 '재배再拜!' 라고 하고 그들을 인도하여 밖으로 나간다.

⑫ 사신에게 차茶를 대접할 때 첫 잔은 왕이 친히 권한다.

⑬ 사신도 왕에게 차茶를 권하고 재배한 후 자리에 앉아 차茶를 마신다. 다음에 일어서서 왕과 서로 읍하고 자리로 돌아간다.

⑭ 중 · 하급 수행원에게 음식대접이 있은 후 사신은 일어서 왕에게 재배하고 앞으로 나가 감사를 드리고 또 재배再拜한다.

⑮ 합문원은 사신을 인도하여 전에서 내려와 밖으로 나가고 왕도 전문殿門 밖까지 나가 읍하고 배웅한다. 사신은 숙소로 돌아간다.

(7) 북조의 칙사를 영접하는 의식迎北朝告使儀

① 왕이 건덕전에 나와 앉으면 합문부사 이상이 먼저 전정殿庭에 들어가 정렬하고, 다음으로 대신 이하 시신들과 남반이 전정의 절하는 자리에 들어가 서면 사인이 '대신 이하 숙배肅拜!' 라 한다.

② 왕의 안부를 알린다. 사인舍人이 '재배再拜!' 라고 하면 그들은 재배하고 앞으로 나서서 축하의 말을 한다. 사인舍人은 다시 '재배再拜' 라고 한다. 합문사閤門使가 왕께 알린다. 사인이 '재배' 라고 하면 그들은 재배하고 앞으로 나서서 축하의 말을 한다. 사인은 다시 '재배' 라고 한다.

③ 합문사가 왕께서 사신들에게 차茶와 술을 대접하라는 분부가 있음을 전하면 사인이 '재배'라고 하고 그들을 인도하여 밖으로 나간다.

④ 사신에 대한 차茶와 술 대접이 끝날 무렵에 사신은 감사의 뜻을 표하고 왕은 답배한다. 이것이 끝나면 사인이 사신을 인도하여 전殿에서 내려온다. 이 때 왕은 그와 서로 읍하고 전문 밖으로 나가서 또 읍하고 배웅한다.

사신을 맞이할 때 왕은 검은 관에 흰 옷 차림을 한다. 채봉彩棒, 주악樂部, 삽화揷花 등은 그만 둔다.

상중에 칙사를 영접하거나 칙서를 받을 때 행하는 예식으로서 이 때 왕의 옷차림과 주변의 분위기를 비롯해 음악을 폐하고 꽃을 쓰지 않았다는 것이 매우 돋보인다.

(8) 명나라 조사를 맞이하는 의식迎大明招使儀

① 사신이 국경에 들어오면 그 곳 관서에서는 먼저 관의 직원을 궁궐로 보내어 왕에게 보고한다.

왕은 관리를 보내어 멀리서 조사를 맞이한다. 그리고 해당 관리에게 명령하여 궁궐의 성문 밖 공관公館에 미리 장막을 치고 채봉彩棒(다채로이 장식한 시렁)을 매고 공관 내외 한 복판에 용정자龍亭子(귀중한 물품을 나를 때 쓰는 것)를 설치한다.

정자의 남쪽에 향안을 준비하고 징, 묵, 의장대, 고악등을 준비하고 사신이 도착할 것을 기다린다. – 하략

② 사신이 앞으로 나와 남쪽으로 향하여 서서 조서를 가져왔음을 고하면 사찬司贊이 '4배!' 라고 한다. 이때 주악이 시작되고 왕과 백관 이하가 모두 4배 한 후 주악이 멎는다. – 하략

③ 또 왕과 백관 이하 모두 4배하고 나면 주악이 멎는다. 그리고 사찬이 부르는 대로 그들은 홀을 띠에 꽂고 허리를 구부리고 세 번 춤추고 왼쪽 무릎을 꿇고 세 번 머리를 땅에 닿도록 숙여 경의를 표하고 '산호만세山呼萬歲! 산호만세! 산호만세!' 라고 부른 다음 홀을 집어내고 엎드렸다가 일어난다. 이때 주악이 시작되고 4배 한 후 주악이 멎는다. – 하략

중국의 왕조는 원元(1271~1368년)에 이어 명明(1368~1644년) 나라로 이어졌다. 명나라는 우리의 고려 말기를 거쳐 조선조에까지 이어졌는데 그 영향력은 대국과 소국이라는 소용돌이 속에서 정치적으로나 문화적으로 막대한 영향력을 행세했다.

원나라의 지배권을 벗어나 명나라가 등극하자 예법은 더욱 더 복잡하여져 의식의 규모와 행례가 달라졌다.

칙사를 맞이하는데 절하는 법이 종전에는 재배하던 것이 4배四拜가 되었다. 뿐만 아니라 허리를 구부리고 세 번 춤추고, 왼쪽 무릎을 꿇고 세 번 고두叩頭하고, 산호만세를 부르고, 다시 사배를 행하는 매우 복잡한 행례로 바뀌었다.

(9) 조서를 가지고 오지 않은 명나라 사신 맞이 의식迎大明無詔書勅使儀

① 사신이 국경에 이르면 국경을 수비하는 관원은 급히 사람을 보내어 왕에게 보고하고 왕은 관리를 보내어 맞이한다. – 중략

② 정전正殿 한 가운데 이르러 왕과 사신은 마주 서되 사신은 동쪽에 왕은 서쪽에 선다. – 중략

③ 사신과 함께 동서로 향하여 서로 재배한다. 다음 간단히 인사를 나누고 동서로 향하여 마주 앉아 차茶를 마신 다음 왕은 안으로 들어가 잠깐 휴식한다. 세자가 사신과 상견하여 재배하고 여러 군君, 대신, 추밀관, 백관 등 모두 사신과 서로 만나 본다.

(10) 왕비를 책봉하는 의식冊王妃儀

왕이 친히 태묘太廟, 별묘別廟 경령전景靈殿에 고유하는 것과 해당 부서에서 예식을 거하는 것은 보통 절차와 같다.

대관전의 설비는 예식이 있는 전날 상사국에서는 상례에 따라 대관전 내에 왕의 좌석을 설치한다. 또한 왕 좌석의 전면 두 기둥 어간에서 조금 남쪽으로 비껴 책상을 마련하고, 왕의 좌석 왼편에서 동쪽으로 치우쳐 왕의 인장과 그 끈을 놓은

상을 차린다. 문하시중門下侍中, 문하시랑門下侍郎, 중서시랑中書侍郎의 자리를 왕 좌석의 동남쪽에 북을 우로 하고 서쪽으로 향하여 설치하고 추밀관의 자리를 왕 좌석의 서남쪽에서 북을 우로 하고 동쪽으로 향하여 정한다.

1) 궁전에서 옥책문을 발부하는 의식

① 책봉식을 거행하려 할 때에 해당부서에서는 태위太尉를 정사로, 사도司徒를 부사로 삼는다.

② 예식을 거행하는 날 해당 기관에서는 보통 절차에 따라 의장대 경위원들을 전정殿庭 안팎에 배치한다. – 중략

③ 근신近臣이 왕의 조서를 가져다 먼저 왕 좌석 앞 책상 위에 올려놓고, 해당 관리는 책함冊函과 왕의 인장과 그 끈을 놓은 책상을 받쳐 들고 왕 좌석의 왼쪽에서 책은 북쪽에 인장과 그 끈은 남쪽에 차려 놓는다.

그리고 신표를 드는 사람은 왕의 인장과 그 끈이 놓인 남쪽에서 북쪽을 우로 하고 서쪽으로 향하여 선다.

④ 그 다음에 전의와 찬자가 전정의 지정된 자리에 들어서고 좌우 시신들도 모두 자리에 나아가 선다.

합문사들은 각각 대신, 추밀관, 문무백관을 인도하여 문 사이에 선다. 태악령은 악사들을 인솔하고 지정된 자리에 들어서고 협률랑은 휘를 드는 자리에 나아간다. – 중략

⑤ 전의가 '재배!'라고 말하면 책사와 부사가 재배한다.

⑥ 시중이 조서를 낭독하기를 '모씨를 책봉하여 왕비를 삼고저

그들에게 신표를 주어 예식을 거행할 것을 명한다.' 라고 전달한 후 조서함을 들어 책사에게 주고 책사는 꿇어앉아 이것을 받아 부사에게 준다. – 하략

2) 궁중에서 책문을 받는 의식宮庭詔册

① 책문을 받는 날 해당 궁문의 안팎에 의장대와 경위원을 정렬시킨다.

조서책이 궁문에 이를 무렵에 집례관은 책문을 받을 사람을 인도하여 국문 밖으로 나가서 조서를 받는 자리에 가 선다.

② 조서책詔册이 도착한 후 집례관이 '재배!' 라고 하면 책문을 받는 사람이 재배한다. 책사와 부사는 책문을 받는 사람과 서로 읍하고 다 같이 궁정의 지정된 자리에 가 선다.

③ 집례관이 '수책자 재배' 라고 하면 성궁만복을 알리고 재배再拜, 무도舞蹈하고 또 재배再拜한다.

이 절차가 끝난 다음 책사가 왕의 조사가 있음을 알리면 책문을 받는 사람은 재배하고 머리를 숙인다. 책사는 조서를 구두로 선포한다.

④ 부사는 조서함을 받아서 책사에게 주고, 책사는 이것을 받아 가지고 조금 앞으로 나서서 남쪽으로 향하여 선다.

책문을 받은 사람은 일어나 본 자리로 돌아가고 책사도 본 자리로 돌아간다. 책문을 받은 사람은 재배, 무도하고 다시 재배하고 홀을 쥐고 꿇어 앉는다.

3) 연회

① 책복식이 끝난 다음 궁정관리들은 접대원의 좌석을 청상廳上 북쪽 벽의 중간에 남쪽을 향하여 설치하고, 책사와 부사의 좌석을 남쪽 벽에 정하되 책사는 동편에, 부사는 서편에 설치한다.

독책 권화사의 좌석을 책사와 부사의 뒤에 설치하되 모두 북향으로 한다. 그리고 좌석마다 과실을 차려 놓는다.

② 집례관은 압물관 이하 행사관과 집사관들의 문안 편지를 드린 후 그들을 차례로 인도하여 자리에 나아가서 절한 다음 각자 자기 자리로 돌아간다.

③ 집례관이 '읍!' 이라고 하면 주인과 손님이 서로 읍하고, 각자 자기 자리에 가 앉는다. 차茶를 날라 오고 술을 나를 때 집례관은 주인과 손님을 인도하여 욕위褥位에 가 선다.

④ 접대원이 손님을 향하여 술잔을 드리겠다고 하면 손님은 이것을 사양한다. 접대원은 이렇게 3차례 거듭한 후에 손님은 '그처럼 권하니 사양할 수 없습니다.' 라고 말한다.

대개 주인과 손님이 서로 말할 때에는 집례가 언제나 중간에서 알선한다. 집례관이 '읍!' 이라고 하면 주인과 손님이 서로 읍한다. 이때 주전자와 술잔을 든 사람이 접대원의 왼쪽으로 가서 서쪽으로 향하여 선다.

⑤ 집례가 '읍!' 이라고 하면 주인과 손님이 서로 읍한다. 접대원은 홀을 띠에 꽂고 술을 부은 다음 홀을 다시 잡아 또 한번 서로 읍하고, 다시 홀을 꽂고 잔을 들어 꿇어 앉아 손님에게 드린다. 손님은 앞으로 나가서 꿇어앉아 홀을 띠에 꽂고 잔을 받아 잔을 잡는 사

람에게 준다. 손님의 잔을 받은 사람은 척사의 왼편으로 가서 북쪽으로 향하여 선다. 주인과 손님은 모두 일어서서 홀을 잡고 서로 읍하고 선다.

⑥ 집례관이 주인과 손님을 인도하여 궁정으로 들어가 권화사勸花使는 동서편 층계 어간에서 서편으로 치우쳐 동쪽으로 향하여 서고, 화주사花酒使는 남쪽으로 조금 비껴 동쪽으로 향하여 선다. 이러기 전에 접대원이 문밖으로 나가 권화사를 맞이할 때 책사, 부사, 독책관들도 모두 층계에서 내려 전정殿庭 남쪽의 명령을 받은 자리에 가 서고 – 중략 – 권화사가 왕의 말을 전하면 책사 이하가 모두 재배再拜, 무도舞蹈, 또 재배再拜한다.

⑦ 이것이 끝난 다음 집례관은 주인과 손님을 인도하여 모두 층계로 올라간다. 왕이 하사한 꽃을 권화사에게 주고 그는 이것을 받아서 책사, 부사, 독책관, 접대원의 순서로 꽃을 꽂아준다.

⑧ 권화사勸花使는 왕이 하사한 술을 부어 책사, 부사, 독책관들과 접대원에게 차례차례 권하고, 책사 이하 접대원은 왕이 하사한 꽃과 술을 권화사에게도 권한다. 이것이 끝난 다음 그들은 각각 자리에 가 선다. 집례가 '읍!'이라고 하면 주악이 시작되고, 술을 마신 다음 주악이 멎는다.

⑨ 집례관이 주인과 손님을 인도하여 모두 층계에서 내려 궁정의 욕위에 가 섰다가 집례관이 '배!'라고 하면 책사, 독책관과 접대원은 모두 재배再拜, 무도舞蹈하고 또 재배한다. 이것이 끝나면 집례관은 주인과 손님을 인도하여 모두 층계 위에 올라 자리에 서서 서로 문안편지를 교환한다.

⑩ 그 다음 집례관이 '배!'라고 하면 접대원은 근화사와 함께 재

배하고, 앞으로 나아가 또 재배하고 다시 한 걸음 나서서 또 재배한다.

⑪ 압화주사押花酒使(술과 꽃 운반을 감독하는 사람)와 인화담원引花擔員(꽃 가진 사람을 인솔하는 사람) 등이 차례로 층계 위에 올라 서서 참배한 다음 각자가 궁문 밖으로 나가서 임시 휴게소로 돌아간다. 주인과 손님은 각각 좌석에 앉고 음식이 나올 때 주악이 시작되고 또 멎는 것 등은 보통 의식과 같다.

⑫ 집사관과 선화사宣花使들은 연석에서 꽃과 술을 보살핀다. 집례관과 압물관 이하는 분부를 듣고 감사를 드리고 모두 뜰 아래로 내려가서 재배, 무도舞蹈하고, 또 재배한다.

⑬ 다음으로 압화주사押花酒使와 인화담원引花擔員들도 꽃과 술을 받고서 감사를 드리고 재배, 무도하는 것은 위에서 한 의식과 같다. 술이 8순배 이르고 해가 한낮이 기울 때(오후 2~4시) 집례관은 주인과 손님을 인도하여 모두 일어나 서로 읍하고 갈라져 각각 자기 임시 휴게소로 가서 휴식한다.

궁전에서 따로 꽃과 술을 보내는데 궁정 관리사가 손님을 임시 휴게소로 가서 궁의 분부를 전한다.

⑭ 손님이 꽃을 꽂고 술을 마신 다음에 궁정관리는 물러간다.

책사, 부사, 독책관, 권화사, 행사관과 집례관 등은 관등별로 임시 휴게소를 따로따로 갖는다. 또 궁정관리들이 그들에게 꽃 술을 나를 때도 일체 동일하게 하나 압물관 이하에게는 휴

식하는 천막을 설치하여 주지 않고 또 궁정에서 보내온 꽃과 술도 연석에만 준다. 손님들이 임시휴게소에서 잠시 쉬고 나면 영선악이 시작된다.

⑮ 집례관은 주인과 손님을 인도하여 신을 벗고, 홀을 내려놓고, 모두 층계 위에 올라 욕위에 가 서면 주악이 멎는다. 손님은 궁정에서 꽃과 술을 보내어 준데 대하여 감사를 드린다. 집례관이 '배!' 라고 하면 주인과 손님이 모두 재배하고 앞으로 나서서 또 재배하고 각각 자리에 앉으면 ㉮ 차茶를 내어오고 ㉯ 술잔을 돌리고 ㉰ 처음과 같이 요리를 차린다.

손님 접대가 끝나면 집례관은 주인과 손님을 인도하여 각각 임시휴게소로 나가서 신을 신고 홀을 가진 후 궁정의 지정된 자리에 나아가 접대원이 치사하는 글을 전한다. 이것이 끝난 다음 주인과 손님은 일제히 층계 위에 올라 자리에 가 앉는다. – 중략

책문을 받은 사람이 표문 받는 자리로 가서 재배한다. 왕후궁의 함을 든 사람 2명이 동편으로 가서 꿇어 앉아 표문을 넣은 함을 들고 책문을 받는 사람의 오른쪽으로 가서 서쪽으로 향하고 꿇어앉으면 책문을 받는 사람이 표문을 받아 책사의 앞으로 가서 북쪽으로 향하고 꿇어앉아 책사에게 올린다. 책사는 조금 앞으로 나서서 남쪽으로 향하고 서서 표를 받아 가지고 본 자리로 가서 선다.

책문을 받은 사람은 또한 꽃과 술을 보내어 준데 대하여 감사의 뜻을 표하는 글을 가지고 권화사의 앞으로 가서 꿇어 앉아 올리고 권화사는 조금 앞으로 나서서 동쪽으로 향하고 서서 표문을 받아 가지고 본 자리로 물러가 선다.

책문을 받는 사람도 본 자리로 돌아가 재배再拜, 무도舞蹈하고 또

재배再拜한다. – 하략

4) 백관들이 축하하는 의식

책봉예식이 있은 다음 날, 대신과 추밀관들은 문무백관을 인솔하고 대관전으로 가서 표문을 올려 축하하는 것은 일반 축하 의식과 같다.

왕비가 백관의 축하를 받는 바, 대신 추밀관들의 문무백관이 대관직에서 왕에게 축하를 드린 후 왕비의 전문으로 가서 하표를 올린다.

그 문구에는 '왕비마마께서는 공손하고 부드러우신 품성이 일찍부터 드러나시고 지극하신 덕이 완숙하셔서 좋은 달 좋은 날을 잡아 영광스러운 보책을 받으시니 모 등은 큰 경사를 걷잡을 수 없어 삼가 하표를 받들어 올리나이다.' 라고 한다.

왕이 백관을 위하여 연회를 베푸는 날 신하들은 왕에게 다음과 같은 축사를 올린다.

'무슨 관, 신 아무개는 머리를 숙이고 말씀을 드립니다. 왕비마마의 곤의坤儀(대지와 같음)가 하늘과 등대配天하시고, 덕이 높으시고, 두터이 포옹하시므로 좋은 달, 좋은 날 받아 영광스러운 보책을 받으시니 저희들은 큰 경사를 걷잡을 수 없어 삼가 천만세의 축배를 올리나이다.'

기타 행사는 백관들에게 베푸는 일반 여회의 의식과 같다.

(11) 왕의 맏아들을 낳았을 때 축하하는 의식元子誕生賀儀 - 연회와 축하표문

경령전景靈殿에 고하는 의식은 왕이 군신들의 축하를 받은 후 별전에서 재계齊戒하다가 제7일 5경이 지나서 왕은 신(靴)을 신고 도포를 입고 경령전으로 가서 정초의 재향과 같이 한다.

① 정사와 무사는 임시휴게소로 가서 글(狀)을 올리고 궁의 직원(偉觀)은 이 글을 받아 가지고 왕후전의 섬돌 아래로 가서 꿇어 앉아 있으면 이번에는 궁녀가 나와서 글을 받아가지고 안으로 들어간다.

② 궁전관리가 이어 나와서 왕후의 분부를 정사와 부사에게 전하고 그들을 인도하여 궁정의 지정된 자리로 간다. 정사와 부사는 재배하고 앞으로 나서서 축하를 드리고 다시 재배한다. 궁의 관리가 연회가 준비되었음을 알리면 정사와 부사는 또 재배하고 대청으로 돌아간다.

③ 대청에 설치한 연석으로 가서 관등 휘장을 따로 하여 손님과 주인이 마주 읍하고 각각 자기 자리에 앉는다. 그 다음에 차茶를 나르고 술이 들어오는 바, 술이 나올 때는 주인과 손님이 모두 일어서서 술잔을 서로 주고받고 한다. 이것이 끝나면 밥상이 나온다. 연석을 마친 다음 주인과 손님이 함께 층계를 내려가 처음 조서를 전

하던 자리에 선다.

④ 명령을 받은 사람이 자리에 나와 재배하고 일어나 표문을 들고 태사 앞으로 가서 꿇어앉고, 태사는 한 걸음 나서서 표문을 받아 가지고 본 자리로 물러간다. 주인도 본 자리로 돌아가서 재배再拜, 무도舞蹈 또 재배再拜한다.

⑤ 태사는 표문을 부사에게, 부사는 이것을 함을 든 사람에게 준다.

⑥ 집례관은 주인과 손님을 인도하여 서로 읍하게 한 다음 다시 층계 위로 올라가 헤어진다. 압물관 이하도 처음 참배할 때와 같은 절차로 차례로 고별한다.

⑦ 주인은 그들에게 예물을 선사한 후 주인과 손님이 동반하여 문 밖으로 나가서 마주 앉아 술을 권하고 헤어진다.

기타 왕의 아들이나 딸이 출생하였을 때는 조회를 보지 않으며 경령전에 고유하지도 않고, 다만 사신을 보내는 등 예식은 맏아들의 것과 같이 행하되 부사는 없다.

(12) 왕태자를 책봉하는 의식冊王太子儀

1) 태묘太廟, 경령전景靈殿
2) 왕이 임석하여 책문을 발표하는 예식
3) 동궁 궁정의 진설
4) 태자가 궁정에서 책문을 받는 예식

(주: 1), 2), 3), 4) 의 책봉의식은 기타 책봉의식과 같으므로 생략함)

5) 연회宴會

① 집례관이 양편의 문안편지起居狀를 서로 교환하여 준 다음 '재배!' 라고 하면 주인과 손님은 재배하고, 한 걸음 나서서 다시 재배하고 또 앞으로 나서서 거듭 재배하고 각자의 자리에 선다.

② 집례관은 압물관 이하 행사관들과 집하관들의 문안편지를 드린 다음 압물관 이하를 차례로 안내하여 자리에 나아가 설한 후, 각각 임시 휴게소로 돌아간다.

집례관이 '읍!' 이라고 하면 주인과 손님은 서로 읍하고 자리에 나아간다.

③ 차茶를 들여오고 술을 가져 올 때 집례관은 주인과 손님을 인도하여 욕위로 나가서 대리 주인이 손님을 향하여 술잔을 드리겠다고 하면 손님은 이것을 사양한다. 연반이 이렇게 세 차례 거듭한 후에야 '그처럼 권하니 사양할 수 없습니다.' 라고 한다.

대개 주인과 손님이 말할 때는 집례관이 언제나 중간에서 알선한다.

④ 집례관이 '읍!' 이라고 하면 주인과 손님이 서로 읍한다.

⑤ 연반은 홀笏을 띠에 꽂고, 술을 부은 다음 홀을 집어내어 또 한번 서로 읍하고, 다시 홀을 띠에 꽂고, 잔을 들어 앞으로 나가서 꿇어 앉아 손님에게 준다. 손님은 앞으로 나가서 꿇

자라화문석다완
구경직경 14cm, 높이 7.6cm

어앉아 홀을 띠에 꽂고, 잔을 받아 잔 잡는 사람에게 전한다.

손님의 잔을 잡는 사람이 이 잔을 받아 책사가 앉은 자리 왼쪽으로 가서 동쪽으로 향하여 선다.

⑥ 집례관이 '배!' 라고 하면 책사와 부사, 독책관, 압책관 및 연반이 모두 함께 재배한다. 권화사가 구두로 왕의 조서를 선독하면 책사 이하는 모두 재배再拜, 무도舞蹈하고 또 재배再拜한다.

이것이 끝나면 집례관은 주인과 손님을 인도하여 모두 층계 위로 올라간다.

⑦ 압화사押花使는 왕이 준 꽃을 가져다 권화사勸花使에게 주면 그는 이것을 받아 차례대로 책사, 부사, 독책관, 암책관 및 대리 주인에게 고루 꽂아준다.

그리고 권화사는 또한 왕이 준 술을 잔에 부어 차례로 책사, 부사, 독책관, 압책관 및 대리 주인들에게 권하고, 책사 이하 관리 및 대리 주인들은 왕이 준 꽃과 술을 권화사에게 권한다. 이것이 끝난 다음 그들은 각각 자리에 선다.

⑧ 집례관이 '음飮!' 이라고 하면 주악이 시작되며 모두 층계에서 내려 궁전의 정해진 자리에 가 선다. 집례관이 '배!' 라고 하면 책사, 부사, 독책관, 압책관, 권화사 대리 주인이 모두 재배再拜, 무도舞蹈하고 또 재배再拜한다.

⑨ 술이 9순배에 이르면 쉰다.

⑩ 다시 태자 궁에서 따로 꽃과 술을 보내는데 궁정관리들이 손님의 임시휴게소로 가서 왕태자의 부분을 전한다.

⑪ 손님들이 꽃을 꽂고 술을 마신 후에 궁정관리들은 물러간다.

(13) 왕태자의 관례를 거행하는 예식王太子加元服儀

① 왕이 임석하여 손님과 찬관을 지명하는 절차가 끝나면, 여정궁麗正宮의 전설典設이 있으며, 봉례랑奉禮郎은 세수洗手 · 관세盥洗하는 곳을 동편 층계의 남쪽에 설치하되 뢰䤈(물단지)는 세수하는 곳의 동편에 놓는다. 이 때 작은 구기와 보자기를 첨부하고, 상사는 세수하는 곳의 서편에 두되 거기에 수건을 담아 놓는다. 뢰䤈를 든 사람은 관복을 입고 뢰의 남쪽에서 북쪽으로 향해서 선다.

② 전설랑典設郎은 왕태자의 관례할 자리를 전상의 동쪽편 벽 아래에 남으로 치우쳐 서쪽으로 향하여 설치하고, 손님의 좌석을 서편 층계 위에 동쪽으로 향하여 정한다. 주인의 좌석은 왕태자 좌석의 서남쪽에 서쪽을 향하여 정하며, 3사의 좌석은 관례할 자리의 북쪽에 남쪽으로 향하여 정하며 3소의 좌석은 관례할 자리의 남쪽에 북쪽을 향하여 정한다.

③ 내직랑內直郎(궁중관리)은 왕태자가 세 번 갈아입을 옷을 장막 안에 준비하되 관은 동쪽을 향해 우에 놓는다.

첫 번에는 치황의梔黃衣를, 다음에는 자라착수포慈羅搾袖袍(붉은 비단으로 만든 소매가 좁은 도포)를 세 번째는 관복을 차려 놓는다. 그리고 관끈 상자는 의복의 남쪽에, 빗 상사는 또 그 남쪽에 놓는다.

④ 또 세 번 갈아 쓸 관 상자를 전정의 서북쪽에 두되 북쪽을 우右로 하여 먼저 조

라통정책烏羅通頂幘모자, 복두幞頭(두 단으로 되어 있고 양쪽 날개가 있다. 신라 28대 진덕여왕 때 처음으로 공복의 하나로 쓰게 됨)의 순으로 진열한다. 그리고 봉례 3명이 각각 관 상자의 뒤를 지키면서 북쪽을 우로 하여 서쪽에서 동쪽을 향하여 선다.

담밖에 설치한 장막 안에는 세수하는 장소를 설치하는데 뢰(물단지)는 북편에 두되 구기와 보를 첨부하여 두고 상자는 남쪽에 차리고 수건과 술잔을 넣어 각각 보를 덮어둔다.

⑤ 양온령良醞令(술을 주관하는 관서의 장관)은 준尊(술)으로 단술을 준비하여 구기와 보 모두 잔 씻는 장소의 서쪽에 차려둔다. 대야, 그릇 등을 든 사람들은 관복을 입고 각자의 자리에 가 선다. – 중략

⑥ 처음 손님이 전상에 오를 때 사인은 손님과 찬관을 인도하여 세수하는 곳으로 가서 손을 씻고 동편 층계로부터 전상殿上에 올라 동편 담 장막 안으로 들어가 주인과 찬관의 남쪽에서 모두 서쪽으로 향해서 선다.

⑦ 주인과 찬관은 왕태자를 인도하여 관례석의 동쪽에 나가 서쪽으로 향해서 선다. 손님과 찬관은 갓끈과 빗을 담은 두 상자를 받아가지고 왕태자 관례석의 남쪽으로 가서 꿇어앉았다가 일어나 관례할 자리의 북쪽으로 가서 조금 동쪽으로 비켜 서쪽을 향해 선다. 손님이 태자에게 읍하면 태자는 관례석으로 올라와 서쪽을 향하여 앉는다. 손님의 찬관은 관례석의 앞으로 가서 동쪽을 향해서 꿇어앉아 왕태자의 모자를 벗기어 상자에 담고, 머리를 빗겨 상투를 틀어 주고, 일어서서 조금 북쪽으로 비켜 남쪽을 향해 선다.

⑧ 손님이 관례석에서 내려 손을 씻을 때(관세소) 주인도 따라 내려오면 주악이 시작되고, 손님이 다시 관례석에 올라갈 때 주악이

멎고 주인도 따라 올라간다.

1) 첫 번째 관을 씌울 때

① 태자에게 첫 번째 씌운 관을 든 사람이 서편 층계에 올라가면 손님은 한 계단 내려 이것을 받아 오른 손으로 관 머리를 잡고, 왼손으로 관 앞 부분을 잡아 태자석 앞으로 올라가 동쪽으로 향해 서고 다음과 같은 축사를 읽는다.

② "좋은 달, 좋은 날에 비로소 관례를 거행하였으니 그전 어린 마음을 버리고 어른된 덕행을 수행하며 장수하고 큰 복을 누리소서!"라고 읽기를 마치고, 이어 꿇어 앉아 관을 씌우고 일어나 본 자리에 돌아가 동쪽으로 향해 선다.

③ 손님과 찬관이 관례석 앞으로 가서 동쪽으로 향하여 꿇어 앉아 관끈은 매고 일어나 본 자리에 돌아간다. 왕태자가 자리에 일어나자 손님은 그에게 읍한다.

④ 주인측 찬관은 왕태자를 인도하여 동편 행랑에 설치한 장막 안으로 들어가 치황의梔黃依 입히고, 관례석의 동편으로 나와서 서쪽을 향해 선다.

2) 두 번째 관을 씌울 때 (첫 번째와 같음)

① "좋은 달, 좋은 날 경사스런 옷을 거듭 입었으니 앞으로는 몸가짐을 엄숙히 하고 덕행을 나타내시며 만년토록 장수하고 길이길이 복을 받으소서!"하고 축사를 읽고 나서 꿇어 앉아 관을 씌우고,

일어나서 본 자리에 돌아가 동쪽을 향해 선다.

② 왕태자가 자리에서 일어나면 손님은 왕태자에게 읍한다. 주인 측 찬관은 왕태자를 인도하여 동편 행랑에 설치한 장막 안으로 가서 자라착수포紫羅窄袖袍를 입고 자리의 동편으로 나와서 서쪽을 향해서 서면 손님은 왕태자에게 읍한다.

③ 태자가 관례석에 올라 서쪽을 향하여 앉으면 손님의 찬관은 예석 앞으로 가서 동쪽을 향하여 꿇어앉아 두 번째로 씌운 관을 벗기어 상자에 담고, 상투에 맨 노끈과 머리에 꽂힌 빗은 그대로 두고 일어나 본 자리로 돌아간다.

3) 세 번째 관을 씌울 때 (두 번째와 같음)

① "좋은 해 첫 번째 좋은 달에 관례를 마치고 어른의 덕행을 성취하게 되었으니 만수무강하고 무궁한 영광을 받으소서!"라고 축사를 하고, 이어 꿇어앉아 관을 씌우고 일어서서 본 자리로 돌아가 동쪽을 향하여 선다. 손님의 찬관은 다시 꿇어 앉아 복두幞頭를 바로 잡아 주고 일어나 본 자리로 돌아간다. – 중략

② 왕태자가 관복을 입고 나오면 주인 즉 찬관이 그를 인도하여 관례석에 올라가 남쪽으로 향하여 앉고 찬관은 돌아간다.

손님과 손님의 찬관은 서편 층계로부터 내려 담밖에 설치한 장막 안으로 가서 손을 씻고 잔을 가신다.

잔은 옥잔玉盞으로 대신하는데 이것을 옥면엽玉面葉으로 받쳐든다. 손님은 예석으로 올라가 본 자리에 돌아간다.

③ 전설랑典設郎(음식 맡은 관리)이 단술을 부어 손님인 찬관에게 주

면 찬관은 잔을 받아 가지고 서편 층계를 통하여 예석醴席(단술을 차려 둔 자리)의 서남쪽으로 가서 북쪽을 향하여 선다.

손님이 앞으로 나아가 단술 잔을 받아가지고 왕태자의 자리 앞으로 가서 북쪽으로 향하여 서서 축사를 읽기를 "단술은 순하고 찬은 훌륭하오니 공손히 이것을 받아 신에게 제齊 드려서 정사를 받드시고 길이길이 잊지 마소서!" 한다.

④ 왕태자가 홀을 띠에 꽂고 단술잔을 받으면 주악이 시작되고, 손님의 찬관이 태관령太管令과 함께 잔을 가져다 관례석 앞에 차려 놓는다. 왕태자가 단술을 마시려 하면서 술을 따라 조금 찌우고 나면 주악이 멎는다.

⑤ 손님은 본 자리로 돌아가 동쪽을 향하여 선다. 태관령은 찬을 물리치고 왕태자의 홀을 잡고 예석에서 내려 서쪽을 향해서 재배再拜하면 손님은 답배한다.

⑥ 손님이 조금 앞으로 나서서 왕태자의 자字를 지어 주면서 축사를 읽는다. "예절이 이미 갖추어졌으므로 좋은 달, 좋은 날에 태자의 자字를 밝혀 알려드립니다. 군자의 자는 가(원대, 장대, 견실, 행복 등의 의미) 뜻을 가짐이 좋사오니 길이 두고 쓰십시오!"

⑦ 축사가 끝나면 "이제 칙명을 받아 아무라고 자字를 명명합니다!"라고 한다.

⑧ 왕태자는 재배하고 말하기를 "제 아무리 불민하오나 지어주신 자字를 삼가 봉행하지 않사오리까!"라고 하고 다시 재배한다. – 중략 – 손님과 찬관을 위한 연회는 책봉을 받은 후에 진행하는 연회의 절차와 같다.

4) 왕에게 알현謁見함

예종睿宗 16년 정월 신해일에 왕태자의 관례를 수춘궁壽春宮에서 거행하고 백관들이 축하장을 올리었다.

보다 앞서 태자가 행궁行宮(왕이 임시로 거처하는 곳)에 가 있었는데 왕이 그곳에서 태자의 관례를 거행하려 하니 평장사平章事 김연金緣이 말하기를 "관례란 예의 시초이며, 또한 중대한 일입니다. 그러므로 조계에서 관례 옷을 세 번이나 더하여 더욱 높이는 예식을 정중히 함으로써 성인이 된 표식을 분명히 하는 까닭입니다.

이제 태자의 귀하신 몸으로 외방에서 관례를 거행하심은 선대 국왕의 법도를 따르심도 아니옵고, 후대의 모범도 될 수 없사오니, 모름지기 담당 부서에 지시하여 별도로 예식을 거행하게 하소서!"라고 하였더니 왕이 그의 말을 들었다.

(14) 왕태자의 혼례의식王太子納妃儀

납채, 택일, 기일통지採擇告別, 초례의식 전에 훈계하는 례

1) 왕태자비가 궁으로 들어가는 의식妃入內儀

태자와 비가 한방에 들면 의식이 시작된다.

① 초저녁에 일보는 사람들이 세수(盥洗)하는 곳을 두 군데 차리되 한 곳은 동편 층계 남쪽에, 한 곳은 방 북쪽에, 세수물은 세수하는 곳의 북쪽에 놓으며, 방 한복판에는 술병과 합환주 잔 2개와 술

잔 4개를 넣은 상자를 놓아둔다.

② 부채와 촛불을 잡은 사람들이 앞뒤에 늘어선 가운데 왕태자는 남쪽 세수하는 곳에서 세수하는 바, 여기서는 비妃를 따라가는 사람이 물을 부어주고, 비妃는 북쪽 세수하는 곳에서 세수하는데 여기서는 태자를 따라가는 사람이 물을 부어준다.

③ 또한 왕태자와 비妃의 맞상을 차리되 태자가 비와 함께 자리에 앉으면 심부름꾼 아이 2명이 각각 잔에 술을 부어 왕태자와 비에게 준다.

④ 왕태자의 비가 잔을 받아 술을 마시면 심부름꾼 아이는 빈잔을 받고 이어 안주를 들여오는데 두 번째와 세 번째 잔도 첫잔과 같이 한다. 왕태자와 비는 다 같이 일어나 재배한다.

2) 여정궁에 사신을 보내는 의식

혼례한 후 3일째 되는 날에 왕이 전에 나와 자리에 앉으면 근신近臣과 내시는 보통 절차와 같이 문안을 드린다. 또한 추밀원사와 합문사들도 보통 절차와 같이 문안을 드린다.

왕태자는 재배再拜, 무도舞蹈, 또 재배再拜한다.

3) 태자비를 배알하는 의식

뵈옵는 날 태자비는 일찍 일어나 세수성장盛服하고, 왕궁의 내전과 왕후 앞으로 가서 보통 예식으로 왕과 왕후에게 배알한다. 왕과 왕후가 비에게 단술을 주는 것은 전례와 같다.

왕태자비를 책봉하는 예식은 공주 책봉하는 예식과 같으며 조서 내용은 이러하다

"아무개를 왕태자비로 책봉하고 그대들에게 예식을 거행할 것을 명한다!"

(15) 왕자와 왕녀를 책봉하는 의식冊王子王女儀
- 궁정에서 책봉을 받는 예식

대관전大觀殿의 진설陳設 책봉하는 날 이른 새벽에 상사국常舍局에서 보통 절차와 같이 대관전 위에 왕의 좌석을 준비한다. - 중략

한지작품 김복자 작

(주 : 책문을 발표하는 의식은 생략함)

① 연회會賓 책봉식이 끝난 후에 책사, 부책사와 독책관들은 모두 문밖에 설치한 임시 휴게소로 나아간다.

② 집례관은 찬인 이하 행사관과 집사관의 문안편지를 접수하여 주인에게 드린 다음에 찬인 이하는 차례

대로 자리에 나아가 인사를 드리고 나서 각각 자기의 임시휴게소로 물러간다.

③ 집례관이 '읍!' 이라고 하면 주인과 손님은 서로 읍하고 자리에 가 앉는다. 차茶를 마시고 나서 술이 나올 때 집례관은 주인과 손님을 인도하여 욕위褥位로 나가서 주인이 손님을 향하여 술을 권하면 손님은 이것을 사양하다가 주인이 재삼 권한 후에 감히 사양할 수 없다고 말한다. – 중략

선화사는 연회석에서 임금이 준 꽃과 술賜花酒을 살핀다.

④ 집례관 이하는 이것을 받고 감사의 뜻을 표하고, 다같이 전정殿庭으로 내려가 재배再拜, 무도舞蹈하고 또 재배再拜한다.

⑤ 다음으로 압화주사와 인화담원들도 꽃과 술을 받은 후 이상의 절차와 같이 감사의 뜻을 표하고 재배再拜, 무도舞蹈한다.

술이 8순배에 이르면 집례관은 주인과 손님을 인도하여 다같이 일어나 서로 읍하고 헤어져 각각 임시 휴게소로 가서 휴식한다. 이때 태자 궁정에서 따로 꽃과 술을 보내는데 궁정 관리가 태자의 지시를 받아 손님의 임시휴게소로 가서 꽃을 꽂아주고, 술을 권한 다음 궁정 관리는 물러간다. 책사, 부사, 독책관, 행사, 집사관은 관동별로 임시휴게소를 달리 한다.

궁정에서 보낸 꽃과 술도 모두 동일하나 압물 이하 관리들의 임시 휴게소는 설치하지 않고 궁정에서 보낸 꽃과 술도 모두 연회석에 보낸다.

⑥ 처음에 손님이 임시휴게소로 가서 식경후식하고 있을 때 영선악迎仙樂이 시작되고, 집례관이 주인과 손님을 인도하여 신(靴)과 홀笏을 두고 모두 층계 위에 올라 욕위에 나아가면 주악이 멎는다.

다음에 손님은 궁정에서 꽃과 술을 보낸데 대하여 감사의 뜻을 표한다.

⑦ 집례관이 '배!' 라고 말하면 주인과 손님은 재배하고, 앞으로 나서서 또 재배하고, 각자의 자리에 나아가면 차茶를 드리고 음식을 차려 내오는데 이것은 처음과 같이한다.

연회를 마친 후 집례관은 주인과 손님을 인도하여 각자의 임시휴게소로 돌아가 신(靴)과 홀笏을 갖추고 궁정의 지정된 자리에 가 선다. – 하략

(16) 공주의 결혼식公主下嫁儀

① 친영이 있는 전날 담당 기관에서 어전御殿의 동문 밖 적당한 지점에 신랑의 임시휴게소를 설치하고, 아들(신랑)이 가려고 할 때 부친은 아들에게 술을 권한다. 이때 부친의 좌석은 대청의 중간에 남쪽을 향하게 설치하고, 아들의 자리는 부친의 서편에서 남쪽 가까이 동쪽을 향하여 정한다. 부친이 자리에 앉고, 아들은 예복을 입고 서편 층계로부터 올라와서 자리 앞에 선다.

② 집사자執事者가 잔에 술을 부어 서쪽을 향해서 아들에게 주면 아들은 재배하고 꿇어 앉아 잔을 받는다. 집사자는 또한 안주를 가져다 그의 좌석 앞에 차린다. 아들은 술잔을 들고 일어섰다가 곧 앉아서 음식을 먹은 다음 층계에서 내려서 재배한다. 찬례자贊禮者가 아들을 인도하여 부친 앞으로 가면 부친은 이르기를 "너, 가서 어진 아내를 맞아다가 우리의 가문을 빛나게 하라!"라고 한다.

아들은 재배再拜하고 공손히 "명령을 받들어 실행하겠습니다."라고 대답하고, 다시 재배再拜한 후 층계에서 내려 밖으로 나간다.

③ 저녁나절에 신랑이 말을 타고 대궐 문밖에 이르러 말에서 내리면 집례는 그를 임시휴게소로 인도한다. 해당기관에서 공주의 노부鹵簿(임금이 거동 때 따르는 의장)와 의장대, 의병들을 내전의 동문밖에 정열시킨다. 공주는 수레를 타기 전에 가마를 대용한다.

④ 집례는 신랑을 인도하여 임시휴게소에서 나와 내전의 동문밖에 서서 허리를 구부린다.

공주가 수레에 오른 후 신랑은 대궐을 향하여 재배하고, 먼저 본가로 돌아와 공주가 도착하면 공주를 향해 머리를 숙이고 공주는 이에 답례한다.

여상자女相者가 공주를 인도하여 방안으로 들어간다.

1) 동뢰同牢 – 부부가 식사를 같이 하는 것

① 집사자가 신랑을 인도하여 남쪽 세수하는 곳에서 손을 씻게 한다. 공주의 시녀도 물을 떠 놓고 공주로 하여금 북쪽에서 손을 씻게 하는데 신랑을 주종하는 사람이 물을 따라 준다.

② 장사자掌事者는 술과 안주, 수저 등을 마주 차려 놓고, 여상자女相者는 공주를 인도하여 자리에 나아가면 신랑도 자리에 나가 서로 머리를 숙이고 엎드렸다가 모두 자리에 앉는다.

③ 찬례贊禮 2명이 잔에 술을 부어 신랑과 공주에게 주고, 신랑과 공주는 잔을 받아 술을 마신다. 찬례는 빈잔을 받고 안주를 권한다. 이렇게 2~3차례 반복한다. 신랑과 공주는 함께 일어나 재배한다.

이것이 끝나면 술상을 걷고 물러난다.

2) 구고례舅姑禮

시부모를 뵈는 날 공주는 일찍 일어나 예복을 갖추고 기다린다. 집사자는 시부모의 자리를 당상의 동서쪽에 마주보게 정하는데 시아버지는 동쪽에 시어머니는 서편에 정한다.

시부모는 직분에 해당하는 옷차림을 하고 자리에 들어온다.

상례자相禮者는 공주를 인도하여 서편 층계로부터 시아버지 앞으로 가서 동쪽으로 향해서 재배하고, 다시 시어머니 앞으로 인도하여 서쪽으로 향해서 재배한 후 물러간다.

① 사신이 전정에 나아가 왕의 명을 받아 조서를 가지고 악대, 의장대와 경위원을 갖추어 나온다. 이때 조서를 작은 루자樓子(상자)에 담아 가지고 공주의 궁문 밖에 도착하면 신랑이 나와 조서를 받으며 절하는 자리로 가서 재배하고 먼저 들어가 기다린다.

② 왕이 내린 예물을 주고 받는 의식이 끝나면 집례가 사신을 궁문 밖 왼쪽으로 인도하고, 열방 집례는 신랑을 인도하여 문 밖 오른쪽으로 나와 사신과 서로 읍한다.

③ 조서함을 든 사람이 먼저 들어가고 집례는 사신을 궁정의 욕위로 인도한다. 이때 조서함을 든 사람은 사신의 서편에서 조금 물러나 선다.

④ 신랑이 명을 받는 자리에 들어와 선다. 집례가 '신랑 재배!' 라고 하면 또 성궁聖躬 만복을 아뢰고 '재배, 무도 또 재배!' 라고 한

다. 그 다음에 사신이 왕의 조서를 받아 왔다고 말하면 신랑은 재배한다. 사신은 구두로 조서를 선독한 후 조서를 신랑에게 전하면 신랑은 꿇어앉아 조서를 받아 조서함을 드는 사람에게 주고, 머리를 숙이고 엎드렸다가 일어나 재배, 무도하고, 또 재배한 다음 홀을 띠에 꽂고 꿇어앉는다.

⑤ 압물押物이 선두물담宣頭物擔을 영솔하고 전정을 지나가는 바, 동쪽에서 들어와 서쪽으로 나간다. 신랑은 머리를 숙이고 엎드렸다가 일어나 재배한다. – 중략

⑥ 이상의 절차가 끝나면 먼저 차茶와 술을 내어 온다. 이때 술은 주인과 손님이 모두 일어나 술잔을 서로 주고받고 한 후 음식을 차려 내어 온다.

(17) 설날의 연회의식元會儀

(주 : 의장대 행열 시위편은 생략함.)

① 합문사는 임금의 말을 아뢴 후 태자와 영공令公, 재신宰臣들을 인도하여 중앙의 자리에 나아가 합반合班하여 북쪽을 향하여 선다.

② 전의典儀가 '재배!' 라고 하면 태자 이하는 절하고, 춤추고, 또 절하고, 왕의 만수무강을 아뢰고 또 재배再拜한

다.

③ 태자의 앞으로 나서서 치사 축하하고 본 자리로 돌아간다.

④ 전의典儀가 '재배再拜' 라고 하면 태자 이하는 절하고, 춤추고 또 절한다.

⑤ 합문사가 태자와 영공을 인도하여 동편 층계로부터 전정의 중앙에 가 선다. 전의가 '재배' 라고 하면 태자 이하 및 전정에 있는 사람들은 다 재배한다.

⑥ 태자는 꿇어앉아 "신臣 아무개는 신년 첫날을 크게 경축하오며 삼가 만수무강의 축배를 올립니다!"라고 한다. 합문사가 이 말을 왕에게 아뢰면 근시가 왕의 분부를 받아 '좋다 하신다!' 라고 한다.

⑦ 합문사가 태자의 영공이 만세를 부르고 재배할 것을 허락한다는 분부를 전하면 문무백관이 다 재배한다. 태자와 영공은 세수하는 곳으로 가서 여느 때와 같이 손을 씻는다.

⑧ 다방茶房에서 먼저 차茶를 드리고 다음에 술을 땅에 뿌린다. 태자의 영공과 재신들은 왕의 좌석의 앞 동쪽에 가까이 서서 머리를 숙이고 엎드렸다가 일어나서 영공이 술병을 거들어 잡고 여자가 축하의 술을 부으면 다방원은 공손히 잔을 바친다. 태자는 머리를 숙이고 엎드렸다가 일어나서 다시 전상 위로 나아간다.

한지작 김숙자 작

⑨ 전의典儀가 '재배!' 라고 하면 태자 이하 전정에 있는 사람들은 다 재배한다. – 중략

⑩ 전의典儀가 '재배再拜!' 라

고 하면 태자 이하는 절하고, 춤추고, 절한다. 합문사는 그들에게 좌석으로 갈 것을 허가하고 겸하여 음식을 하사하신다고 전한다. 전의가 '재배' 라고 하면 태자 이하는 또 절하고, 춤추고 또 절하고, 각각 좌석으로 나간다.

(18) 노인들에게 선물을 주며 연회를 베푸는 의식 - 노인사설의老人賜設儀

① 의식을 거행하기 전날에 상사국에서 왕의 임시휴게소를 의봉문儀鳳門 안에 설치하고 또 합문청상閤門廳上에도 왕의 임시휴게소를 설치한다. 그리고 80세 이상에 달한 그 전 재신, 추밀관, 문, 무 3품관 등 명부命婦(벼슬에 대한 임명장을 받는 부인)의 좌석을 합문의 청상에 설치한다.

② 왕이 강사포絳紗袍(임금이 조하 때 입는 붉은 예복)를 입고 전상에 나와 앉으면 채찍을 울리고 금위禁衛가 '재배!' 라고 외친다. 사인舍人이 이어 '추밀관 이하 상기거常起居!' 라고 한다.

이것이 끝난 다음 합문사들은 각각 태자, 공, 후, 백작과 재신들을 인도하여 지정된 자리에 들어선다.

③ 사인이 '태자 이하 재배!' 라고 한다. 합문사는 그들을 인도하여 서쪽으로 나간다. 시중이 '외판!' 이라고 아뢰고 머리를 숙이고 엎드렸다가 일어나면 왕은 전상에서 내려 작은 수레를 타고 전문殿門으로 나간다. 이 때 화개華蓋와 시위侍衛 등은 보통 절차와 같고 악대는 갈라져서 우렁차게 주악한다.

④ 예사禮司에서 세 번째 신호를 알리고 왕이 합문에 이르러 수레에서 내려 임시휴게소로 들어 갈 때 주악이 멎는다. 잠시 후, 왕이 임시휴게소에서 나오면 사인이 '노인 배일좌재지拜一坐再至!' 라고 하고, 다시 승제承制가 '노인우배일좌재지又拜一坐再至' 라고 선포한다. 사인이 그들을 인도하여 자리에 앉힌다. 왕은 남쪽으로 향하고 서서 반식伴食(밥을 차리는 것)을 명하고 꽃(花)과 술酒을 하사한다.

이것이 끝난 다음 왕이 수레를 타고 휴게소에 들어갈 때 주악이 멎는다.

⑤ 왕이 좌석에 오르면 채찍을 울린다.

사인이 '문무 양반 및 여러 집사관들 모두 재배!' 라고 한다.

⑥ 이것이 끝나면 추밀관 이하 좌우편 등 시신侍臣들이 앞서 주악할 때 왕이 걸어서 왼편 동정同亭에 이르자 사인이 '노인들 배일좌재지, 효자 순손은 섬돌 아래서 재배 무도 또 재배老人拜一坐至孝子順孫再拜舞蹈又再拜!' 라고 하면 그대로 따라 한다.

(19) 상원(정월 보름날) 연등회의 의식上元燃燈會儀

소회일小會日에 임금이 전으로 나오기 전에 도교서都校署에서 강안전 층계 전면에 부계浮階를 설치한다.

상사국尙舍國에서는 그 부원들을 인솔하고 강안전 위에 왕의 장막을 설치하고, 그 동편에 임시 휴게소를 설치하며, 두 개의 사자향로를 전면 기둥 밖에 설치한다. 상의국尙依國에서 꽃탁자花案를 왕이 앉는 좌우편 기둥 앞에 설치한다.

1) 선조의 진전眞殿(초상을 모신 궁전)에 참배하는 의식

① 편전의 예식이 끝난 다음 예사禮司에서 첫 신호를 알리면 노부와 의장대가 구정球庭에 정열한다. 일산 부채, 호위하는 의장들이 강안전康安殿 뜰로부터 태정문에 이르는 어간에 좌우로 진열한다. – 중략 (임금의 수레가 봉은사에 도착하면 태자 이하 백관이 맞이하는 절차와 왕이 전문 안으로 들어가 재배하고 술을 올린 다음 재배 할 때 태자 이하 백관들도 재배한 다음 음복하고 재배하는 의식이다.)

② 편전의 예식이 끝난 다음 다방茶房에서는 과실상을 왕의 좌석 앞에 차리고, 술상을 좌우측 화안花案 남쪽에 차린다. 상사국에서는 왕태자 좌석을 왕의 좌석 동남쪽에 서쪽을 향하여 설치하고 공, 후, 백작들은 왕의 좌석 서남쪽에서 북쪽을 위로 하고 동쪽을 향하여 선다. – 중략

③ 태사국太史國에서 시간을 알리면 좌우승제와 천우상대장군은 북쪽으로부터 서쪽편 층계에 올라 병풍의 좌우편에 선다. 합문언들은 전정을 횡렬로 가면서 동쪽을 우로 하고 북쪽으로 향하여 서고, 선두에 선 사람이 '재배, 무도 또 재배, 주성궁, 만복재배!' 라고 한 다음 좌우측으로 갈라 선다.

④ 합문관들은 각각 태자, 공, 후, 백작과 주필관, 사신들을 인도하여 전하는 자리에 들어선다. 사인이 '태자 이하 재배! 무

도 또 재배! 주성궁 만복재배!' 라고 하면 태자는 앞으로 나서서 감사의 말과 부름을 사례하고 본 자리로 물러선다. 사인舍人이 '재배!, 무도 또 재배!' 라고 한다.

⑤ 좌집례관이 왕의 앞으로 가서 교서를 받아 전에서 내려와 태자의 동편으로 가서 북쪽을 향하여 읍하고 다시 서쪽을 향하여 전殿으로 온다. 사인이 '태자 이하 재배!' 라고 하면 합문사는 동서로 나뉘어 전우로 인도하여 좌우 집례관들이 이어 받아 좌석에 나간 후 바로 서고, 공, 후, 백작들은 동서로 나뉘어서 자리를 잡는다. 왕은 근시관에게 명령하여 차進茶를 올릴 때 집례관은 전을 향하여 허리를 구부리고 권한다. 음식을 올릴 때마다 집례관은 언제나 전을 향하여 허리를 구부리고 권하는 바, 뒤에서도 이와 같은 방법으로 한다.

⑥ 다음으로 태자 이하 시신들에게 차進茶를 주는데 차茶가 이르면 집례관이 '배!' 라고 하고 태자 이하는 재배한다. 집례관이 '음飮!' 이라고 하면 태자 이하는 다 마신 다음 읍한다. 태자 이하 시신侍臣들에게 음식을 차려 줄 때마다 좌우 집례관들은 '배拜!', '읍!', '식!' 이라고 하는 바, 뒤에서도 이와 같이 한다. 다음으로 집례관은 태자 및 공, 후, 백작을, 추밀관은 시신들을 인도하여 절하는 자리에 나아간다. 태자 이하가 왕에게 헌수獻壽(오래 살기를 축하하며 잔에 술을 부어드림) 한다.

⑦ 태사국太史局에 시간을 알리면 사인이 '태사 이하 재배 무도 또 재배 주성궁 만족 재배!' 라고 하면 태자는 앞으로 나서서 감사의 말과 부름을 사례하고 본 자리로 물러간다. 왕은 근시관에게 명령하여 차茶를 올릴 때 집례관은 전을 향하여 허리를 구부리고 권

하는 바, 뒤에서도 이와 같은 방법으로 한다.

⑧ 다음으로 태자 이하 시신들에게 차茶를 주는데 차茶가 이르면 집내관이 '배!' 라고 하고, 태자 이하는 재배한다.

집내관이 '음飮!' 이라고 하면 태자 이하는 다 마신 다음 읍한다.

⑨ 태자 이하 시신들에게 음식을 차려 줄 때마다 좌우 집례관들은 '배!', '음!', '식!' 이라고 하고, 뒤에서도 같이 한다. – 중략

⑩ 태자와 상공上公을 인도하여 세수하는 곳으로 나가서 손을 씻은(관세소) 다음 술을 땅에 조금 뿌린다.

⑪ 이것이 끝나면 근시관 두 사람이 잔과 주전자를 가지고 먼저 올라간다. 그리고 헌수獻壽할 때마다 근시관들이 주전자와 잔을 가지고 먼저 올라간다. 태자와 상공은 동편 층계로부터 전殿 위에 올라 머리를 숙이고 엎드렸다가 일어나 왕의 왼쪽으로 가서 서쪽을 향하여 꿇어앉아 잔을 들면 상공이 술을 붓는다.

왕이 잔을 들 때 주악이 시작되고 술을 마신 다음 멎는다.

⑫ 집례가 '태자 이하 시신 재배! 무도, 또 재배!' 라고 한다.

다음 음식이 나오고 음식을 세 번 연거푸 쌍으로 내어 올 때 집례관은 공, 후, 백작, 추밀관과 시신들을 인도하여 절하는 자리로 나아가 '태자 이하 재배再拜! 궤蹈, 주청奏請, 상천上天 만세萬歲! 수주壽

은차호

酒!' 라고 한다. 태자와 공, 후, 백작, 추밀관들은 세수하는 곳으로 가서 손을 씻는다.

⑬ 집례관은 왕 좌석의 앞으로 가서 꿇어앉으며 승제가 '좋다하신다!' 라고 왕의 분부를 전한다. 태자와 공, 후, 백작, 추밀관들은 세수하는 곳으로 가서 손을 씻는다.

⑭ 왕이 임시 휴게소에 들어가 잠시 지난 후 전에 나와 앉으면 근시관이 함函에 꽃을 담아奉花 들고, 또 다른 근시관 2명은 잔과 주전자를 받들고 먼저 오른다. 태자 이하 추밀관 이상이 전殿 위에 올라 머리를 숙이고 엎드렸다가 일어나 태자가 왕 좌석의 왼쪽으로 가서 서쪽으로 향하여 꿇어앉는다. 그러면 승제원이 꽃 한 가지를 집어서 태자에게 준다.

⑮ 태자가 꽃을 받들고 꿇어 앉아 임금에게 드릴 때 주악이 시작되고 승제원이 또 한 가지를 집어서 태자에게 주고, 태자는 꿇어 앉아 왕에게 드린다. 선참으로 드리는 꽃이 모두 12가지에 달한다. 다른 헌수원獻壽員들은 꽃을 두 가지 혹은 서너 가지를 드리는 바, 헌수원이 세어 나누어 드린다. 왕이 꽃을 꽂으면 태자는 조금 물러나 머리를 숙이고 엎드렸다가 꿇어앉는다. 공, 후, 백자, 및 추밀관들도 계속 위에서와 같이 꽃을 드린다.

다음은 술을 따르는 순서이다.

① 근시관 2명이 함函에 돌려 줄 꽃과 봉약封藥, 과실, 주전자 및

잔을 받아 가지고 먼저 오른다. 태자는 왕의 좌석의 왼쪽으로 가서 머리를 숙이고 엎드렸다가 꿇어앉는다.

② 승제가 꽃을 집어 올리면 왕이 이것을 받고 손수 하사할 때 주악이 시작되고, 태자가 꽃을 꽂고 머리를 숙이고 엎드렸다가 물러나 꿇어앉으면 공, 후, 백작과 추밀관들도 차례대로 나아가 이상과 같이 꽃을 받은 후 주악이 멎는다.

③ 태자는 왕의 좌석의 왼쪽으로 가서 머리를 숙이고 엎드려 꿇어앉는다. 승제가 약봉투를 가져다 꿇어 앉아 드리면 왕이 이것을 받아 손수 하사한다.

④ 태자가 받은 후 승제는 주전자를, 근시관은 잔을 받들고, 승제가 술을 부으면 태자는 조금 앞으로 나서서 잔을 받는다. 근시관이 이것을 이어 받아 동편 벽 태자가 술 마시는 자리에 가 서고, 또 다른 승제가 하사한 과실을 태자에게 주면 태자는 이것을 받고 머리를 숙이고 엎드렸다가 일어나 술 마시는 자리로 물러가 각자의 자리에 가 선다.

⑤ 집례관이 좌우 시신들에게 꽃과 술을 하사한다고 전하면 시신侍臣들은 다 재배한다. 근시관들은 하사한 꽃, 술, 과실을 살핀다. 시신들이 꽃을 꽂고 잔을 잡을 때 주악이 시작되고 술을 마시고 나면 멎고, 시신들은 또 재배한다.

⑥ 다음으로 임금을 모시고 신관원과 장령들에게 꽃과 술을 하사할 것을 전하면 양부의 악관들과 산대山臺(놀이의 일종) 악사들에게도 꽃과 술을 하사한 것을 전하고, 시위하는 군인들에게는 음식과 과실을 하사한다.

⑦ 집례관이 교서를 받아 자리에 앉으라 하면 태자 이하 시신들

인정전 진연도

이 재배하고 앉는다. 음식을 들여오고 태자 이하 시신들이 술을 마시고 음식을 먹고 주악이 시작되고 멎는 것 등은 보통 절차와 같다.

⑧ 집례관은 시신들을 인도하여 절하는 자리로 가서 합반하여 선다. 집례관이 '시신재배!, 궤 주청 상천 만세! 수주!' 라고 한다. 집례관은 전상에 올라 꿇어 앉아 이 말을 아뢰고 승제는 분부를 전한다. 시신들이 세수(관세)하는 것들은 모두 이상의 절차와 같다. 다음은 약봉지와 과실을 하사하는 데 위의 의식과 같다.

(20) 팔관회八關會

1) 팔관회八關會의 역사와 그 의미

팔관회八關會의 의식儀式이 시작된 것은 신라 진흥왕眞興王 때부터였다. 진흥왕 33년(572년) 10월 20일에 전쟁에서 전사한 병졸을 위해 왕은 팔관회 개최를 선포하고 외사外寺에서 의식을 베풀게 되었는데 그 행사는 7일간이나 진행되었다고《삼국사기三國史記》에 기록되어 있다.

이상과 같이 팔관회는 나라를 위해 목숨을 바친 영혼들을 천도하는 의식이었다. 그러니까 나라를 위해 충성한 의義로움을 만천하에 알려 영광스러운 죽음을 찬양한다는 뜻이 있었다. 또 임금은 나라를 위해 몸바친 백성은 잊지 않고 반드시 영광스럽게 보답한다고 하는 깊은 뜻이 있었던 것이다.

그 무엇으로도 바꿀 수 없는 단 하나뿐인 목숨을 나라를 위해 바쳤으니 팔관회라는 의식을 통해 그들의 업적과 빛나는 명예를 높이 추앙하여 위로하며, 또 살아 있는 백성에게는 나라를 위해 죽은 자는 결코 헛된 죽음이 아니라는 교훈을 남겨 그 의義로움을 만천하에 널리 알리고자 했던 것이다.

이토록 좋은 풍속도 신라의 몰락과 함께 영영 사라지는 듯 싶었다. 그런데 고려 태조 왕건은 이 팔관회를 개국과 함께 부활시켰다. 그 후, 고려 500년사에서 성종成宗 때를 제외하고는 줄기차게 팔관회의식八關會意識을 계속하여 거행했다. (고려의 사기에 기록된 의식 중에 가장 많이 기록 됨)

이 팔관회에 관하여 태조 왕건은 다음과 같이 하명하였다.

"앞으로는 해마다 11월이면 반드시 팔관회를 행하라. 만약 나라에 초상이 나더라도 그만 두는 일이 없도록 하라."

그는 죽음을 앞두었을 때도 유언으로 팔관회가 중지되는 일이 없도록 당부하였다.

이처럼 왕건이 팔관회를 중요시했던 것은 무슨 이유에서일까? 한번쯤 짚고 넘어가는 것도 우리의 사명이 아닐까 싶다.

고려 태조 왕건은 왕이 되기 전에 고려의 장군이었다.

그는 신라와 백제의 흥망성쇠의 소용돌이 속에서 고려를 세우기 위해 신라와 백제는 물론 주변의 많은 성주城主들과도 겨루어야 했고 그런 가운데 통일을 이끌어냈다.

그러고 보면 자의이든 타의이든 간에 주도권 싸움에 수많은 젊은 목숨이 애닯게 죽어갔다. 아군이든 적군이든 승자는 죽은 자에게 보상하고 싶은 마음도 있었을 것이고, 그렇게 함으로써 임금과 백성, 또는 신하와 백성간에 단합하게 하고자 하였던 것이다. 그렇게 하나의 통일국가로 이끌어 나가는데 '팔관회'를 백성들의 마음을 응집 단결하게 하는데 이용하였던 것이다.

청자관세

미국에서는 지금도 나라를 위해 죽은 군인의 유해가 세계의 어느 곳에 있든, 또 세월이 오래되어 알 수 없는 유골일 때에는 과학적인 방법을 총동원하여서까지 자국의 군인임을 확인하고 반드시 찾아간다. 6 · 25때 북에서 죽은 군인의 유골을 돈을 지불하면서도 찾아 가는 것을 보면서 그것이 바로 미국이라는 나라의 자존심이 아닌가 생각하고 필자는 부럽다 못해 고맙다는 생각까지 하였다. 국가가 끝까지 국민을 책임을 질 줄 아는 나라일 때 그 나라는 강한 나라라는 것은 두 말할 필요가 없을 것이다.

지금은 팔관회의 뜻을 6월 6일의 현충일로 이어받아 진행하고 있으나 전통적인 '팔관회'의 의미를 한번쯤 되새겨 보는 것이 반드시 필요하다고 생각한다.

2) 중동(11월) 팔관회의 의식

① 소회를 앞두고 도교에서 3계단의 부계를 의봉문 동편 전의 섬

돌 아래에 설치한다. 상사국尙舍局에서는 관속들을 인솔하고 장막을 전상한 복판에서 남쪽으로 향하여 준비하고 보통 절차와 같이 왕의 자리를 편다. 또한 임시 휴게소를 장막의 동편에 설치한다.

② 상의국尙衣局에서는 왕의 좌석 앞기둥 어간에 꽃상을 차려 놓는다. 다방에서는 과실상을 왕의 좌석 앞에 차리고, 술상을 좌우편 꽃상 남쪽에 차린다.

③ 상사국에서는 왕태자의 좌석을 왕의 좌석 동남쪽에서 서쪽을 향하여 설치하고 공, 후, 백작의 자리를 전상 동서편 벽에서 모두 북을 우로 하고 서로 마주보게, 그리고 2개의 사자화로를 기둥 밖 좌우편에 설치한다.

또한 좌우 추밀관들의 자리를 위층계에서 북쪽으로 치우치게 정하고, 좌우 시신들은 추밀관의 추면에 갈라 서서 모두 북쪽을 우로 하고 서로 마주서게 한다

④ 합률랑의 자리는 위층계의 서편에서 남쪽으로 치우쳐 동쪽으로 향하여 정하고, 시신들의 자리는 중간 층계의 좌우편에서 북쪽을 우로하고 서로 마주보게 정한다. 악기 탁자는 좌우 시신들의 뒤에 설치하고, 찬饌 및 다방의 장막을 중간층계 동편에 마련하고 또한 다방의 장막을 중간층계 서편에 준비한다.

⑤ 내고사內庫使에서는 큰 준뢰樽罍를 섬돌의 좌우편에 북쪽을 우로하여 차린다. 예무에서는 그의 관속을 인솔하고 큰 황룡기黃龍大旗를 뜰의 동서편 층계에 꽂아둔다.

- 임금의 행차가 궁전을 떠남
- 왕이 전상에 앉아 축하를 받는 의식
- 사인이 '태자 이하 백관들의 재배, 무도 또 재배, 태자 주 성궁'

이라고 반복하면 모두 그대로 따른다.

- 근시관이 차茶를 드리면 집례관은 전殿을 향하여 몸을 굽히고 처음에는 차茶를, 다음에는 술을 조금 뿌린다.

⑥ 전중감殿重監이 잔을 들고, 근시관近侍官은 주전자를 들어 먼저 올라간다. 태자와 상공은 동편 층계로부터 전상에 올라 머리를 숙이고 엎드렸다가 일어나 왕의 좌석 왼쪽으로 가서 서쪽으로 향하고 꿇어앉는다. 그리고 태자는 잔을 받들고 상공은 태자의 왼쪽으로 가서 주전자를 들어 술을 붓는다. 왕이 잔을 들 때 협률랑이 휘를 들면 악관들은 가곡 〈천온향天醞香〉을 연주한다.

⑦ 왕이 술을 마신 다음 태자가 빈잔을 받고, 다시 전중감이 잔을 물러 받는다. 근시관은 주전자를 받아 가지고 조금 물러나 꿇어앉고 협률랑이 휘를 눕히면 주악이 멎는다. 태자와 상공은 머리를 숙이고 엎드렸다가 일어나 전殿에서 내려온다.

합문은 그들을 인도하여 절하는 자리로 간다.

⑧ 사인이 '태자 이하 백관 재배! 무도 또 재배!' 라고 한다.

처음 헌수가 끝나면 사재경司宰卿은 음식을 드리고, 전중감은 술을 드리는데, 세 번 음식을 드린 후 우右 집례관이 서편 층계에서 우 층계에 올라 지정된 자리에 가서 북쪽으로 향하여 선다. 좌左 집례관은 명령을 받고 층계에서 내려 태자의 동편으로 가서 전殿을 향하여 읍하고 서쪽으로 향하여 분부를 전하기를 '그대들의 축하하는 바는 이미 알았노라!' 라고 말하고 이어 말은 부서에서 차와 술을 하사한다는 것을 전한다.

⑨ 사인舍人이 '태자 이하 백관 재배! 무도 또 재배' 라고 한다.

– 중략

근시관들이 왕에게 다식茶食을 드린 다음 태자, 공, 후, 백작 및 추밀관들과 두층계의 시신侍臣들에게도 다식을 차린다.

⑩ 좌우 집례관이 '배!' 라고 하면 태자 이하 추밀관, 시신들은 다 함께 재배하고 자리에 앉아 다식을 마친 다음 일어나 읍한다. 중간층계에 있는 시신들은 일어서서 다식을 받는다.

다음에 근시관들은 왕에게 차茶를 드리고 다음으로 태자, 공, 후, 백자, 추밀관 및 시신들도 차茶를 드린다.

집례관이 '배!' 라고 하면 태자 이하 추밀관 시신들은 다 재배하고 그 차를 받아 마신 다음 읍한다.

⑪ 태악령이 '만방정萬邦呈 주 9성!' 이라고 홀기를 부르면 아악과 사지에 있는 모든 음악을 보통 절차와 같이 차례대로 교대하여 연주한다.

⑫ 다음에는 근시관들이 왕에게 식사를 차려 드리고 다음으로 태자 이하 시신들의 식사를 차린다. 집례관이 '식사' 라고 하는데 왕이 수저를 들 때 주악이 시작되고, 태자 이하 시신들이 읍하고 자리에 앉아 식사를 마친 다음 멎는다.

⑬ 다음에는 근시관들이 술을 드리는데 왕이 술을 들 때 주악이 시작되고, 술을 마신 다음 멎는다. 다음으로 태자 이하 시신들에게 술을 부어 줄 때 집례관이 '읍!' 이라고 하면 태자 이하 시신들은 재배하고 술을 받는다. 이때 주악이 시작되고 술을 마신 다음 멎는다.

⑭ 술을 주고받는 절차는 왕에서부터 태자, 공, 후, 백작 및 추밀관, 집례관, 시신 등 악사, 승재, 제사장까지 모두 술을 하사하는데 받을 때마다 재배, 또는 재배, 무도, 재배를 한다.

⑮ 다음으로 임금을 모시고 선 관원들과 장령들, 양부 악관들, 시

위하는 군인들에게 술과 과실을 하사한 다음 좌우 승제와 친우 상대장군, 내시, 다방, 참 상원가, 전상殿上의 좌우 집례관들은 차례로 전상에 올라 서편 벽으로 올라가서 북쪽을 우로하고 동쪽을 향하여 서서 재배하고 술을 받아 마신 다음 재배하고 각자의 자리에 가 선다. 매번 특별잔을 하사하거나 또는 대회날에 꽃, 봉약, 과실등을 받을 때에도 다 위의 절차에 준한다. 집례관이 '앉으라' 라는 왕의 분부를 전하면 태자 이하 위층계의 시신들은 재배하고 자리에 나아간다.

무대舞隊가 등장하였다가 세 번째 음식과 술 3순배가 지난 후에 물러간다.

3) 대회일의 궁전좌大會日坐殿

① 근시관들이 왕에게 내식奈食을 드리는데 집례관은 전殿을 향하여 몸을 굽히어 권한 다음 태자 이하 시신들에게 다식을 차리는 바, 다식이 나올 때 집례관이 '배!' 라고 하면 태자 이하 시신들이 다 재배하고 자리에 앉아 받아 먹은 다음 일어나 읍한다.

② 전상에 차茶, 술 및 식사를 나르고 태자 이하 시신들에게 차茶를 주고 음식을 차릴 때에 주악이 시작되고 멎는 것 등은 일체 소회의 절차와 같다.

– 중략

③ '태자 이하 시신 다 재배!' 라고 하고, 추밀관 이상을 인도하여 세수하는 곳으로 가서 손을 씻는다. 왕이 임시휴게소에 들어갔다가 조금 지나서 전殿에 나와 앉으면 채찍을 울리고 화로에서 연기가 오른다. 근시관이 함에 꽃을 담아 들고 다른 근시관 2명은 잔과 주전자를 받들고 먼저 전에 올라 왕의 좌석의 동북쪽으로 가서 조금 물러나 꿇어앉는다.

④ 태자 이하 추밀관 이상이 전상에 올라 머리를 숙이고 엎드렸다가 일어나고, 태자는 왕의 좌석의 왼쪽으로 가서 꿇어앉는다. 승제원이 꽃(花) 한 가지를 집어서 태자에게 주면 태자는 그것을 받아 가지고 꿇어앉아 드리는데, 이 때 주악이 시작된다. 승제원은 또 꽃 한 가지를 집어서 태자에게 주면 태자는 왕에게 바친다.

⑤ 헌수원獻壽員들도 꽃을 드리는 바, 2가지 혹은 3~4가지를 드리는데 헌수원이 많고 적음을 짐작해서 꽃을 나누어 드린다. 왕이 꽃花을 꽂은 뒤에 태자는 조금 물러나 머리를 숙이고 꿇어앉는다. 공, 후, 백작, 추밀관들도 이어 나와 이상과 같이 꽃을 드린 다음 주악이 멎는다.

⑥ 태자는 머리를 숙이고 엎드렸다가 일어나 왕의 좌석의 왼쪽으로 가서 잔을 받들고 꿇어앉으니 공, 후, 백작, 추밀관 들이 차례로 주전자를 들고 술을 따른다. 왕이 술을 들면 주악이 시작되고 술을 마신 다음 주악이 멎는다.

⑦ 다음 집례관이 '태자 이하 양 층계層階 시신侍臣 재배! 무도, 또 재배!' 라고 한다. 꽃과 술을 바치는 절차는 이후에도 이에 준한다.

⑧ 집례관이 '궁신躬身!' 이라고 말하면 추밀관 이상은 다 몸을 굽힌다. 집례관이 특별잔을 돌려준다는 것을 전하면 추밀관 이상이

다 재배한다.

⑨ 근시관은 왕이 신하들에게 돌려 줄 꽃花을 담고 또 주전자와 잔을 가지고 먼저 층계에 오르고, 추밀관 이상은 전상에 올라 왕의 좌석의 왼편으로 가서 머리를 숙이고 꿇어앉는다. 승제가 꽃을 받들어 올리면 이것을 받아 왕이 손수 태자에게 줄 때 주악이 시작되고, 태자가 꽃을 꽂은 다음 머리를 숙이고 엎드렸다가 물러나서 꿇어앉고 공, 후, 백작, 추밀관들이 차례로 나와 위와 같이 꽃을 받은 후에 주악이 멎는다. 특별히 하사하는 꽃과 술을 받을 때에는 명을 받는 사람들은 다 재배하고 층계에서 내려온다.

⑩ 승제가 재상의 막으로 향하려 할 때 다방의 관속들은 주전자와 잔을 갖추고 특별히 하사하는 약, 술, 과실 및 꽃을 가지고 임금이 보낸 악대, 악관들과 같이 뒤를 따른다. 승제가 막 아래 층계의 명령을 전하는 자리로 가서 남쪽으로 향하여 서고, 악관들은 동쪽으로 향하여 정렬한다. 재상들이 층계에서 내려 명령을 받는 것이나 승제가 구두로 전달하는 것이나 상식국에서 과실상을 차리는 일 등은 일체 소회의 절차와 같다.

⑪ 재상들은 절하고 나서 층계에 올라 자리에 가서 전을 향하여 서고, 승제는 재상의 북쪽으로 가서 남쪽으로 향하여 서면 꽃상자를 든 사람은 승제의 오른쪽으로 가서 꿇어앉는다. 승제가 꽃을 집어서 차례로 재상들에게 줄 때 주악이 시작되고, 재상들이 꿇어앉아 꽃을 받아 꽂을 때 멎는다.

⑫ 상식국에서 과실상을 차리고 다방의 관속 1명은 잔을 받쳐 들고, 다른 1명이 술을 부은 다음, 과실을 든 사람들이 각각 층계에 올라 재상의 자리에 가서 동편으로 향하여 설 때 주악이 시작되고 마

신 다음 멎는다.

⑬ 승제乘制 악관들을 인솔하고 전에 올라 제자리로 가서 재배한다. –중략 또 뜰에서 합문원 2명이 명령을 받아 문, 무 4품 이하의 막으로 갈라 가서 구두로 전달하는 것으로 그들이 명령을 받고 꽃과 술을 받는 절차는 위의 절차와 같다. 문, 무 3품관 이하에게는 궁중에서 보낸 꽃을 준다. 처음에 태자 이하가 전하고 자리에 나아간 다음에 집례관이 왕의 분부를 받아 좌우 시신들에게 꽃과 술을 하사할 것을 전하고, '재배!' 라고 할 때 근시관은 하사한 꽃, 술, 과실을 나누어 주는 것을 살핀다.

⑭ 시신들이 꽃을 꽂고 술잔을 잡을 때 주악이 시작되고, 술을 마신 다음 주악이 멎고, 시신들은 또 재배한다. 다음으로 왕을 모시고 전 관원들과 장령, 악관들에게 꽃과 술을 하사할 것을 전하고, 다음에 시위 군인들에게 술, 과실을 하사한 것을 전한다.

⑮ 왕이 임시휴게소에 들어갔다가 조금 지나 전에 나와 앉으면 채찍을 울리고 시신들은 전에 올라 차례로 헌수한다.

시신들은 차례대로 하사하는 약과 과실을 받은 후, 마시는 자리로 가서 읍하고 잔을 잡을 때 주악이 시작되고, 술을 마시고 나면 멎는다. 군인들에게도 위와 같이 술과 과실을 하사한다. 왕이 임시휴게소에 들어갔다가 조금 지나 합률랑이 머리를 숙이고 있다가 회를 들고 일어나면 풍악이 시작되다가 잠깐 멎을 무렵 왕이 전상에 나와 앉는다. 근시관이 왕에게 차茶를 올린 다음 재배하고, 태자 이하 세수소에 가서 손을 씻고 전상에 올라 왕의 좌석 왼쪽으로 가서 차례대로 꿇어 앉아 이상의 절차와 같이 꽃과 축배를 드린다. 왕이 잔을 들때 주악이 시작되고 술을 마신후 주악이 멎는다.

성종成宗 6년 10월에 담당 기관에 명령하여 양경兩京의 팔관회를 정지시켰다가 현종顯宗 원년 11월에 다시 열었다.

덕종德宗 3년 10월에는 보신輔臣을 보내어 서경에서 팔관회를 베풀고 2일간 연회를 하게 하였다. 서경에서는 10월에 이 회를 개최하는 것이 예였다.

5. 조선 시대 궁중의에 나타난 차와 꽃

(1) 궁중의식에 차와 꽃

조선에서 행한 국가 또는 궁중 의식의 기틀은 고려에서부터 이어져 온 것이라 할 수도 있다. 그러나 유교사상이 정착되어 가면서 점차 모든 의식의 종류와 형식이 고려시대와는 비교도 안될 만큼 방대하면서도 의식의 절차는 더욱더 섬세한 구조로 그 짜임이 매우 세련되어 있음을 알 수 있다.

그것은 여러 문헌 중에서도 《세종장헌대왕실록》에 나와 있는 150여 가지 의식의 기록으로도 짐작할 수 있다.

의식이란 어차피 시대의 정치적인 상황에 따라 또는 생활습관에 따라 달라질 수도 있다. 그러나 궁중에서 행한 의식은 곧 나라를 대

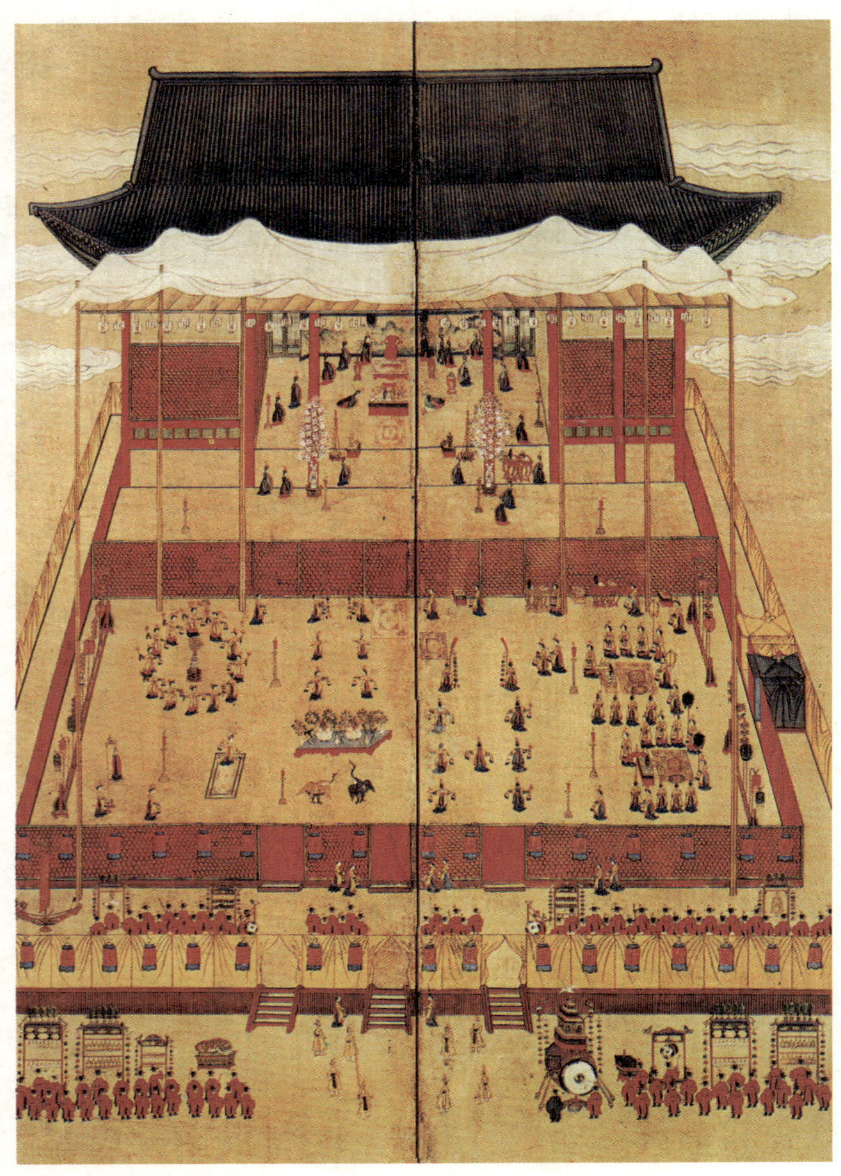

인정전 진하도

표하는 의식이었으므로 그 전체가 일반에게 모두 보전될 수는 없다. 그렇더라도 우리의 문화적인 가치로, 또는 국민의 자존심을 위해 어떤 형태로든 발굴 보전되어야 한다고 생각한다.

그래서 필자는 차茶禮와 꽃(花禮 또는 花宴)을 사용한 부분만을 골라 기록하기로 한다.

고려에서는 100여 종의 의식에 차茶와 관련된 것이 20여 곳인데 비해, 조선조에서는 차茶는 단 5건으로 그치고 있다. 또 꽃을 쓴 기록은 고려나 조선 다 같이 6곳이 있으나 고려와 같은 의식에 쓴 것은 아니어서 조금씩 다르다는 것도 알 수 있다.

예를 들어 명나라 사신맞이 행사에서는 차茶와 꽃을 같이 쓴 것으로 기록되어 있기도 하다.

차茶가 조선 시대에 와서 낙후된 연유 중에 하나가 나라의 대소사에서 차茶를 쓰지 않았다는 것이다. 그저 중국에서 사신이 오면 처음 맞이할 때와 떠날 때의 간단한 의식으로 차례茶禮를 행行하였고, 황제가 보낸 영조서迎詔書와 영칙서迎勅書를 받들고 온 사자使者에게 차茶를 대접하는 의식은 고려 때 명나라 조사를 맞이하는 의식과 같은 맥락으로 기록되어 있다.

꽃은 왕이 하사하는 때가 있는가 하면 왕세자와 신하가 왕에게 올리는 의식도 있었다. 또 왕비가 중궁정지회부의中宮正至會婦儀 때 정월에 내명부의 화례花禮로 꽃을 썼다. 또는 중궁양로의中宮養老儀에서 식사를 하기 전에 꽃을 뿌려 축하연을 베풀기도 하고, 꽃을 상에 꽂거나 머리에 꽂아 그 화려함을 더하였다고도 한다.

당시의 꽃들이 생화인지 밀랍화蜜蠟花인지 잠사권화蠶絲圈花인지는 잘 알 수 없다. 그러나 고대에서부터 지금에 이르기까지 나라에서 진행하는 크고 적은 의식에 따라 사용되는 꽃은 밀랍화蜜蠟花, 금화錦花, 잠사권화蠶絲圈花, 당가화唐假花 등은 궁중에서 사용했으며, 일반 백성들의 길흉사에서는 주로 지화紙花를 썼던 것으로 추측된다. 물론 빈부의 차이에 따라 달랐을 것이다.

(2) 정월 · 동지 및 성절聖節에 황제의 궁궐을 바라보고 행례行禮하는 의식正至及聖節望闕行禮儀

① 전기前期 1일에 액정서掖庭署에서 궐정闕廷을 근정전勤政殿의 한 복판에 남향하여 설치하고 향안香案을 궐정 앞에 설치한다. – 중략

전하가 면복冕服을 갖추고 자리에 나아가는데 산繖과 선扇으로 시위하기를 평상시의 의식과 같다. – 중략

인정전 진하도 (부분)
조서시대 궁궐 가례嘉禮에 의한 삼존병화양식三尊甁花樣式의 화양花樣이 보이고 있다.

② 전하가 국궁하면 음악이 시작된다. 네 번 절하고 일어나서 몸을 바로하고, 왕세자와 종친 · 백관들도 이와 같이 한다.

③ 사향司香 2인이 향안香案 앞에 나아가서 꿇어 앉아 삼상향三上香하고 부복하였다가 일어나서 뒤로 물러난다.

왕세자 종친 백관들도 이와 같이 한다. 판통례가 전하에게 산호山呼를 부르기를 계청하여 전하가 두 손을 마주잡아 이마에 얹고서 '만세!' 하고 부르며 전하에게 재산호再山呼를 부르기를 계청하여 전하가 '만만세萬萬歲!' 하고 부른다.

④ 왕세자와 종친 · 백관들도 이와 같이 한다. 판통례가 전하에게 "규圭를 내어 쥐고 부복하였다가 일어나서 네 번 절하고 몸을 바로 하십시오."하고 주청한다. 그러면 전하가 규를 내어 쥐고 부복하였다가 일어나고 음악이 시작된다.

⑤ 전하가 네 번 절하고 일어나서 몸을 바로 한다. 왕세자와 종친 백관들도 이와 같이 한다. 음악이 그친다.

⑥ 판통례가 예禮가 끝났음을 아뢰면 통찬과 협률랑이 꿇어 앉아 부복하여 휘麾를 들고 일어나고 공인工人이 두드리어 음악이 시작된다. 판통례가 전하를 인도하여 내전으로 돌아간다.

이상은 황제의 궁궐을 바라보고 삼상향三上香을 올리고 국궁鞠躬

하고 삼무도三舞蹈하고 꿇어앉아 삼고두三叩頭하였다.

그리고 만세萬歲하고 또 만만세萬萬歲를 부른 다음 또 네 번 절하였으니, 전하께 올리는 예禮 중에 가장 엄숙하고 중후한 예절인 것이다.

(3) 조서詔書나 칙서勅書를 맞이하는 의식

조선조에서 조서詔書나 칙서勅書를 맞이하는 의식의 거의가 명나라에서 보내온 것이었다. 그 의식의 절차에 있어서나 형식에 있어서 사신맞이 행사에 못지않게 그 규모가 화려했다. 의식의 절차에서 왕과 왕세자와 신하들의 행렬에 있어서의 사신맞이와 별로 다르지 않았다. 조서나 칙서를 가져온 사자使者들도 황제가 보낸 것이므로 조금도 소홀함이 없도록 최선을 다했다.

숭례문崇禮門이나 경복궁, 또는 성내의 거리 곳곳마다 작성한 결채結綵(오색 헝겊을 엮어 수술을 달음)가 그 화려함을 더했다. 근정문勤政門 밖과 광화문 밖 길 동쪽에는 왕이 거동할 때 잠깐 쉬는 장막을 설치하여 두고 의식이 길어질 때를 대비하였다. 홍례문弘禮門 밖에서는 군사를 사열하고, 판사복判司僕이 여연輿輦·어마御馬·입장마立仗馬를 전연했다. 그리고 앞뒤의 기병대騎兵隊와 보병대步兵隊가 각기 갑주甲冑를 갖

추었다.

창대는 창槍을 쥐고 검대는 장검長劍을 쥐고, 사대射隊는 궁시弓矢를 쥐고 차례대로 대열을 갖추었다. 밖에 악대나 무용수도 기타의 식과 같이 하는 것이 사신을 맞이하는 의식과 같이하였다.

조서詔書나 칙서勅書(황제가 보낸 명려서나 건의서)를 가져온 사자使者에게 다례茶禮를 행하였다는 것에 주목할 만하다. 여기에서는 다례 의식을 하는 것을 중심으로 언급하였다.

(4) 영조서의迎詔書儀 - 임금이 선포하는 의식

① 전하가 익선관翼善冠을 쓰고 곤룡포袞龍袍를 입고서 여輿를 타고 나온다. 어가가 모화관慕華館에 이르면 시신侍臣들이 말에서 내려 나누어 서서 국궁하였다가 어가가 지나가면 몸을 바로 한다.

– 중략

② 사향司香 2인이 향안香案 앞에 나아가서 삼상향三上香하고 부복하였다가 일어나서 물러난다. 판통례가 전하에게 '부복하였다 일어나서 몸을 바로 하시오!' 하고 계청하면 전하가 부복하였다가 일어나서 몸을 바로 한다. 왕세자와 종친 · 백관들도 이와 같이 한다.

– 중략

③ 전하가 국궁할 때 음악이 시작되고, 네 번 절하고 일어나서 몸을 바로 하면 음악이 그친다.

④ 판통례가 전하에게 '규圭를 꽂고 삼무도三舞蹈하고 꿇어 앉아 삼고두三叩頭하라!' 고 계청하면 전하가 그대로 시행한다. 왕세자와

종친 · 백관들도 이와 같이 한다.

⑤ 판통례가 전하에게 산호山呼를 계청하여 전하가 두 손을 마주 잡아 이마에 얹으면서 '만세!' 하고 부르면 왕세자와 종친 · 백관들도 이와 같이 한다. – 중략 (악공과 군교들도 만세를 같이 외친다.)

⑥ 판통례가 부복하였다가 꿇어앉아 전하에게 '국궁하여 두 번 절하고 일어나서 몸을 바로 하시오!' 라고 계청하면 전하께서 사자使者와 더불어 국궁하여 두 번 절하고 나서 몸을 바로하고 자리(座)에 나아간다. 그리고 다례茶禮를 행하기를 마치면 인례引例는 사자使者를 인도하여 동계東階로부터 내려와서 나오고, 판통례는 전하를 인도하여 서계西階로부터 내려와서 전하가 사자를 근정문勤政問 밖에까지 전송한다.

전하가 여輿를 타고 내전內殿으로 돌아가는데 사자使者와 더불어 돈수재배례頓首再拜禮를 행한 후 나오고, 종친과 문무백관들도 분사分司하여 차례대로 돈수재배례頓首再拜禮(머리를 같이 숙임)를 행한다.

(5) 정지 왕세자 조하의 正至王世子朝賀儀

정월과 동지에 왕세자가 아침에 하례하는 의식

① 전기前期 1일에 액정서掖庭署에서 어좌御座를 근정전의 북벽北壁에 남향하여 설치하고 보안寶案을 어좌御座 앞에 동쪽으로 가까이, 그리고 향안香案 2개를 전殿 밖의 왼쪽과 오른쪽에 설치한다.

② 아악서雅樂署의 전악典樂의 헌현軒懸을 전정殿庭 남쪽에 북향하여 설치하고, 협률량의 거휘위擧麾位를 서계西階 위에, 그리고 전악

典樂의 자리를 중계中階에 설치하되 모두 서쪽으로 가까이 동향하게 한다.

③ 전하가 장차 나가려 하여 의장儀仗이 움직이면 협률랑이 꿇어앉아 부복하였다가 휘麾를 들고 일어나고, 공인工人이 축柷을 두드리어 헌가軒架에서 융안지악隆安之樂이 시작을 알린다.

④ 전하가 자리에 올라가면 향호의 연기가 피어오르는데 상서관尙瑞官이 어보御寶를 받들어 안案에 놓고, 협률랑이 꿇어앉아 휘麾를 눕혀 놓고 부복하였다가 일어나면, 공인工人이 어敔를 긁어서 음악이 그친다.

⑤ 여러 호위護衛의 관원이 들어와서 어좌御座의 뒤와 전내殿內의 동쪽·서쪽으로 늘어서고, 다음에 승지承旨가 전내殿內의 동쪽·서쪽에 나누어 들어와서 부복하면 전의典儀의 말을 받아서 한다.

왕세자가 국궁하면 서안지악舒安之樂이 시작되고, 네 번 절하고 일어나서 몸을 바로 한다. 음악이 그친다.

⑥ 대치사관代致詞官이 서편계西扁階로부터 올라가 어좌御座 앞으로 나아가서 부복하고 꿇어앉는다. 다음에는 왕세자가 꿇어앉는다.

그러면 대치사관代致詞官이 치사하기를 '왕세자 신臣 아무개는 지금 삼양三陽이 개태開泰하여 만물萬物이 모두 새로운 철을 만났는데 삼가 전하께서 지인至仁은 건원乾元을 본뜨시와 큰 복을 받으시기를 바라옵

니다!' 고 한다.

⑦ 하례賀禮를 마치면 부복하였다가 일어나서 내려와 그 전 자리로 돌아간다.

⑧ 통찬이 '부복俯伏 흥興 사배四拜 흥興 평신平身하라!' 고 창唱하여 왕세자가 부복하였다가 일어나면 음악이 시작되고, 네 번 절하고 일어나서 몸을 바로 한다. 음악이 그친다.

⑨ 전교관傳敎官이 교지敎旨를 내리기를 '신년新年을 맞는 경사를 세자와 더불어 함께 즐긴다.' 고 한다. 선교를 마치면 시립하는 자리로 돌아간다.

⑩ 통찬이 '부복俯伏 흥興 사배四拜 흥興 평신平身하라!' 고 창하여 왕세자가 부복하였다가 일어나고 음악이 시작되면 네 번 절하고 일어나 몸을 바로하면 음악이 그친다.

(6) 정지회의正至會儀 – 정월 동지에 회례하는 의식

– 전략

① 전하殿下가 익선관翼善冠에 곤룡포袞龍袍를 갖추고 여輿를 타고 나오는데 산과 선扇으로 시위하기를 평상시와 같이 한다.

② 전하가 장차 나가려고 하여 의장儀仗이 움직이면 협율랑이 꿇어앉아 휘麾를 들고 일어나고, 공인工人이 축柷을 두드리면 헌가軒架에서 융안지악隆安之樂이 시작된다. 전하가 자리에 오르면 향로의 연기가 피어오르는데, 산繖과 선扇으로 시위하기를 평상시와 같이 한다.

③ 협률랑이 꿇어앉아 휘麾를 가로 눕히고 부복俯伏하였다 일어나고, 공인이 어敔를 긁어서 음악이 그친다.

④ 승지承旨가 들어와서 자리에 나아가서 부복하면 판통례判通禮·전의典儀·대치사관代致詞官·통찬通贊이 올라가 동쪽 계단 위의 동쪽 가까이로 나아가서 서향하여 서고, 부지통례副知通禮가 왕세자를 인도하여 동문을 지나 들어와서 동계東階로부터 올라가 배위拜位로 나아가게 한다.

⑤ 전의典儀가 '사배하라!' 말하면 통찬通贊이 '국궁鞠躬, 사배四拜, 흥興, 평신平身하라!' 고 창唱하여 왕세자가 국궁하고, 헌가軒架에서 서안지악舒安之樂이 시작되면 네 번 절했다가 몸을 바로하면 음악이 그친다.

⑥ 부지통례副知通禮가 왕세자를 인도하여 동문東門으로부터 들어와서 주정酒亭의 동쪽에 나아가서 북향하여 서게 하고, 사존제조司尊提調가 술을 제1작爵에 따라 왕세자에게 주면, 내시內侍가 전해 받들어 어좌御座 앞에 둔다.(무릇 술잔을 올릴 적에는 사준제조·사옹제조 이하 관원이 모두 꿇어앉아서 탕을 올리고, 탕을 올릴 적에는 모두 이와 같이 한다.)

왕세자가 부복하였다가 일어나서 배위拜位에 나아가서 북향하여 꿇어앉는다. – 중략

⑦ 왕세자 이하 백관百官과 객사客使가 몸을 굽혀 국궁 사배를 하는데, 이때 음악도 헌가軒架에서 서안지악舒安之樂으로 바뀌어 시작되고, 절을 마치면 음악도 끝이 난다.

⑧ 전하殿下가 작爵을 들면 헌가軒架에서 휴안지악休安之樂이 시작되고, 사준제조가 앞으로 나아가서 빈 작을 받아 점에 갖다 놓으면 음악이 그친다.

⑨ 통찬이 '부복俯伏, 흥興, 사배四拜흥興, 평신平身하라!' 고 창하면 백관과 객사가 부복하였다가 일어나는데, 헌가軒架에서 서안지악舒安之樂이 시작되고, 네 번 절하고 일어나서 몸을 바로 하면 음악이 그친다.

⑩ 통찬通贊이 '취위就位하라!' 고 창하면 백관과 객사가 좌석 뒤에 나아가 선다. 사옹제조司饔提調가 찬안饌案을 올리면(찬안을 올릴 적에는 어좌의 남쪽 계를 지나고, 찬안을 거두어 치울 적에는 어좌의 동쪽 계단을 지난다.) 헌가軒架에서 휴안지악休安之樂이 시작되었다가 찬안 올리기를 마치면 음악이 그친다.

근시가 꽃을 올리면 헌가에서 휴안지악이 시작되고, 올리기를 마치면 음악이 그친다. 왕세자와 왕세손 · 종친 · 백관 · 객사가 모두 앉는다.

⑪ 전악典樂이 가자歌者와 금슬琴瑟 다루는 사람을 인도하여 동편계東偏階와 서편계西偏階로 나누어 올라가서 자리에 나아가게 한다. 사옹부제조司饔副提調가 왕세자의 찬탁饌卓을 올리면 첨사詹事는 꽃을 올리고, 사옹제거司饔提擧는 왕세손의 찬탁을 올린다.

좌장사左長史가 꽃을 올리면 집사관執事官은 탕을 올리고, 헌가軒架에서는 수보록지악受寶籙之樂이 시작되었다가 올리기를 마치면 모두 자리에 앉는다.

⑫ 매양 사존제조司尊提調가 제4작爵을 올리면 등가登架에서 문명지곡文明之曲이 시작된다.

⑬ 부제조副提調가 왕세자의 술을 올리고, 집사가 종친과 백관 · 객사의 술을 따르면 문무文舞가 들어와 여섯 번 변하는 춤을 추고, 그치면 탕을 올리는데, 헌가에서는 근천정지악覲天庭之樂이 시작된다.

⑭ 제5작爵을 올리면 등가登架에서 하황은지곡荷皇恩之曲이 시작되고, 문무文舞가 시작되어 여섯 번 변하고 그친다. 다음 탕湯을 올리는데, 헌가軒架에서 수명명지악受命命之樂이 시작된다.

⑮ 제6작爵을 올리면 헌가에서 무열지악武烈之樂이 시작되고, 무무武舞가 들어와서 여섯 번 변하고 그치면 다음에 탕湯을 올리고, 술을 올리기를 모두 앞의 시작과 같이 한다.

⑯ 술이 9순배가 돌고 사옹제조司饔提調가 대선大膳을 올리면 음악이 시작되고, 부제조副提調가 왕세자의 선膳을 올리면 제거가 왕세손의 선膳을 올리고, 집사관이 종친과 백관 · 객사의 선膳을 올렸다가 이를 마치면 음악이 그친다.

⑰ 사옹제조가 앞으로 나아가서 안案을 치우고, 부제조가 앞으로 나아가서 왕세자의 탁자를 치운다.

⑱ 통찬이 '가기可起하라!' 고 칭한 후 다시 '국궁, 사배, 흥, 평신하라!' 하면 왕세자가 국궁하고, 헌가에서 서안지악舒安之樂이 시작되었다가 네 번 절하고 몸을 바로 하면 어좌御座 앞에 꿇어앉아 부복하여 예禮를 마쳤음을 이뢴다. – 후략

(7) 중궁정지회명부의中宮正至會命婦儀

① 조하朝賀를 마치면 여공인女工人이 악기樂器를 전계殿階 위와 전정殿庭에 진설하기를 평상시와 같이 한다.

② 전찬典贊이 내명부의 자리를 왕비 좌석의 동남쪽에 설치하고 겹줄로 서향하게 한다.

2001. 5. 25. 고세연 중궁 양로연 총감독

③ 왕세자빈王世子嬪의 자리를 왕비 좌석 서남쪽에 동향하여 설치하고, 외명부의 자리를 왕세자빈 자리의 뒤에 조금 남쪽으로 설치하되 겹줄로 동향하게 하고 모두 북쪽을 상으로 한다.

공주公主 이하의 자리는 북쪽에 있고, 부부인府夫人 자리는 남쪽에 있다.

또 배위拜位를 전계殿階 위에 설치하되, 내명부의 자리는 동쪽에 있고, 왕세자빈의 자리는 서쪽에 있고, 외명부의 자리는 왕세자빈 자리의 뒤에 있으며, 모두 자리를 달리하여 겹줄로 북향하고 – 중략

④ 상식尙食이 수주정壽酒亭을 전내에 남쪽으로 가까이 북향하여 설치하고,

⑤ 사선司膳이 명부의 주탁酒卓을 전殿 밖의 동쪽 · 서쪽에 설치한다.(내명부의 주탁은 동쪽에 있고 왕세자빈과 외명부의 주탁은 서쪽에 있다.)

⑥ 왕비가 자리에 오르면 향로의 연기가 피어오르고 산繖과 선扇으로 시위하기를 평상시와 같이 한다.

⑦ 사빈司賓이 내명부와 왕세자빈과 외명부를 나누어 인도하여 동문東門과 서문西門을 지나서 들어와서 올라가 배위拜位에 나아가

게 한다.

⑧ 사찬司贊이 '사배하라!' 고 말하고, 전찬典贊이 '사배하라!' 고 찬하면 음악이 시작되고, 내명부와 왕세자빈과 외명부가 네 번 절하면 음악이 그친다.

⑨ 상식尙食이 술을 잔盞에 따라 반수班首에게 주면 반수가 잔을 받아 왕비의 좌석 앞으로 나아가서 꿇어앉는다.

⑩ 전찬典贊이 '궤하라!' 고 창하면 내명부들이 모두 꿇어앉는다. 반수가 잔을 상식에게 주면 상식이 전해 받들어 왕비의 좌석 앞에 둔다. (안案이 있다.)

⑪ 상식이 앞으로 나아가 빈잔을 받아 주정酒亭에 갖다 놓으면 음악이 그친다.

⑫ 전찬이 '부복俯伏, 흥興, 사배四拜하라!' 고 창하면 왕세자빈과 외명부들이 부복하였다가 일어서는데 그때 음악이 시작되고, 네 번 절하면 음악이 그친다.

⑬ 상식尙食이 안案을 받들어 왕비의 좌석 앞에 이르고 상의尙儀가 꽃花을 올리면 음악이 시작되고, 올리기를 마치면 음악이 그친다. 내명부와 왕세자빈과 외명부들이 모두 앉는다.

⑭ 사선司膳이 내명부와 왕세자빈의 탁자卓子에 꽃花를 뿌리고, 여집사女執事가 외명부의 탁자卓子에 꽃花을 뿌린다.

⑮ 상식尙食이 탕湯을 올리면 음악이 시작되고, 내명부와 왕세자빈 외명부가 일어나서는데 탕湯을 올리기를 마치면 모두 앉는다. 무릇 잔을 올리고 탕을 올릴 적에는 모두 일어나 서고, 이를 올리기를 마치면 앉는다.

⑯ 사선司膳이 내명부와 왕세자의 탕湯을 올리고, 여집사女執事가

외명부의 탕을 올려 이를 먹기를 마치면 음악이 그친다. 술이 9순배를 돌면 상식尙食이 대선大膳을 올리고, 왕세자빈과 외명부의 선膳을 설치한 다음 '사배하라!' 하면 네 번 절하고 음악이 그친다.

– 중략

상의尙儀가 왕비의 좌석 앞에 나아가서 부복하고 꿇어앉아 예禮를 마쳤음을 아뢴다.

(8) 중궁양로의中宮養老儀

① 중추원仲秋院의 예조에서 길일吉日을 골라서 내외관內外官에게 선섭宣攝하여 각각 그 직책을 다하게 한다. 여러 노부인老婦人의 나이 80세 이상이 된 사람에게 먼저 알린다.

② 기일期日 1일 전에 상침尙寢이 그 소속 관원을 거느리고 왕비王妃의 좌석을 정전正殿의 북벽北壁에 남향하여 설치하고, 또 향안香案을 전殿 밖에 설치한다. 여공인女工人이 음악을 전계殿階위와 전정殿庭에 진열하기를 평상시와 같이 한다. 전찬典贊이 2품 이상의 노인 자리를 전내殿內의 동쪽과 서쪽에, 3품 이하의 자리를 동랑東廊 · 서랑西廊에 설치하되, 모두 겹줄로 서로 마주보고 북쪽을 상上으로 하여 남편의 관작에 따라 순서를 정한다. 남편이 없으면 아들의 관작에 따른다.

서인庶人의 자리는 전정殿庭의 동쪽 · 서쪽에 설치하되 겹줄로 하여 서로 마주 보게 하고 북쪽을 상으로 한다.

③ 여러 노인들이 예복禮服을 갖추어 입고(서인은 평상복을 입는다)

궁문宮門 밖의 막차幕次에 집합한다. 상의尙儀가 부복하고 꿇어앉아 중엄中嚴을 계청啓請하면 육상六尙 이하의 여관女官들이 모두 내합內閤에 나아가서 사후伺候한다. 여공인女工人이 들어와서 자리에 나아가고 사찬司贊, 사빈司賓, 전찬典贊, 전언典言이 자리에 나간다. 여러 노인 중에서 3품 이하의 노인을 나누어 인도하여(혹은 지팡이를 짚기도 하고 혹은 좌우에서 부축하기도 한다) 들어와서 자리에 나아가게 한다.

④ 상의尙儀가 부복하여 꿇어앉아 외판外辦(임금이 거동할 때 위엄을 갖추고 어가를 호위하는 일)을 아뢰면 왕비가 외복을 갖추어 입고 수식首飾을 가加한다.

상궁이 왕비를 앞세워 한도하여 나가면 음악이 시작된다.

⑤ 왕비가 자리에 오르면 향로의 연기가 피어오르는데 산繖과 선扇으로 시위하기를 평상시 의식과 같이 하고, 여관女官이 받들어 잡는다. 음악이 그친다.

⑥ 사빈司賓이 여러 노인 중에서 2품 이상의 노인을 나누어 인도하여 들어와서 자리에 나아가게 한다. 사찬司贊이 '배拜하라!' 고 말하고 전찬典贊이 '배拜 재지再至, 흥興하라!' 고 창唱한다. 이에 따라 여러 노인들이 지팡이를 버리고 절하면 음악이 시작되고, 한 번 앉았다가 두 번 절하고 일어나면 음악이 그친다.

⑦ 사빈司賓이 여러 노인 중에서 마땅히 전殿에 오를 만한 사람을 나누어 인도하여 동계東階와 서계西階를 지나 올라가서 전내殿內로

들어가려하면 상의尙儀가 어좌御座 앞으로 나아가서 부복하고 꿇어 앉아 전하殿下에게 여러 노인을 위하여 일어나기를 계청啓請한다. 그러면 왕비가 일어나서 여러 노인들에게 명하여 자리에 나아가게 한다. 여러 노인들이 꿇어 앉아 부복하면 왕비가 자리에 앉고, 여러 노인들이 일어나서 자리에 나아간다.

⑧ 상식尙食이 안案을 올리면 음악이 시작되고, 안案을 받들고 왕비의 좌석 앞에 이르면 음악이 그친다. 상의尙儀가 꽃花를 올리면 음악이 시작되고, 올리기를 마치면 음악이 그친다.

⑨ 여집사女執事가 여러 노인의 탁자卓子를 설치하고 꽃을 뿌려 흩는다. 상식尙食이 왕비에게 탕湯을 올리면 음악이 시작되고, 여집사女執事가 여러 노인에게 술을 돌려서 들게 한다. 이를 마치면 상식尙食이 앞으로 나아가서 빈잔盞을 받아 주정酒亭에 도로준다. 음악이 그친다. 다음에 술을 올리고 탕湯을 올리기를 모두 앞의 의식과 같이 한다.

⑩ 술이 다섯 순배 돌면 상식尙食이 대선大膳을 올리는데 이때 음악이 시작되고, 여집사女執事가 여러 노인의 선膳을 설치하고 이를 마치면 음악이 그친다.

⑪ 상식尙食이 앞으로 나아가서 안案을 걷어치우면 여집사女執事가 여러 노인의 탁자卓子를 걷어치운다.(여러 노인들

은 각각 청색 보자기로써 찬贊의 남은 것을 싸 자기가 가져간다.)

⑫ 사빈司賓이 여러 노인들을 나누어 인도하여 모두 배례하는 자리로 돌아간다. 전찬典贊이 '배拜, 재지再至, 흥興하라!' 고 창唱하면 여러 노인들이 절하는데 음악이 시작되고, 한 번 앉았다가 두 번 절하고 일어나면 음악이 그친다.

상의尙儀가 왕비의 좌석 앞에 나아가서 부복하고 꿇어앉아 예禮를 마쳤음을 아뢰고는 부복하였다가 일어나서 물러가면 음악이 그친다.

⑬ 왕비가 좌석에서 내려와 들어가면 음악이 그친다. 사빈司賓이 여러 노인을 인도하여 나아간다.

(9) 연조정사의宴朝廷使儀 - 사신을 맞이하는 의식

① 영접도장迎接都監에서 사자使者의 좌석을 태평관太平館 정청正廳의 동벽東壁에 서향하여 설치하고, 액정서掖庭署에서 전하의 좌석을 서벽西壁에 동향하여 설치한다. 향안香案을 북벽北壁에 설치하고, 사준원司樽院에서 주탁酒卓을 정청 안에 남쪽 가까이 북향하여 설치한다. – 중략

전하가 정청에 이르기까지는 다른 의식과 같다

② 사준제거司尊提擧 1인은 다병茶甁을 받들고, 1인은 찻잔의 반盤을 받들고, 모두 들어와서 주정酒亭의 동쪽에 서고, 종鐘(잔)을 받든 사람은 서쪽에 선다.

③ 사옹제거司饔提擧 2인은 과실 쟁반을 만드는데 1인은 정사正使

의 오른쪽에 북쪽 가까이 남향하여 서고, 1인은 부사副使의 왼쪽 가까이 북향하여 선다. 사자使者는 비록 부사 이하의 사람일지라도 과실 쟁반은 모두 왼쪽에 있다.

④ 제조提調가 과실 쟁반을 받들고 전하의 오른 쪽에 남쪽 가까이 북향하여 서고, 사준제조司奠提調가 잔(鍾)으로 차茶를 받아(제조가 차를 따른다.) 꿇어앉아 전하에게 올리면(찻잔을 올리려고 하면 전하가 좌석에서 일어나 조금 앞으로 나와서 서고, 사자도 또한 좌석에서 일어나 조금 앞으로 나와 선다. 술을 올리는데도 이와 같다.) 전하가 잔(鍾)을 쥐고 정사正使 앞에 나아가서 차를 건넨다.

정사가 잔을 받아 임시로 통사通事에게 준다. 제조가 또 잔에 차를 받아 꿇어 앉아 전하에게 올리면 전하가 잔을 쥐고 부사副使 앞에 나아가서 차를 권한다. 부사가 잔(鍾)을 받으면 전하가 조금 물러난다.

⑤ 제조가 또 잔(鍾)에 차를 받아 서서 정사正使에게 올리면 정사가 잔을 쥐고 전하 앞에 나아가서 차茶를 올린다.

⑥ 제조가 물러가 주정酒亭의 서쪽에 나아가서 북향하여 꿇어앉는다. 술을 올리는 예禮도 이와 같이 한다.

⑦ 전하가 잔을 쥔다. 통사通事가 임시로 잔을 받아 서서 정사에게 올리면 정사가 도로 잔을 쥔다.

⑧ 사자가 좌석에 나아가고 전하가 좌석에 나아가서 차를 든다. 이를 마치면 사준제거司奠提擧는 각각 사자 앞에 나아가서 서서 잔을 받고, 제조는 전하 앞에 나아가서 꿇어앉아 잔을 받아 모두 찻쟁반에 정돈하고 나간다.

⑨ 처음에 차를 들고 이를 마치려 할 때 사옹제거司饔提擧는 서서

사자使者에게 과실을 올리고 제조는 꿇어 앉아 전하에게 과실을 올린다. 이를 마치면 모두 쟁반을 가지고 나간다.

술을 올릴 때도 다례茶禮와 같이 한다.

⑩ 다음 찬안饌案은 제조가 꿇어 앉아 도와서 올린다.

전하殿下가 좌석에 앉으면 음악이 그친다. 내직별감內直別監 3인이 각각 화반花盤을 받들고 정청正廳 밖에 나아가고, 별시위別侍衛 2인이 화반을 전해 받들고 오면 음악이 시작된다.

사자使者 앞에 나누어 나아가면 통사通事가 꽃을 올린다.

근시近侍가 화반花盤을 전해 받들고 전하가 앞에 나아가서 꿇어앉으면 내시內侍가 꿇어앉아서 꽃을 올리고 이를 마치면 통사가 내시와 함께 일시에 꽃을 왕세자가 올린다.

⑪ 탕을 올리고 나면 대선大膳(선물)을 올리고 기타 소선小膳을 올리고 나면 과실과 술 1잔을 올리고 끝낸다.

(10) 왕세자 연조정사의王世子宴朝廷使儀

음악을 시작하고 멈춤이 모두 같다. 빈례의식과 같다.

먼저 차茶를 올리고 술을 올린 다음 찬饌을 올리며 꽃花을 올리는 의식의 절차와 다음 술과 찬饌, 선물, 그리고 탕湯을 올린 다음 마지막 술 1잔으로 끝냄이 모두 같다.

사신 맞이 의식도 이와 같다. 절은 주로 서로가 읍揖하는 정도로 하고 있다.

(11) 예조연인국사의禮曹宴隣國使儀

– 예조에서 인국隣國의 사신을 연회하는 의식

① 주탁酒卓을 정청正廳 안에 남쪽 가까이 북향하여 설치하고, 반종伴從의 주탁酒卓은 그 자리의 앞에 설치한다. 주악대奏樂隊는 앞 기둥前楹 밖에 위치한다. 사자使者가 도착하려고 하면 압연관押宴官 이하의 관원이 각각 좌석 앞에 나아가서 선다.

② 사자使者가 서문西門으로부터 들어와서 정청政廳에 올라 압연관押宴官과 판서判書의 앞에 나아가서 공수재배控首再拜하면 압연관과 판서가 조금 앞으로 나와서 공수답배控首答拜한다.

③ 집사자執事者가 찬탁贊託을 설치하기를 평상시와 같다. 무릇 탁자를 설치하고 꽃을 권하고 탕을 설치하고 술을 돌릴 적에는 모두 음악을 연주한다.

④ 집사가 잔盞에 술을 따라 압연관押宴官 앞에 올리면 압연관이 좌석에 나아간다. 집사자執事者가 꽃을 올리고, 탕湯을 설치하고, 술을 다섯 순배 돌리고, 첫잔을 든 뒤에 각각 드는 술잔盃을 설치하고, 술을 돌린다.

매양 술을 돌릴 적마다 모두 탕湯을 설치하고, 세 번 술을 돌린 뒤에는 반종伴縱에게 앉기를 허가하고, 이에 탁자를 설치하고, 꽃을 권한다. 술을 돌리고, 탕을 설치한다.

만약 여러 섬島의 왜인倭人과 여러 위衛의 야인野人의 추장酋長과 사인使人이라면 판서判書는 북벽北壁에 있고 객인客人은 서벽西壁에 있다.

객인客人은 판서判書와 참판參判의 앞에 나아가서 돈수재배頓首再

拜하는데 모두 답배答拜하는 일이 없으며, 추장이 만약 관직이 높으면 우대하여 한 번 절한다. 각각 드는 술잔을 설치하여 술을 마시기를 평상시와 같이 하고, 술을 돌리는 예禮는 없다.

(12) 왕자 혼례 王子婚禮

• 납채納采 : 납채는 신부집 부모가 혼인을 승낙하면 신랑집에서 감사의 편지와 간단한 예물을 보내는 의식이다.

① 주인主人이 종친 가운데 연장자로 이를 삼는다. 서신書信을 갖추어 성복盛服 차림으로 신부의 집으로 가면 주인이 또한 성복盛服 차림으로 나가서 맞이한다. 손님과 주인이 행례할 적에는 찬자贊者가 도와서 인도한다.

② 사자使者가 정청正廳에 올라가서 치사致辭하기를 '모관某官이 모대군某大君에게 아내(室)를 주시니 모관某官(주혼主婚하는 사람) 선대先代의 제도에 따라 아무개로 하여금 납채納采하기를 청합니다!' 고 한다. 종자從者가 서신을 올리면 사자가 서신을 주인에게 준다.

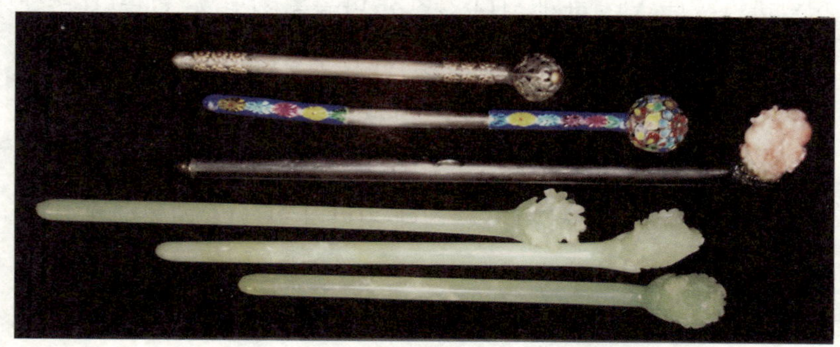

③ 주인이 대답하기를 '아무개의 딸(또는 누이妹, 조카姪, 손녀孫)은 어리석고 또 능히 가르치지 못하였는데 모관某官이 명령하시니 아무개는 감히 응하지 않을 수 없습니다!' 고 한다.

이에 서신을 받고 북향하여 두 번 절하고, 사자는 피하여 답배答拜하지 않는다. 사자가 물러가서 명령을 기다리기를 청하고 나가서 막차幕次에 나가면 주인이 사당祠堂에 고한다.

④ 그날의 집사자가 잠실蠶室마다 과실 한 쟁반과 잔盃 두 개와 향안을 복판에 설치하고 모사茅沙를 그 앞에 둔다. 주준酒樽과 탁자를 지게문 밖의 왼쪽에 설치하고 잔을 그 위에 둔다. 관세盥洗를 동계東階 아래서 설치하되 집사자의 관세는 동쪽에 있게 한다.

⑤ 주인이 관세를 한 후 동계로부터 올라가서 독櫝을 열고 신주神主를 받들어 내어 부복하였다가 삼상향三上香한다. 집사자가 잔을 받들어 술을 따라 올리면 주인이 잔을 잡아 모사茅沙 위에 붓는다. 제관은 네 번 절한 후 신주를 들여 놓고 물러간다.

⑥ 그 축판에 '유 연세 · 월 · 삭 · 일에 효증손(이대二代에 고告하면 효손孝孫이라 일컫고, 고비考枇에 고하면 효자라 일컫는다.)고 합니다. 삼가 아무개의 몇째 딸이 점차 장성하여 이에 모 대군에게 시집보냄을 허락하여 오늘 납채하게 되니 감창한 마음을 견딜 수 없습니다. 삼가 주과로서 정성스럽게 고합니다.' 하고 고한다.

⑦ 이어서 사자를 맞이하여 정청正廳에 올라 회답하는 서신을 주고, 서로 절하기를 평일의 빈객을 대하는 예와 같이 한다. 이에 주찬酒饌으로서 찬품은 세 가지 과실에 지나지 않는다. 사자에게 대접하면 사자가 복명한다.

• 납폐納幣 : 신랑집에서 신부집에 혼서婚書와 예물(채단)을 함께

넣어 신부의 집에 보내는 의식을 납폐라고 한다.

• 폐백幣帛 : 생초生綃(비단의 일종)를 사용하는데 현색玄色이 3개이고, 훈색纁色이 2개이다. 보통은 주紬(명주), 혹은 포布을 사용한다.

① 주인이 사자를 보내어 신부의 집에 간다. 주인이 나와서 사자를 맞이하여 정청正廳으로 올라가면 사자가 치사致辭하기를 '모관某官이 모대군某大君에게 아내室를 주시니 모관某官이 선대先代의 제도를 따라서 아무개로 하여금 납폐納幣로 폐백을 올립니다.'라고 한다.

② 그러면 사자使者가 폐백을 주인에게 준다. 주인이 대답하기를 '모관某官께서 선대先代의 제도를 따라 아무개에게 중한 예禮를 베풀어 주시니 아무개가 감히 명령을 받들지 않겠습니까?' 한다. 이에 폐백을 받고, 두 번 절하며 사자使者는 이를 피한다. 그 빈객賓客을 접대하는 것과 사자가 복명하는 것은 모두 납채의 의식과 같다.

• 친영親迎 : 신랑이 신부를 친히 맞는 것을 말한다.

① 전일 신부의 집에서 사람을 시켜 대군大君의 실室을 설비하게 한다.

이불과 요는 면주綿紬와 목면木棉을 사용하고 병풍 · 돗자리 · 장막 · 휘장 등의 물품은 대군의 집에서 갖추어야 한다. 신부의 집에서 막차幕次를 밖에 설치한다. – 중략

② 대군大君이 기러기를 쥐고(생기러기를 왼쪽으로 머리를 두게 하고 색비단으로 서로 얽어맨다.) 따라서 당堂에 이른다.

주인은 동계東階로부터 올라가서 서향하여 서고 대군大君은 서계

西階로부터 올라가서 북향하여 꿇어 앉아 기러기를 땅에 두면 주인의 사자使者가 이를 받는다. 대군이 부복하였다가 일어나서 두 번 절하며 주인은 답하여 절하지 않는다.

대군이 서계로 내려가는데 주인은 절하지 않는다.

③ 부모傅姆가 부인을 인도하여 어머니의 왼쪽에 나가면 아버지가 앞으로 나아가서 명명하기를 '공경하고 경계하여 이른 아침부터 밤늦게까지 명령에 어김이 없게 하라!' 한다. 어머니는 서계 위에 이르러 신부의 관冠을 바로잡아 주고, 치마를 여미어 주면서 명령하기를 '힘쓰고 공경하여 이른 아침부터 밤늦게까지 명령에 어김없게 하라!' 고 한다.

④ 여러 모고母姑, 수자嫂妹가 중문中門 안에서 전송하면서 치마와 적삼을 바로잡아 준다.

부모父母가 거듭 부탁하기를 '삼가 너의 부모님의 말을 듣고서 이른 아침부터 밤늦게까지 허물이 없게 하라!' 고 한다. 또 부모傅姆가 말하기를 '가르치지 못하여 예禮를 차릴 줄 모릅니다.' 고 한다. 이어 가마를 타고 햇불을 잡고 앞에서 인도한다. 햇불은 14자루이다. 제군의 부인은 10자루를 사용한다.

⑤ 대군大君이 말을 타고 먼저 가고, 신부가 그 다음에 가는데 주인이 그 소속으로 하여금 이를 보내게 한다.

⑥ 동뢰同牢(부부가 음식을 같이 먹음) 날에는 대군大君 집에서 실내室內에다 2개의 좌석을 설치하되 동쪽과 서쪽에서 서로 마주보게 하고, 각각 배례拜禮하는 좌석을 자리의 남쪽에 설치하며, 주탁酒卓은 실내室內의 조금 남쪽에 설치한다. 그리고 잔근盞巹(근은 음이 근이니 작은 박 한개를 둘로 쪼갠 것이다.) 둘을 그 위에 둔다. 대군이 그 집에 이

르러 신부가 도착하기를 기다렸다가 안내하여 들어와서 대군이 부인을 향해 읍揖한 상태에서 좌석에 나아가게 한다. 신부가 두 번 절하면 대군이 답하여 절하고 대군이 신부를 향하여 읍揖자리에 앉게 한다.

신부가 두 번 절하면 대군이 답하여 절한 후 신부를 향해 읍揖하여 자리에 앉게 한다.

⑦ 종자가 찬탁饌卓을 설치하되 찬품饌品은 일곱 가지의 과실에 지나지 않는다. 술을 따르면 대군과 신부가 술을 땅에 부어 제사 지낸 후 잔을 들어 마시고 안주를 든다. 또 술을 따르면 대군과 신부가 술을 마시고 안주를 든다. 찬탁을 거두어 실室밖에 두고 대군이 나가서 다른 실室로 나아간다.

⑧ 부모傅姆가 신부와 더불어 실중室中에 남아 있는데 대군이 다시 들어와서 의복을 벗으면 신부의 종자從者가 이를 받고, 신부가 의복을 벗으면 대군의 종자가 이를 받는다. 촉燭이 나가면 대군의 종자는 신부의 음식 남은 것을 싸고 신부와 종자는 대군의 음식 남은 것을 싼다.

(13) 부인 조현夫人朝見

① 이튿날 신부가 일찍 일어나서 성장盛裝을 하고 나가서 가마轎를 타고 대궐大闕에 나아가면 사빈司賓이 신부를 인도하여 합문閤門밖의 서상西廂에 서서 동향한다. 내시內侍가 들어가 계啓하면 전하가 자리에 오르는데, 시위하기를 평상시 의식과 같이 한다. 사빈司

賓이 신부를 인도하여 들어와서 뜰에 서서 북향하게 하고, 사찬司贊이 조율棗栗 담은 쟁반을 받들고 앞에 가서 신부의 오른쪽에 선다.

② 신부가 네 번 절하면 사찬司贊이 조율을 담은 쟁반을 부인에게 준다. 사빈司賓이 신부를 인도하여 서계西階로부터 올라가서 어좌御座 앞에 나아가서 북향하여 꿇어앉아 조율 쟁반을 안案에 두면 전하가 이를 어루만진다. 상식尙食이 앞으로 나아가서 거두어 동쪽으로 간다.

③ 사빈이 신부를 인도하여 내려와서 그 전 자리로 돌아가서 또 네 번 절한다.

④ 사빈이 신부를 인도하여 나가서 중궁中宮의 합문閤門 밖 서상西廂에 동향하여 서게 한다. 상의尙儀가 들어가서 계啓하고 상식尙食이 술을 금잔金盞에 준비하고, 찬탁饌卓까지 갖추어(찬품은 세 가지 과실이다.) 기다린다.

⑤ 왕비가 자리에 오르는데 시위하기를 평상시의 의식과 같이 한다. 사빈司賓이 신부를 인도하여 뜰에 들어와서 북향하여 서게 하고 사찬司贊이 단수腶修담은 쟁반을 부인에게 준다.

사빈이 신부를 인도하여 서계西階로 올라가 왕비의 자리 앞에 나아가서 북향하여 꿇어앉아 단수담은 쟁반을 안案에 두면 왕비가 이를 어루만진다.

⑥ 사빈司賓이 신부를 인도하여 내려와서 그 전 자리로 돌아가서 또 네 번 절한다. 상식尙食이 잔盞을 취하여 술을 따라 신부의 좌석

앞으로 나아가서 북향하여 서면 신부가 네 번 절하고는 좌석에 올라가서 남향하여 꿇어앉아 술잔을 받는다.

상식이 찬탁饌卓을 좌석 앞에 설치하면 신부가 술을 땅에 부어 제사 지내고 일어나서 좌석 서쪽에 내려와서 남향하여 술을 맛보고는 술잔을 상식尙食에게 준다. 신부가 부복하였다가 일어나서 네 번 절하면 상식尙食이 찬탁을 거두어 치운다. 사빈司賓이 신부를 인도하여 합문에 나가 가마를 타고 돌아간다.

(14) 대군현부인지부모 大君見夫人之父母 – 대군이 부인의 부모를 뵙는 의식

4일 만에 대군이 신부의 부모를 가서 뵙는데 신부의 아버지가 대군을 영송迎送하고 읍양揖讓하기를 빈객을 대하는 예禮와 같이 한다. 대군이 절을 하면 꿇어앉아 부축하고, 신부의 어머니가 왼쪽 문짝을 닫고 문안에 서면 대군이 문 밖에서 두 번 절한다.

금파노리개와 쌍가락지

신부의 여러 존장들을 보기를 위의 의식과 같이 하고 아울러 접대하기를 평상시와 같이 한다.(찬품은 다섯 가지 과실에 지나지 않는다.)

(15) 왕비조왕대비王妃朝王大妃
– 왕비가 왕대비에게 조회하는 의식

① 왕대비王大妃의 좌석을 정전正殿의 북벽北壁에 남향하여 설치하고, 향안香案 2개를 전외殿外의 왼쪽과 오른쪽에 설치한다. 내시부內侍府에서 왕비의 막차幕次를 전殿의 중문中門 안, 서쪽에 남향하여 진열한다.

왕비의 의장儀仗을 궁문宮門 밖에 진열하되 평상시와 같이 한다. 상의尙儀가 부복하고 꿇어앉아 왕비에게 중엄中嚴을 계청하면 육상六尙 이하의 여관女官이 예복禮服을 갖추고 모두 내합內閤에 나아가서 사후伺候(웃어른의 분부를 기다림)한다.

② 상의尙儀가 부복하고 왕비에게 외판外辦을 아뢰면 왕비가 적의翟衣를 갖추어 입고 수식首飾을 가加한다.

③ 상궁尙宮이 앞에서 인도하여 중계中階로부터 내려와서 나온다. 상의尙儀가 부복하고 연輦(임금이 타는 가마)을 타기를 청하면 왕비가 연을 타는데 산繖과 선扇이 시위하기를 평상시의 의식과 같이 한다.

④ 왕대비의 정전正殿 중문中門 밖에 이르면 상의尙儀가 부복하고 왕대비에게 중엄中嚴을 계정하고, 상식尙食이 금잔金盞에 술을 넣고 찬안饌案을 갖추어 기다린다.

⑤ 왕비가 이미 막차幕次를 나와서 정전正殿 합문閤門 밖의 서상西廂에 이르러 동향하여 서면 상의尙儀가 부복하고 왕대비에게 외판外辦을 계청하여 왕대비가 적의翟衣를 갖추고 수식首飾을 가加한다.

상국이 앞에서 인도하여 나가서 좌석에 오르면 향로의 연기가 피어오르는데 산繖과 선扇으로 시위하기를 평상시 의식과 같이한다.

⑥ 상궁尙宮이 왕비를 인도하여 돌어와서 서계西階로부터 올라가서 자리에 나아가면 상식尙食이 포육반脯肉盤을 받들어 앞으로 가서 왕비의 오른쪽에 서향하여 선다.

상의尙儀가 부복하고 사배하기를 계청하면 왕비가 네 번 절한다.

상궁尙宮이 왕비를 인도하여 앞으로 나아가 좌석 앞에 가서 북향하여 서게 하고 상식尙食이 포육반脯肉盤을 꿇어앉아서 바치면 왕비가 포육반脯肉盤을 받들어 꿇어앉아서 안案에 둔다.

왕대비가 이를 어루만지고 상식尙食이 나아가 이를 거두어 동쪽으로 간다. 상궁이 왕비를 인도하여 물러와서 그 전 자리로 돌아간다.

⑦ 상의尙儀가 부복하고 사배하기를 계청하면 왕비가 네 번 절한다. 이를 마치면 사설司設이 왕비의 좌석을 왕대비 좌석 서쪽에 북쪽 가까이 남향하여 설치하고, 상궁尙宮이 왕비를 인도하여 좌석 서쪽에 나아가서 남향하여 서게 한다.

⑧ 상식이 잔을 가져와 술을 따라서 왕비의 좌석 앞에 나아가서 북향하여 서면 왕비가 앞으로 나아가서 북향하여 선다.

상의尙儀가 부복하고 사배하기를 계청하면 왕비가 네 번 절한다.

이를 마치면 상의尙儀가 부복하고 꿇어앉아 좌석에 오르기를 계청하면 왕비가 좌석에 올라 남향하여 꿇어앉는다.

⑨ 상식이 꿇어앉아 찬안饌案을 좌석 앞에 올리면 왕비가 술을 땅에 부어 제사 지내고 일어나서 좌석에서 내려와 북향하여 술을 맛보고 잔을 상식에게 주는데 상식이 꿇어앉아서 빈 잔을 받아 물러간다.

상의尙儀가 부복하고 '부복俯伏, 흥興, 사배四拜하라!' 고 하면 왕비가 부복하였다가 일어나서 네 번 절한다.

⑩ 상식이 찬안을 걷어치우고 상궁이 왕비를 인도하여 서계로 내려가서 나간다.

상의가 왕대비의 좌석 앞에 나아가서 부복하고 예禮를 마쳤음을 아뢰고 부복하였다가 일어나서 물러간다. 왕대비가 좌석에서 내려와 전정殿庭으로 돌아가고 왕비가 궁宮으로 돌아가기를 올 때의 의식과 같이 한다.

이상의 예절은 궁중을 중심으로 이루어진 것으로 장엄하고 우아한 행례가 이루어졌음을 알 수 있다.

(16) 예기禮記 · 관의冠儀 - 성연의식

관의는 관례의 뜻을 기록한 것이다. 사람이 사람다운 바는 예의이며, 예의 시작은 용의容儀를 바르게 하고, 안색을 정제하여 말 주변을 순하게 한 후에 예의를 갖추어 군신을 바르게 하고, 부자를 친하게 하며, 장유長幼를 화和하게 함으로써 예의가 서는 것이다.

그러므로 관례 후에 옷이 갖추어지며, 옷이 갖추어진 후에 용체가 바르게 되며, 안색이 정제하며, 말 주변이 순하므로 관례는 예의 시작인 것이다.

예전에 성인 임금은 관례를 중히 여겼다.

관례는 조계阼階 위에서 행하는데, 조계란 주인의 위치이다. 다시 말해 아버지가 늙으면 아들이 대신하는 것을 나타낸 것이다.

먼저 관冠하고 나서, 집의 서편인 객위에서 초례한다. 이는 손님을 예우하는 예로, 그 아들을 예하는 것은 성인은 공경해야 한다는 의미이다.

초醮는 헌수獻酬가 없는 것을 이른다. 관冠을 더 하는 것은 처음에 치포관을 더하고, 두 번에 피변皮弁(고대 임금이 쓰던 관冠은 녹피로 둥글게 만들고 끝에 꼭지를 달았다.) 관冠을 더하고, 세 번에 옷을 더해서 더더욱 높아진다. 세 번 관을 더해서 관례는 이루어지는 것이다.

이미 관冠하고 손님이 이에 자字를 명하여 사람이 자를 부르니, 이것이 성인成人의 길이다.

어머니께 뵈일 때에는 어머니께서 절하시고, 형제에게 보일 때에는 형제가 절하니, 성인이 됨으로 함께 예우를 하는 것이다.

이미 관冠한 후에 따로 날을 택하여 현관현단玄冠玄端을 입고, 폐백을 가지고 임금 앞에 바치며, 또 고향의 대부와 선생에게 보이니, 이것은 성인으로 인정함이다.

그리고 성인의 예를 재촉하는 것은 장차 성인이 된 자의 예의 행실을 재촉하려 함이다.

효孝, 제悌, 충忠, 신信의 행실, 즉 사람의 아들이며, 아우며, 신하며, 젊은이로서의 도가 서고, 그런 후에 사람이 되는 것이다. 그러므로 성왕은 관례를 중히 한다.

관冠은 예의 시작이다. 가사嘉事의 중요한 관문이다. 때문에 예전에는 관冠하는 일은 사당에서 행했다. 사당에서 행하는 것은 중사를 존중한 때문이다.

그래서 기록에도 '감히 중사를 마음대로 못하는 것은 스스로 제가 낮추어서 선조를 존중하는 때문이다.' 라고 하였다.

이상과 같이 '관례에 대해서 자세히 기록하는 뜻은 행례의 뜻과 의미를 바르게 알리고자 함이다.' 라고 하였다.

제4장

예악禮樂

제4장 예악禮樂

《악기樂記》에 이르기를 "무릇 음音은 사람의 마음에서부터 일어나는 것이다. 악樂이란 음音으로 말미암아서 생겨난 것이다."라고 하였다. 또 대악大樂은 천지와 화和를 함께하고, 대례大禮는 천지의 절문節文(예절의 규정, 또는 예절에 관한 글)을 함께하여 화和한 까닭으로 백물百物이 그 성품을 잃지 않고 절문이 있는 까닭으로 천지에 제사 지낸다.

하늘이 높고, 땅이 낮으며, 만물萬物이 성품을 달리해서 예제禮制가 행하여진다.

음音은 음양陰陽의 기氣가 흘러 쉬지 않고 합동合同하고 화化해서 악樂이 일어났다. 봄에 심고, 여름에 자라는 것은 천지의 물건을 낳

궁중악의 악기 배치도

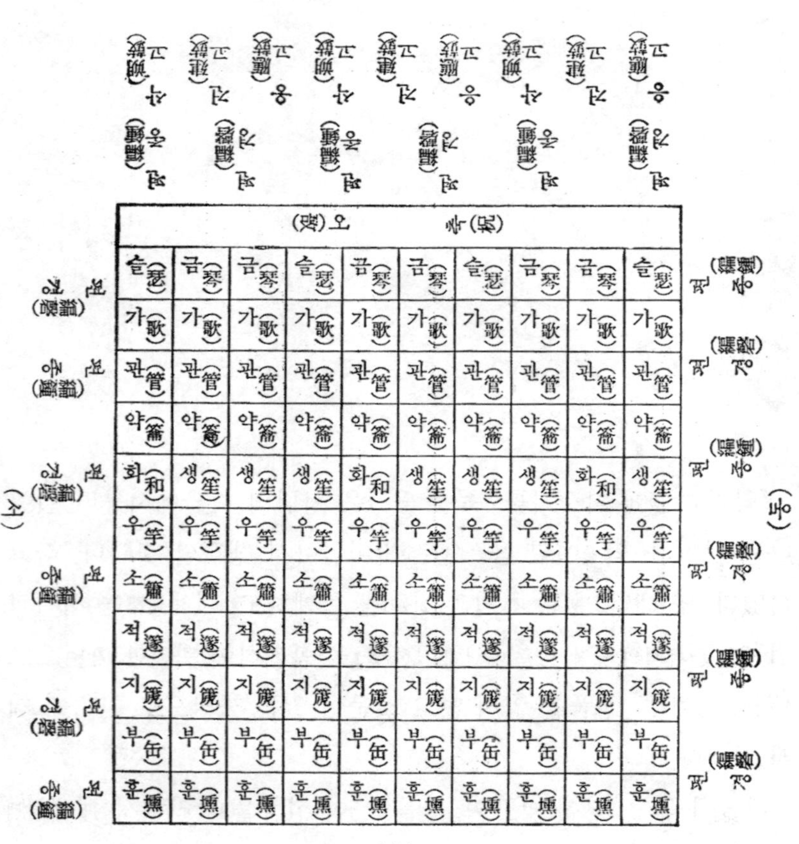

〈회례 헌가(會禮軒架)〉

는 인仁이다. 가을에 거두고, 겨울에 감추는 것은 천지의 물건을 성숙成熟시키는 의義다. 인仁은 악樂에 가깝고, 의義는 예禮에 가깝다. 악樂이란 '화和를 두텁게 해서 신神에 따라서 하늘에 따르는 것이고, 예禮란 마땅함을 분별하고 귀鬼에 있어 땅에 따르는 것이다.'라고 하였다.

그리고 또 악樂은 사람의 마음을 닦기 위한 것이고, 예禮는 밖을 닦기 위한 것이라고 했다. 하여, 악樂은 속에서 교차하여 밖으로 드러나는 것이니, 그런 까닭에 그 이름이 즐거워 공경하고 온화하며 아름다운 기상이라고까지 하였던 것이다.

그래서 옛 성인은 지극한 덕德으로 성인이 예악禮樂을 제작하였던 것으로 기록하고 있다.

우리나라에서도 고대 때부터 악이 없었던 것은 아니다. 고구려나 신라, 백제의 악樂은 모두 나름대로 발달하였다고 본다.

고려의 악은 당唐나라와 송宋나라의 영향을 받아 고려 의식의 육례六禮에 빠짐없이 행하여졌다. 예악禮樂이 점차 그 규모나 형식에 있어서 웅장하면서도 치밀한 짜임으로 발전하였음은 악기의 종류나 악대의 배열 등으로 짐작할 수 있다.

우선 어떤 의식이던 궁중에서 행하는 의식에는 헌가軒架와 등가登歌로 나누어져 있다. 그리고 여기에 걸맞게 헌가에는 문무文舞의 무회가 있고, 등가에서는 무무武舞의 무희가 있어 정적靜的인 음악과 동적動的인 무용으로 엄숙한 의식의 극치를 악樂과 무용으로 천天·지地·인人의 유순한 화합을 도모하였던 것이다.

이토록 신선했던 정성도 혼탁한 정치로 인해 나라가 위태로웠던 고려말에 이르러서는 예악禮樂의 규범은 깨어진 채 조선조 초기까지 쉽사리 복원되지 못하여 세종대왕이 예악을 다시 복원하기에 이르게 된다. 무엇이든지 없어지기는 쉬우나 지켜지기는 어려워 모든 의식과 악樂을 복원하기까지 많은 시간과 정열을 쏟았던 결과로 《세종장헌대왕실록》에 수록된 의식과 악樂이 만들어져 정치적 안정은 물론 지금은 문학적 혈맥으로 남아 민족적인 유산이 되어 있다.

하늘과 땅, 그리고 사람이 화합하기를 기원하여 처음부터 끝까지 악樂과 예禮로 의식을 진행했다. 예를 들면 차茶나 탕湯, 또는 술을 신神에게 올릴 때 또는 임금이나 신하가 받아 마실 때 반드시 악樂이 시작되고 마시기를 마치면 악樂이 끝나는 것이다.

이처럼 먹고 마심에 있어서도 음악을 더하였던 것으로 《예기禮記》에서는 '양陽을 기르는 것'이라 하였으니, 그 법도가 무궁무진한 것이 아닌가 싶다.

그 중에 특히 차茶와 음악이 결합하는 것은 바른 기운正氣으로 올바른 생각과 바른 삶을 북돋아 주는 아름다운 생기生氣가 아닐 수 없다. 현대를 살아가는 우리는 그 동안 너무나 많은 것을 잊어 버렸지만 지금이라도 옛것을 알고 받아들인다면 반드시 좋은 결과를 낳을 것이고, 그 결과는 빛날 것이다.

천지신명과 사람의 마음을 온유하게 하는 음악은 인의仁義의 덕목이요, 예지禮智의 도道며, 신의信義로 밀착한 모든 선善의 바탕이 되었다. 이처럼 악樂은 소리의 미학 중에서도 가장 경이로운 덕목이었다.

《악기樂記》에 '성인은 악樂을 만들어서 하늘에 응하고, 예禮를 만들어서 땅에 따랐다. 예악이 밝게 갖추어져서 천지가 생성, 화목하는 공功을 이룬다.' 라고 하였다.

1. 악樂

일반적으로 악樂이란 풍화風化(교양과 같음)를 수립하고 공덕(업적, 덕행)을 상징하는데 필요한 것이다.

고려 태조가 국가를 창건하고 교사郊社(하늘과 땅을 대상으로 삼은 제자)를 세웠으며 친히 채제 합제禘祫(봉건군주들이 자기 조상들을 합쳐서 제향하는 의식)를 지낸 후로부터 나라의 문물文物제도가 비로소 갖추어졌다. 그러나 불행하게도 여기에 관한 문헌들이 보존되어 있지 않아 고증할 수 없어 안타깝다.

예종 11년(1116년) 6월 축일에 왕자지王字之가 송나라로부터 돌아올 때 휘종徽宗이 보낸 국서는 다음과 같다.

'〈3대(하 · 은 · 주 시대)〉 이후에 예禮가 폐지되고 이에 음악이 파괴되어 짐은 옛날을 상고하고 이것을 정리하여 밝혀 놓으니 음악이 백 년만에 부흥되었다.

그리하여 대성악大晟樂을 제작하게 되었는바 천 년이나 지난 오늘날 선왕의 예법을 제작하고자 율律을 고르고 음音을 맞추니

악현 〈조례헌가〉의 배치도

	삭고(朔鼓)	건고(建鼓)	옹고(應鼓)	삭고(朔鼓)	건고(建鼓)	응고(應鼓)	삭고(朔鼓)	건고(建鼓)	응고(應鼓)		
	편종(編鐘)		편경(編磬)		편종(編鐘)		편경(編磬)		편종(編鐘)	편경(編磬)	
	오(敔)						축(柷)				
편경(編磬)	슬(瑟)	금(琴)	금(琴)	슬(瑟)	금(琴)	금(琴)	슬(瑟)	금(琴)	금(琴)	슬(瑟)	편종(編鐘)
	가(歌)	가(歌)	가(歌)	가(歌)	가(歌)	가(歌)	가(歌)	가(歌)	가(歌)	가(歌)	편경(編磬)
편종(編鐘)	관(管)	관(管)	관(管)	관(管)	관(管)	관(管)	관(管)	관(管)	관(管)	관(管)	
	약(籥)	약(籥)	약(籥)	약(籥)	약(籥)	약(籥)	약(籥)	약(籥)	약(籥)	약(籥)	편종(編鐘)
편경(編磬)	화(和)	생(笙)	생(笙)	생(笙)	화(和)	생(笙)	생(笙)	생(笙)	화(和)	생(笙)	
(서)	우(竽)	우(竽)	우(竽)	우(竽)	우(竽)	우(竽)	우(竽)	우(竽)	우(竽)	우(竽)	편경(編磬) (동)
편종(編鐘)	소(簫)	소(簫)	소(簫)	소(簫)	소(簫)	소(簫)	소(簫)	소(簫)	소(簫)	소(簫)	
	적(篴)	적(篴)	적(篴)	적(篴)	적(篴)	적(篴)	적(篴)	적(篴)	적(篴)	적(篴)	편종(編鐘)
편경(編磬)	지(篪)	지(篪)	지(篪)	지(篪)	지(篪)	지(篪)	지(篪)	지(篪)	지(篪)	지(篪)	
	부(缶)	부(缶)	부(缶)	부(缶)	부(缶)	부(缶)	부(缶)	부(缶)	부(缶)	부(缶)	편경(編磬)
편종(編鐘)	훈(壎)	훈(壎)	훈(壎)	훈(壎)	훈(壎)	훈(壎)	훈(壎)	훈(壎)	훈(壎)	훈(壎)	

(남)

〈회례 헌가(會禮軒架)〉

드디어 날짐승까지 감동하게 되었다.

이에 아정雅正의 음악이 온 천하에 가득 차서 이것으로 손님들을 위안하고 먼 곳의 사람들까지 기쁘게 하였다. 멀리 동녘 바다 밖에 있는 귀국에서 이것을 요청하여 사신을 여기에 보내왔다. - 중략.'

공민왕 때에는 명 태조가 특별히 아악雅樂을 선사하였으므로 조정과 태묘에서 사용하였다. 또한 당악唐樂과 삼국시대의 음악 및 당시의 속악俗樂도 섞어서 썼다.

그러나 병란으로 인하여 종鐘, 경磬은 흩어져 없어졌으며 속악은 가사가 비속한 것이 많으므로 그 중에 심한 것은 다만 노래 이름과 가사의 대의만 기록하고 이것들을 아악 당악唐樂으로 분류하여 악보를 만들었다.

(1) 아악雅樂

궁중에서 정식으로 쓰던 음악으로 왕이 친히 제사할 때의 등가登歌악과 헌가軒架(종이나 북을 걸어두고 연주함) 악으로 분류하여 의식을 거행하였다.

(2) 등가登歌

금종가金鐘嘉 하나를 동편에 두고, 옥경가玉磬嘉 하나는 서편에 두는데 모두 다 북쪽을 향하여 둔다. - 중략

등가의 악기 배치도

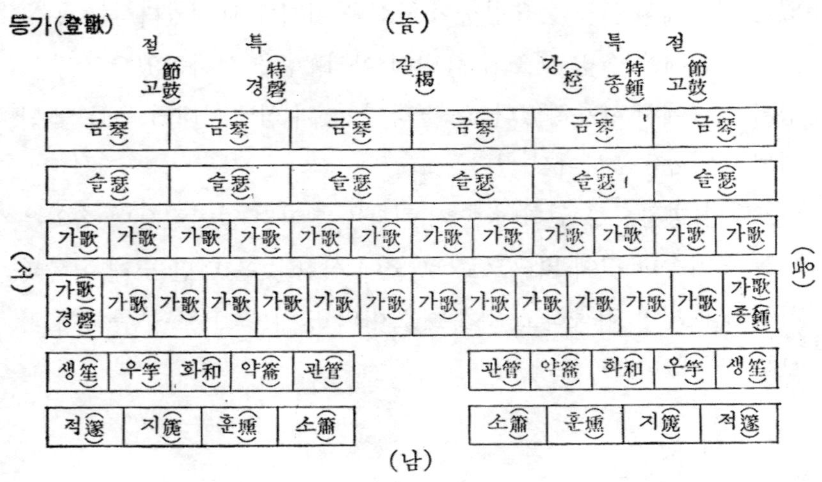

등가가 나오면 무무武舞가 나와서 춤을 추고, 또 다른 무리 중에 무무가 다시 나와서 여섯 번 변화시키며 춤을 추고 들어간다.

(3) 헌가軒架

동, 서, 남 세 방면에 각각 편종編鐘 3, 편경編磬 3을 설치하되 동쪽의 편경은 북쪽에서 시작하며, 그 사이에 편종을 끼여 동쪽을 향하여 두고, 서쪽 편종은 북쪽에서 시작하여 그 사이에 편경을 끼어 서쪽으로 향하여 두며, 북쪽 평경은 서쪽에서 시작하여 그 사이에 편종을 끼어 북쪽으로 둔다.

문무文舞 48명

무무武舞 48명

(4) 등가악과 헌가악을 교대하는 절차
- 원구圓丘에서 왕이 친히 제사하는 의식

왕이 정문에 들어올 때, 세수하는 곳으로 나갈 때, 제단에 오르내릴 때, 망료위望燎位에 나갈 때, 휴게실(대차大次)로 돌아올 때 등에는 헌가악이 정안의 곡正安之曲을 주악하고, 왕이 음복飮福할 때에는 등가 희안의 곡禧安之曲과 황종궁黃種宮을 주악한다.

영신迎新할 때에는 헌가가 협종궁夾鐘宮, 경안의 곡景安之曲은 3회 주악하고, 황종각黃鐘角, 태족치太族徵, 고선우姑銑羽를 각 1회 주악하고, 문무文舞를 6회 춘다. 송신送神할 때에는 협종궁夾鐘宮, 영안의 곡永安之曲을 주악하고, 무무武舞를 1회 춘다.

옥폐玉幣를 드리고 상제上帝에게 술잔을 드릴 때에는 등가登歌가 가안의 곡嘉安之曲을 주악하고, 배위拜位(천제와 동등하게 제사 지내는 왕의 시조)와 5제帝에게 제사 지낼 때는 인안의 곡仁安之曲을 주악한다.

변두邊豆를 거둘 때에는 숙안의 곡肅安之曲과 대려궁大呂宮을 주악하고, 제물상을 드릴 때에는 헌가軒歌, 풍안의 곡豊安之曲을 주악하고, 문무는 물러가고 무무武舞가 들어와 숭안의 곡을 연주한다.

아헌亞獻과 종헌終獻에는 모두 무안의 곡武安之曲과 황종궁을 주악한다.

유사有司(주관관리)가 의식을 대행할 때에도 이와 같으나 다만 정문에 들어올 때, 세수하는 곳으로 갈 때, 나올 때, 제단에 오르내릴 때, 망료위望燎位에 나갈 때, 음복할 때에는 다 주악하지 않는다(왕이 아닌 대리가 할 때를 말함).

(5) 사직社稷에서 제사하는 의식 때 쓰는 악樂

- 영신迎神 : 제사 때 신을 맞아들이는 것을 말한다.
- 송신送神 : 제사가 끝난 다음 신을 보내는 것을 말한다.

위의 두 의식에서는 헌가軒歌가 임종궁林鐘宮, 영안의 곡寧安之曲을 주악하고 영신할 때에는 문무文舞가 8회, 송신할 때는 무무武舞를 1회 연주한다.

옥백玉帛을 드릴 때와 술잔을 드릴 때에는 등가登歌가 응종궁應鍾宮 가안의 곡을 주악한다. 제물상을 드릴 때에는 헌가軒歌가 풍안지곡을 주악하며, 문무는 나가고 무무는 들어오면서 모두 다 숭안의 곡崇安之曲을 연주하다가 종헌終獻에는 모두 무안의 곡과 태주궁太湊宮을 주악한다.

(6) 선농단에 왕이 친히 제향하는 의식의 악

왕이 정문에 들어 올 때, 손을 씻는 곳(관세소)으로 나갈 때, 제단에 오르내릴 때, 망예위 에 나갈 때, 경적위耕籍位에 나갈 때, 대차大次(휴게소)에 돌아올望瘞位 때에 헌가가 정안의 곡正安之曲을 주악한다.

제물을 드릴 때에는 풍안의 곡豐安之曲 주악하며 문무文舞가 나가고 무무武舞가 들어오면서 모두 숭안의 곡崇安之曲을 주악한다.

폐백을 드릴 때에는 등가登歌가 명안의 곡明安之曲을 시작하고, 술잔을 드릴 때에는 성안의 곡을, 음복할 때에는 희안의 곡禧安之曲을, 변두를 거둘 때에는 숙안의 곡肅安之曲을 주악한다.

아헌亞獻과 종헌終獻에는 헌가가 무안의 곡武安之曲과 태주궁太湊宮을 주악한다.

영신할 때, 송신할 때는 고선궁에서 응안의 곡凝安之曲을 주악하되 영신할 때에는 문덕文德의 춤을 3회 추고, 송신할 때에는 무무들이 1회 춤춘다. 관리가 대행할 때에도 이와 같으나 다만 정문에 들어갈 때, 손씻을 곳으로 나갈 때, 음복할 때는 주악하지 않는다.

(7) 선잠先蠶에 제사하는 의식의 악

영신할 때에는 헌가가 격안의 곡格安之曲을 주악하고, 문무를 3회 연주하며 송신할 때에는 정안의 곡靖安之曲을 주악하고, 무무武舞를 1회 연주하고, 고세궁姑洗宮도 연주한다.

폐를 드릴 때에는 등가登歌가 용안의 곡容安之曲을 시작하고, 술잔을 드릴 때에는 헌가軒歌가 풍안의 곡豊安之曲을 주악한다. 문무文舞는 나가고 무무武舞는 들어오면서 모두 환안의 곡桓安之曲의 곡을 연주한다.

아헌과 종헌에는 흠안의 곡歆安之曲과 남려궁南呂宮을 주악한다.

(8) 문선왕묘文宣王廟에 제향하는 의식의 악

영신이나 송신할 때에는 헌가가 고선궁姑洗宮, 응안의 곡凝安之曲을 주악하는데 영신할 때에는 문무文舞를 세 번 추고, 송신할 때에는 무무武舞를 한 번 춘다.

폐백을 드릴 때에는 등가登歌가 명인의 곡明安之曲을 시작하고, 술잔을 드릴 때에는 정안의 곡과 협종궁夾鍾宮을 주악하고, 제물을 드릴 때에는 헌가軒歌가 풍안의 곡을 주악하며, 문무는 나오고 무무는 들어가면서 모두 숭안의 곡崇安之曲을 연주한다.

아헌, 종헌에는 무안의 곡武安之曲과 무역궁舞射宮을 주악한다.

(9) 속악을 사용하는 절차

원구園丘, 사직社稷에 제사할 때와 태묘太廟, 선농先農, 문선왕묘文宣王廟에 제향할 때에 아헌亞獻, 종헌終獻, 송신送神에 모두 향악을 교주한다.

왕비, 왕태자, 왕자, 왕녀를 책봉할 때와 왕태자에게 관례(加元)시키는 의식에서 손님이 휴게실로 나가서 휴식할 때와 빈주賓主를 인도하여 신과 홀을 제거하고 나와서 정한 위치에 섰을 때에는 모두 영선악迎仙樂을 주악한다.

① 문종 27년 2월 을해일에 교방敎坊에서 아뢰기를 '여제자女弟子 진경 등 13명에게 선습시킨 도사행蹈沙行 가무를 연등회燃燈會에 사용하기를 바란다.' 라고 하니 왕이 그 의견대로 시행할 것을 명령하였다.

② 11월 신해일에 팔관회八關會를 베풀고, 왕이 신봉루神鳳樓로 거동하여 교방악敎坊樂을 감상하였는데 여제자 초영礎英이 아뢰기를 '새로 전습한 가무는 포구락抛毬樂과 구장기별기九張機別伎인 바, 포구락에는 제자가 13명이요, 구장기에는 제자가 10명입니다.' 라고 하였다.

③ 31년 2월 을미일에 연등회를 베풀고 왕이 중광전에 거동하여 교방악을 감상하여였는데, 여제자 초영이 아뢰기를 '왕모대王母隊 가무의 전체 대오 인원이 55명인 바 춤을 추면서 네 글자를 형성하는데 군왕만세群王萬歲나 혹은 천하태평이란 글자를 나타냅니다.' 라고 하였다.

④ 공민왕 14년 10월 경술일에 처음으로 왕이 유사有司에게 명령하여 정릉正陵 제악祭樂을 연습하라고 하였는데 이 날에 왕이 친히 검열하였으며, 임자일에 왕이 채추宲樞에게 명령하여 연습하였는 바, 제악祭樂을 정릉正陵 제사에서 주악하였다.

⑤ 16년 정월 병오일에 휘의공주徽誼公主 혼전魂殿에 책명 받은 것을 알리는 의식을 거행하였는데 초헌初獻에 태평년太平年의 곡을 주악하였고, 아헌亞獻에는 수룡음水龍吟의 곡을 주악하였고, 종헌終獻에는 억취소億吹簫의 곡을 주악하였다.

(10) 삼국속악三國俗樂

고려 때에는 신라, 백제, 고구려의 악을 모두 사용하였으며 악보도 편찬하였다. 그런 까닭에 가사가 모두 리어俚語, 즉 사투리로 되어 있다. 당시는 악보도 없었고 입에서 입으로 구전되어 내려 왔는데 지금은 기록에 남아 있지 않아 안타까울 뿐이다.

(11) 조선朝鮮의 악樂

고려의 악이 신라, 백제, 고구려의 악이 기초가 되었다면 조선조의 악은 고려의 악을 바탕으로 발전하여 왔음을 알 수 있다.

악은 궁중의 크고 적은 진연진찬進宴進饌 연회 때, 또는 모든 길례의 의식에 필수적인 조건이기도 하였다.

조선조 개국 이후 국왕의 위치가 점차 확고하여지고, 정치가 안전하여짐에 따라 예조에서 의례나 악樂에 관한 논란이 있었음을 다음 기록으로 알 수 있다.

태종太宗 2년 예조에서 의례상정소제조儀禮詳定所提調와 더불어 함께 의논하여 악조樂調 10곡을 올릴 때 신하들의 의견은 이러했다.

"신 등이 삼가 고전古典을 상고하건데 '음音과 악樂을 살펴서 정사政事를 안다.' 하고, 또 말하기를 '악을 합하여 신기神祇를 이르게 하며 나라를 화和하게 한다.' 하고, 또 말하기를 '정성正聲은 사람을 감동시키되 기운이 응함을 순順하게 하고, 간성姦聲은 사람을 감동시키되 기운이 응함을 거슬리게 한다.' 고 하였습니다.

그러므로 '주관周官 대악사大司樂이 음성淫聲, 과성過聲, 흉성兇聲, 만성曼聲을 금禁하였습니다. 신 등이 가만히 보건데 전조前朝에서 삼국三國 만년의 악을 이어 받아 그대로 썼고, 또 송조宋朝의 악을 따라 교방敎坊의 악을 사용토록 청하였으니, 그 말년에 이르러 또한 음란한 소리(淫之聲)가 많았사온데 조회朝會와 연향宴享에 일체 그대로 썼으니 볼 만한 것이 없습니다. 지금 국초國初를 당하여 그대로 인습因襲하는 것은 불가하옵니다.

신 등이 삼가 양부兩府의 악樂에서 그 성음聲音이 약간 바른稍正것을 취取하고, 풍아風雅의 시詩를 참고로 하여 조회와 연향의 악을 정하고, 신민臣民이 통용하는 악에 이르기까지도 마쳤습니다. 그리하여 아래에 갖춰 열거하였사오나 성상께서 밝혀 보시고 이해하시며, 성음을 바르고 화기和氣있게 부르소서!"

(12) 국왕연사신악國王宴使神樂

왕과 사신이 좌정坐定하면 차茶를 올린다. 당악唐樂이 하성조령賀聖朝令을 연주한다.

① 첫째 잔을 올리고 조俎를 올릴 때에는 녹명鹿鳴을 노래하되 중강조中腔調를 쓴다. 헌화獻花하면 황황자화皇皇者華를 쓴다.

② 둘째 잔을 올리고, 첫 번째 탕湯을 올릴 때에 이르러서는 사모四牡를 노래하되 금전악조金殿樂調를 사용한다.

③ 셋째 잔을 올릴 때에는 오양선정재五羊仙呈才를 하고, 두 번째

무舞(회례등가)의 배치도

〈회례 등가(會禮登歌)〉

무(舞)

(북)

(서) (동)

정(旌)		도(鼗)		무무(武舞)			도(鼗)		정(旌)	둑(纛)		문무(文舞)			둑(纛)
순(錞)		무인(舞人)	무인(舞人)	무인(舞人)	무인(舞人)	무인(舞人)	무인(舞人)		순(錞)	무인(舞人)	무인(舞人)	무인(舞人)	무인(舞人)	무인(舞人)	무인(舞人)
탁(鐲)		무인(舞人)	무인(舞人)	무인(舞人)	무인(舞人)	무인(舞人)	무인(舞人)		탁(鐲)	무인(舞人)	무인(舞人)	무인(舞人)	무인(舞人)	무인(舞人)	무인(舞人)
요(鐃)		무인(舞人)	무인(舞人)	무인(舞人)	무인(舞人)	무인(舞人)	무인(舞人)		요(鐃)	무인(舞人)	무인(舞人)	무인(舞人)	무인(舞人)	무인(舞人)	무인(舞人)
탁(鐸)		무인(舞人)	무인(舞人)	무인(舞人)	무인(舞人)	무인(舞人)	무인(舞人)		탁(鐸)	무인(舞人)	무인(舞人)	무인(舞人)	무인(舞人)	무인(舞人)	무인(舞人)
응(應)		무인(舞人)	무인(舞人)	무인(舞人)	무인(舞人)	무인(舞人)	무인(舞人)		응(應)	무인(舞人)	무인(舞人)	무인(舞人)	무인(舞人)	무인(舞人)	무인(舞人)
아(雅)		무인(舞人)	무인(舞人)	무인(舞人)	무인(舞人)	무인(舞人)	무인(舞人)		아(雅)	무인(舞人)	무인(舞人)	무인(舞人)	무인(舞人)	무인(舞人)	무인(舞人)
상(相)		무인(舞人)	무인(舞人)	무인(舞人)	무인(舞人)	무인(舞人)	무인(舞人)		상(相)	무인(舞人)	무인(舞人)	무인(舞人)	무인(舞人)	무인(舞人)	무인(舞人)
독(牘)		무인(舞人)	무인(舞人)	무인(舞人)	무인(舞人)	무인(舞人)	무인(舞人)		독(牘)	무인(舞人)	무인(舞人)	무인(舞人)	무인(舞人)	무인(舞人)	무인(舞人)

(남)

〈회례 무(會禮舞)〉

탕湯을 올리면서 어려魚麗를 노래하되 하운봉조夏雲峰調를 사용한다.

④ 넷째 잔을 올릴 때에는 연화대정재蓮花臺呈才를 하고, 세 번째 탕湯을 올리면서 수룡음水龍吟을 노래한다.

⑤ 다섯째 잔을 올릴 때에는 포구락정재抛毬樂呈才를 하고, 네 번째 탕湯을 올리면서 금잔자金盞子를 읊는다.

⑥ 여섯째 잔을 올릴 때에는 아박정재牙拍呈才를 하고, 다섯번째 탕을 올리면서 억취소憶吹簫를 부른다.

⑦ 일곱째 잔을 올릴 때에는 무고정재舞鼓呈才를 하고, 여섯번째 탕을 올리면서 신공臣工을 노래하되 수룡음조水龍吟調를 사용한다.

⑧ 여덟째 잔을 올릴 때에는 녹명鹿鳴을 노래하고, 일곱번째 탕을 올린다.

⑨ 아홉째 잔에 올릴 때에는 황황자화皇皇者華를 노래하며 여덟 번 째 탕을 올린다.

⑩ 아홉째 잔에 이르면 남유가어南有嘉魚를 노래하되 낙양춘조洛陽春調를 사용하며, 아홉 번째 탕을 올린다.

⑪ 열번째 잔에 이르면 남산유대南山有臺를 노래하되 풍입송조風入宋調나 낙양춘조洛陽春調를 사용한다.

(13) 국왕연종친형제악國王宴宗親兄弟樂

왕이 전殿에 나앉으면 하성조조賀聖朝調를 연주한다. 조俎를 올리면 태평년太平年을 연주한다. 꽃을 올리(獻花)면 행위行葦를 노래하되 금강성조金剛城調를 사용한다.

① 첫 번째 탕湯을 올릴 때에는 관저關雎를 노래하고, 첫째 잔盞을 올리면서 수보록정재受寶籙呈才를 한다.

② 두 번째 탕湯을 올리면서 인지麟趾를 노래하고, 둘째 잔盞을 올리면서 몽금척정재夢金尺呈才를 한다.

③ 세 번째 탕湯을 올리면서 갈남葛滿을 노래하되 자하동조紫霞洞調를 사용하고, 세 번째 잔盞을 올리면서 오양선정재五羊仙呈才를 한다.

④ 네 번째 탕湯을 올린다. 넷째 잔盞을 올리면서 포구락정재抛毬樂呈才를 한다.

⑤ 다섯 번째 탕湯을 올리면서 신공臣工을 노래하고, 다섯째 잔盞 올리면서 무고정재舞鼓呈才를 한다.

⑥ 여섯 번째 탕湯을 올린다. 여섯째 잔盞을 올리면서 문덕곡文德曲을 노래한다.

⑦ 일곱 번째 탕湯을 올린다. 일곱째 잔盞을 올리면서 남산유대南山有臺를 노래한다.

(14) 국왕연군신악國王宴群臣樂

처음의 의식初儀은 위의 의식과 같다.

꽃을 올리(獻花)면 녹명鹿鳴을 노래하되, 금강성조金剛城調를 사용한다. 일곱 번째 탕湯을 올릴 때에는 일곱째 잔盞을 올리면서 억편億篇을 노래한다.

그 나머지는 모두 위와 같다.

(15) 의정부연조정사신악議政府宴朝廷使臣樂

① 첫째 잔盞과 조俎를 올리면 녹명鹿鳴을 노래하며 헌화獻花하고,

② 둘째 잔을 올리면 황황자화皇皇者華와 녹명鹿鳴을 노래한다.

③ 첫 번째 탕湯을 올리면서 사모四牡를 노래하고, 셋째 잔을 올리면 연화대정재蓮花臺呈才를 한다.

④ 두 번째 탕湯을 올리면서 남유가어南有嘉魚를 노래하고, 넷째 잔을 올리면 아박정재牙拍呈才를 한다.

⑤ 세 번째 탕湯을 올리면서 어려魚麗를 노래하고, 다섯째 잔을 올리면서 무고정재舞鼓呈才를 한다.

⑥ 네 번째 탕湯을 올리면 남산유대南山有臺를 노래하고, 여섯째 잔을 올리면서 삼현三玄을 연주한다.

⑦ 다섯 번째의 탕湯을 올릴 때에는 일곱째 잔을 올리면 문덕곡文德曲의 대육大肉을 연주한다.

⑧ 여덟째 잔을 올리면 송산조松山操를 부르되 낙양춘조洛陽春調를 사용한다.

1) 세종世宗 6년 6월, 태종의 신주를 부묘하는 의주에 관한 예조의 계

① 절은 사 배하고 관세위盥洗位에 나아가 관세하기를 마친다.

무릇 물건을 취取하려는 자는 모두 꿇어앉아서 구부려 취하고 일어난다. 물품을 드리는 때는 꿇어앉아서 드린 다음 구부려 엎드렸다가 일어난다.

② 악공樂工이 축柷을 치면 헌가軒架는 승안지악承安之樂을 시작한다. 전하는 판위版位에 나아가서 서향하여 서편(설 때마다 예의사는 전하의 왼편으로 물러선다.) 협률랑이 위가를 눕히고 어敔를 치면 풍악은 그친다.

무릇 풍악은 협률랑이 꿇어앉아서 엎드렸다 하고, 휘기를 들고 일어나면 악공이 축을 친 뒤에 악을 시작하고, 휘기를 눕히면서 어敔를 치면 악을 정지한다. – 중략

③ 예의사가 앞에 꿇어앉아 '유사有司가 삼가 갖추었으니 행사하기를 청한다.' 하고 물러나 제자리에 돌아간다.

④ 헌가軒架는 경안지악景安之樂과 열문지무列文之舞를 시작하여 아홉 번을 거듭하고 그친다. 근시近侍가 손 씻는 곳에 나아가 씻기를 마친 다음 돌아와 시립侍立한다

⑤ 알자謁者(알현을 청하는 사람. 손님을 주인에게 안내하는 사람)는 전폐奠幣(나라의 큰 제사에 폐백을 올리는 일) 찬작관을 인도하여 관세위에 나아가 관세를 마친 다음 조계로 올라가 익조실翌祖室의 준소樽所(제향 때에 상을 차려 놓는 곳)로 나아가 북향하여 선다.

⑥ 집례관이 '예의사는 전하를 인도하여 관창례祼鬯禮를 행하라 하면 예의사는 전하를 인도하고, 헌가는 승안지악承安之樂을 시작한다. 전하가 관세하는 자리에 나아가 북향으로 서면 꿇어앉아 규圭꽂기를 계청하고, 전하는 규를 꽂는다

⑦ 내시內侍가 꿇어앉아 손 씻는 그릇을 가지고 일어나서 물을 붓고, 또 내시 한 사람은 꿇어앉아 반盤을 가지고 물을 받는다. 전하가 손을 씻으면 내시는 꿇어앉아 수건 담는 바구니에서 수건을 가져다 올리고, 전하가 손을 씻고 나면 내시는 수건을 받아 바구니에 다

시 담는다.

⑧ 예의사가 전하를 인도하여 조계로 올라가면(예의사 · 근시 · 내시가 함께 따라 오른다.) 악은 그친다.

⑨익조실의 준소에 나아가 서향으로 서면 등가登歌는 숙안지악肅安之樂과 열문지무烈文之舞를 시작한다. (등가가 그친 다음에)

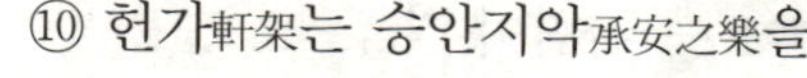

⑩ 헌가軒架는 승안지악承安之樂을 시작하고, 전하가 조계朝階로 내려와 제자리로 돌아오면 악은 그친다. – 중략

헌가軒架는 옹안지악擁安之樂을 시작한다. – 중략

⑪ 익조실翌祖室의 준소로 올라가 북향하여 서면 집례가 '예의사는 전하를 인도하여 초헌례初獻禮를 행하라.' 한다. 예의사가 전하를 인도하면 헌가軒架는 승안지악承安之樂을 시작했다가 전하가 조례로 오르기를 마치면 그친다.

⑫ 익조실의 준소 앞에 나아가 서향하여 서면 등가登歌는 수안지악壽安之樂과 열문지무烈文之舞를 시작한다.

익조실은 소녕지곡昭寧之曲을,
도조실은 정명지곡貞明之曲을,
환조실은 위명지곡威明之曲을,
태조실은 소명지곡昭明之曲을,
공정왕실에는 순명지곡純明之曲을,
태종실에는 인명지곡仁明之曲을 노래한다.

⑬ 아헌과 종헌은 전하가 소차로 돌아가면 집례執禮가 '아헌례를 행하라.' 한다. 지통례가 아헌관을 인도하여 관세위盥洗位에 나아가 북향하여 서고 '홀笏을 꽂으라!' 찬贊한다. 손을 씻고 닦기를 마치면(손을 닦는 것은 찬하지 아니한다.) '홀을 잡으라!' 찬한다.

⑭ 아헌관을 인도하여 조계로 올라 익조실의 준소尊所에 나아가 서향하여 서면 헌가軒架는 수안지악壽安之樂과 소무지무昭武之舞를 시작하며, 향악鄕樂도 섞어 아뢴다.

⑮ 집준자가 멱冪을 들고 맹제盟齊(제사에 쓰던 흰빛깔의 술로 오주五酒 중 세 번째 술)를 따르면 집사자執事者 두 사람이 작爵으로 술을 받는다.

⑯ 지통례는 아헌관을 인도하여 신위 앞에 나아가 북향하여 서면 꿇어 앉아 홀을 꽂으라 찬하고, 아헌관은 꿇어앉아서 꽂는다.

⑰ 집사자가 작을 아헌관에게 주면 아헌관이 작을 헌신하는데 작을 집사에게 주어 신위 앞에 드린다.

⑱ 집사자가 부작副爵을 아헌관에 주면 아헌관이 헌작하는데 작을 집사자에게 주어 왕후 신위 앞에 드리게 한다. 지통례가 '홀을 잡고 구부렸다 엎드렸다 일어나라.' 고 찬하여 아헌관이 홀을 잡고 구부렸다 엎드렸다 일어나면 악樂이 그친다.

⑲ 인도하여 나와 앞 기둥 밖의 한가운데에서 북향하여 서면 지통례가 '국궁재배흥평신!' 이라 찬한다. 그에 맞추어 아헌관은 몸을 굽혀 재배하고 일어나 제자리로 돌아간다.

⑳ 아헌관이 헌작을 마치게 되면 집례관이 '종헌례終獻禮를 행하라!' 고 한다. 알자는 종헌관을 인도하여 아헌亞獻하던 의식대로 행례行禮하고 인도하여 내려와 제자리로 돌아간다.

㉑ 처음에 종헌관이 올라오면 찬인이 칠사헌관七祀獻官을 인도하여 관세위盥洗位에 나아가 홀을 꽂고 손을 씻고 닦기를 마치고 나서 홀을 잡고 준소로 나아간다.

㉒ 집준자가 멱冪을 들고 술을 따르며 집사자는 작으로 술을 받는다. 현관은 신위 앞으로 나아가 서향하여 꿇어 앉아 홀을 꽂으면 집사자가 작을 준다. – 중략

㉓ 음복飮福은 초헌, 종헌관이 제자리로 돌아오면 알자가 전폐奠幣, 찬작관과 전조관展詔官을 인도하여 조계로 올라가 음복위飮福位 앞에 북향하여 선다. 또 대축이 조俎를 가지고 신위 앞에 나아가 조俎가 남긴 고기를 들어낸다.

㉔ 대축이 익조실의 준소에 나아가 작으로 상준上尊의 복주福酒를 따른다. 집례가 '예의사는 전하를 인도하여 음복위에 나아가라!' 하면 예의사는 꿇어앉아서 음복위에 나아가기를 계청한다. 주렴을 걷고 소차에서 나오면 헌가軒架는 승안지악承安之樂을 시작한다.

㉕ 전하가 규를 잡으면 예의사는 전하를 인도하여 복음 위로 나아가 서향하여 악이 그치고 수안지악壽安之樂이 시작된다.

㉖ 대축이 작을 진례 찬작관에게 주면 전폐, 찬작관이 작을 받들고 북향하여 꿇어 앉아 올린다. 전하는 꿇어 앉아 규를 꽂고 작을 받아 마시고 나면 전폐, 찬작관이 빈잔을 받아 대축에게 준다.

– 중략

㉗ 집례가 변籩·두豆를 철거할 때 등가는 옹안지악雍安之樂을 시작한다.

㉘ 철거를 마치면 악은 그치고, 헌가軒架는 경안지악景安之樂을 아뢰며 향악鄕樂도 병행하여 아뢴다. 예의사가 전하에게 몸을 굽혀 사

배하고 일어나 몸을 바로 하기를 계청하면 전하는 그대로 한다.

㉙ 집례가 '사배하라!' 하면 자리에 있는 자는 모두 몸을 굽혀 사배四拜하고, 악도 한 차례 연주하다가 그친다.

㉚ 예의사가 예를 마쳤음을 아뢰고 전하를 인도하여 재궁齋宮으로 돌아가면 헌가는 승안지악承安之樂을 시작하고, 문을 나오면 악은 그친다.

숙종肅宗 7년, 영소전 담제禫祭(초상으로부터 27개월 만에 지내는 제사) 부父가 생존한 전상田喪, 또는 처상의 초상 후 15개월 만에 지냈던 의식이다.

2) 제사 뒤 풍악에 필요한 악기 명목과 전례 진청의 악장

예조禮曹에서 숙종에게 아뢰기를,

'영소전永昭殿에 담제禫祭 뒤 풍악을 잡히는 일은 이미 계하啓下하였습니다. 《악학궤범樂學軌範》을 가져다 상고하니 그 중 소경전昭敬殿 제향祭享 때 풍악을 잡혔던 일을 모방하여 시행하는 것이 적당할 듯합니다. 악기樂器의 명목名目과 공인工人의 관복冠服을 이제 여기에 의거하여 마련하여 거행하되 《악학궤범》에 기재된 소경전에서 쓴 악장樂章은 오늘날 그대로 활용할 수 없습니다. 청컨대 예문관藝文館으로 하여금 새로 지어 외우고 익힐 수 있게 하소서.'

하니 임금이 옳게 여겼다.

그 뒤에 예조에서 또 종묘제향宗廟祭享 때 전폐, 진찬進饌에는 악장樂章이 있으므로 영소전永昭殿에도 전폐 진찬하는 절차가 있다면 악장이 없을 수 없으니 전폐 진찬악장도 지어내게 하도록 청하자 임금이 그대로 따랐다. 그 악기는 전상악殿上樂인 당비파唐琵琶 2, 방향方響, 장고杖鼓 2, 필율觱栗, 교방고敎坊鼓, 당적唐笛, 동소洞訴, 가歌 4, 집박執拍과 전정악殿庭樂인 향비파鄕琵琶, 가야금伽倻琴, 대금大琴 2, 현금玄琴, 휘麾였다.

그 악장樂章은 전폐奠幣에는 어소지곡於昭之曲으로 시에 이르기를 '아~ 밝은 신 영靈이 하늘에 계시면서 당에 오르내리시도다. 말없이 음악을 연주하고 신명이 이르기를 바라며 폐백을 받들어 올립니다.' 라고 하였다.

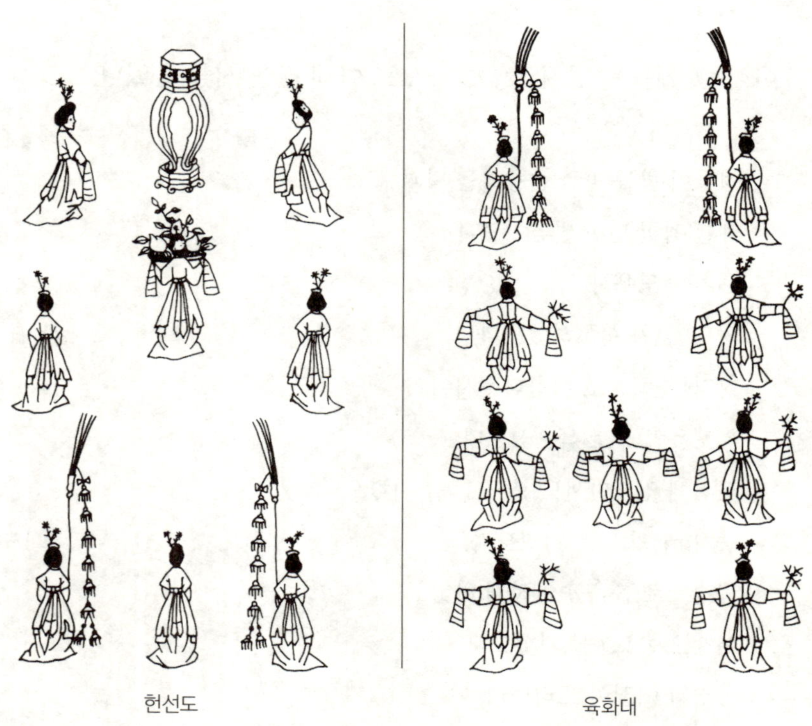

헌선도　　　　육화대

초헌初獻에는 유천지곡維天之曲으로 아래와 같은 시를 읊었다.

하늘이 성인을 내시어
성녀와 짝을 지으셨도다.
유순하고 아름다운 덕은 속에 간직하였고
좋은 명성은 밖에 퍼졌도다.
조심하기를 부지런히 하사
그덕이 밝히 드러났도다.
아~ 만년에 이르도록
우리에게 복주심 한이 없으리라.

아헌亞獻에는 승천지곡昇天之曲으로 아래 같은 시를 읊었다.

하늘이 받들 만한 순종하는 덕과
해를 짝할 만한 밝음이로다.
내치를 도우사
곤도坤道가 형통하였도다.
장경莊敬하시고 아름다우시어
효도를 법으로 삼으셨도다.
정위에 있으면서도 부도婦道를 지켰으니
중화中和의 덕을 지녔도다.
공경으로 몸을 편안하게 하고
어짊으로 도道를 펴셨도다.
공경과 어짊이 드러나니

그윽한 덕화 넉넉하도다.
아! 빛나지 않으리까?
우리에게 잊지 못하게 하시도다.
강림하시기를 더디하지 마시고
제사를 받으소서.

또 종헌終獻에는 천명지곡天命之曲으로 아래와 같은 시를 읊었다.

천명이 처음부터 돌보시어
환하게 드러난 덕음 영세토록 전하였도다.
상하 좌우에 신께서 충만하게 유동하사
공덕功德과 위용威容이 밝게 빛나도다.
변두가 아름답고 예식이 정연하니
억만 년토록 많은 복 내리시리라.

이 글은 모두 대제학大提學 이민서李敏敍가 지었다고 한다.

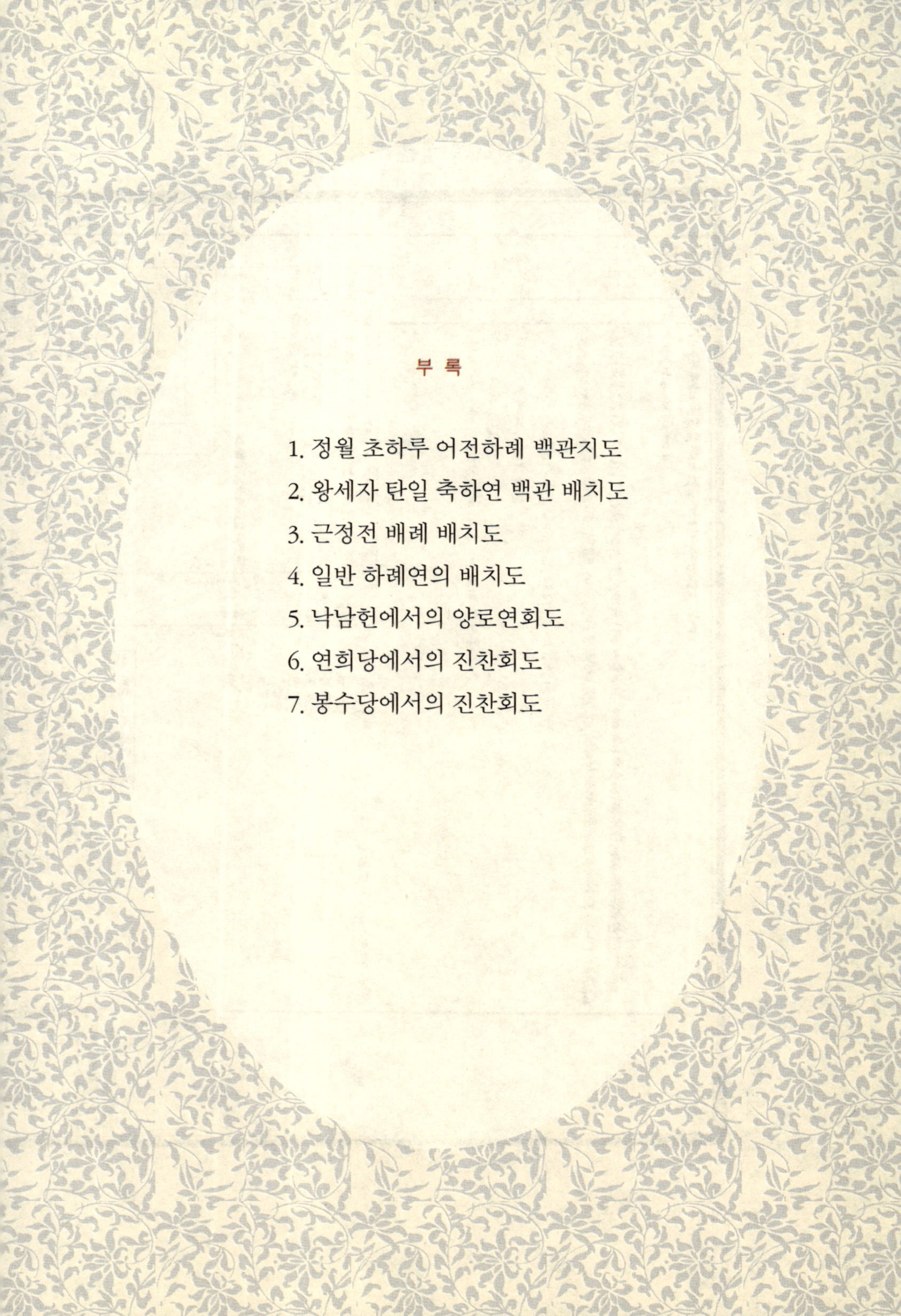

부 록

1. 정월 초하루 어전하례 백관지도
2. 왕세자 탄일 축하연 백관 배치도
3. 근정전 배례 배치도
4. 일반 하례연의 배치도
5. 낙남헌에서의 양로연회도
6. 연희당에서의 진찬회도
7. 봉수당에서의 진찬회도

1. 정월 초하루 어전하례 백관 배치도

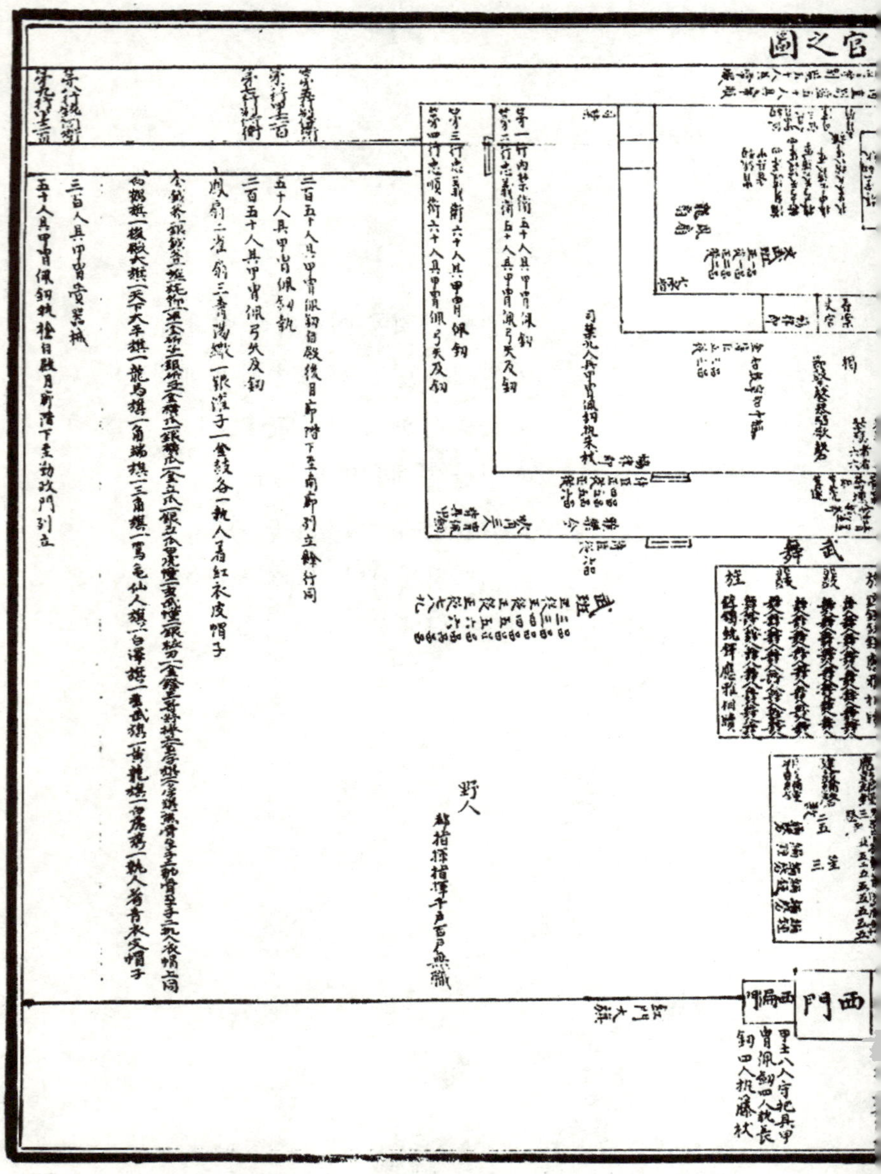

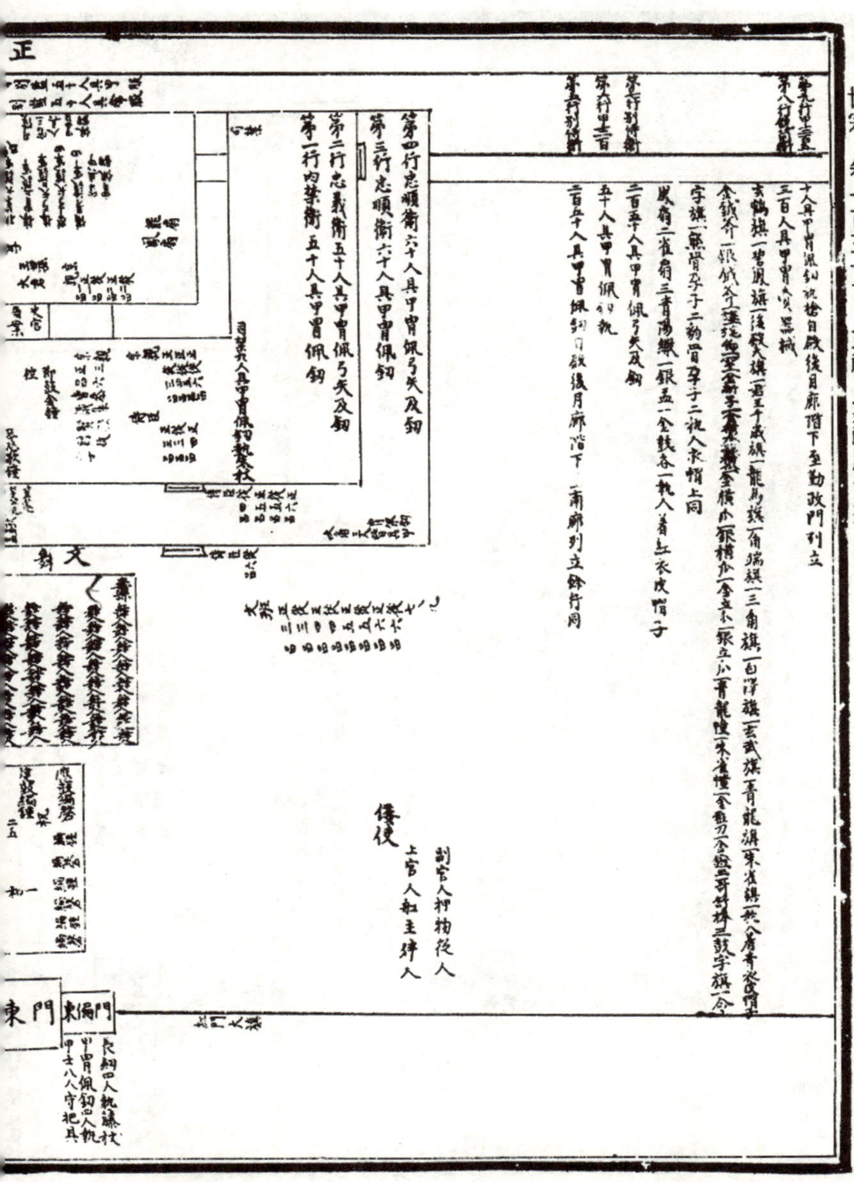
正
十人具甲冑佩劒執槍自殿後月廊階下至勤政門列立
第四行忠順衛六十人具甲冑佩弓矢及劒
第三行忠順衛六十人具甲冑佩劒
第二行忠義衛五十人具甲冑佩弓矢及劒
第一行內禁衛五十人具甲冑佩劒
二百五十人具甲冑佩弓矢及劒
五十人具甲冑佩劒執
二百五十人具甲冑佩劒自殿後月廊階下至南廊列立餘行同
文
武
傳使
副官人押物從人
上官人船主件人
東偏門
東門

2. 왕세자 탄일 축하연 백관 배치도

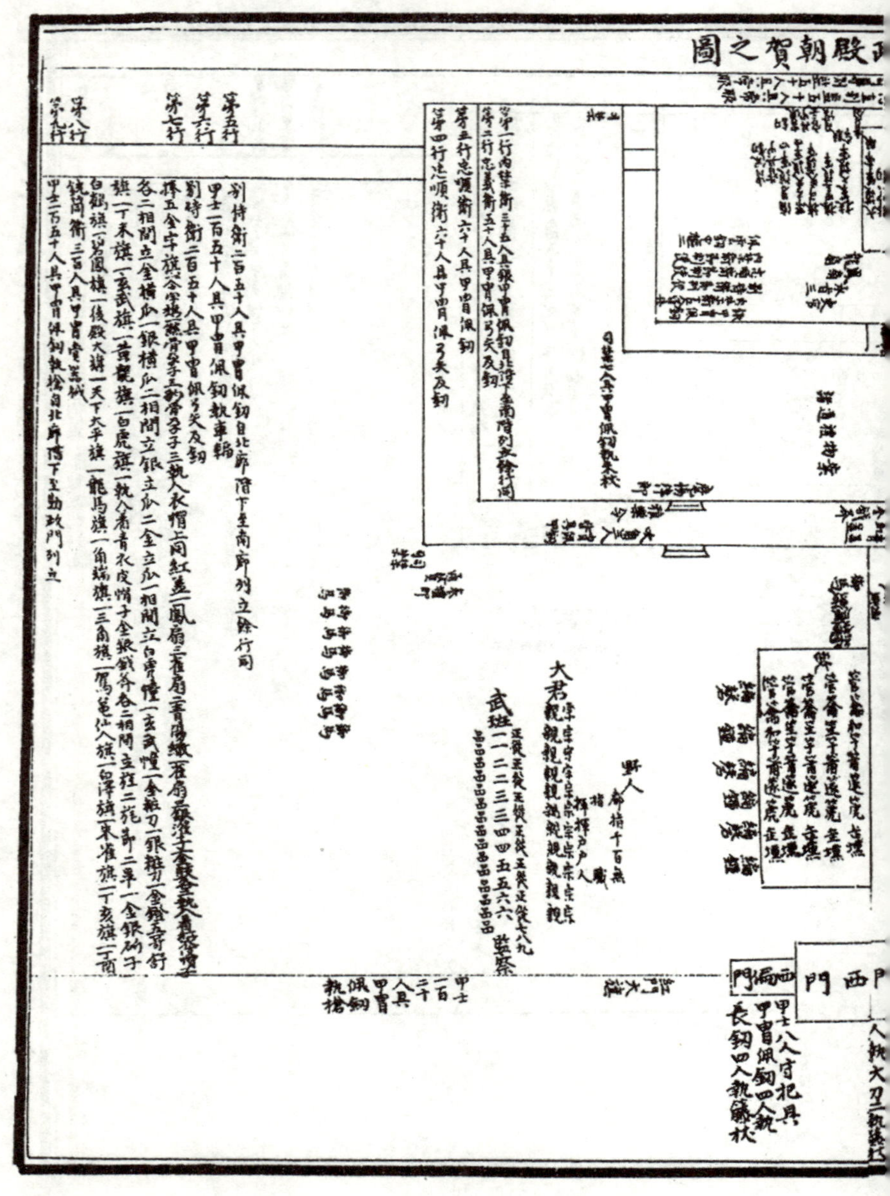

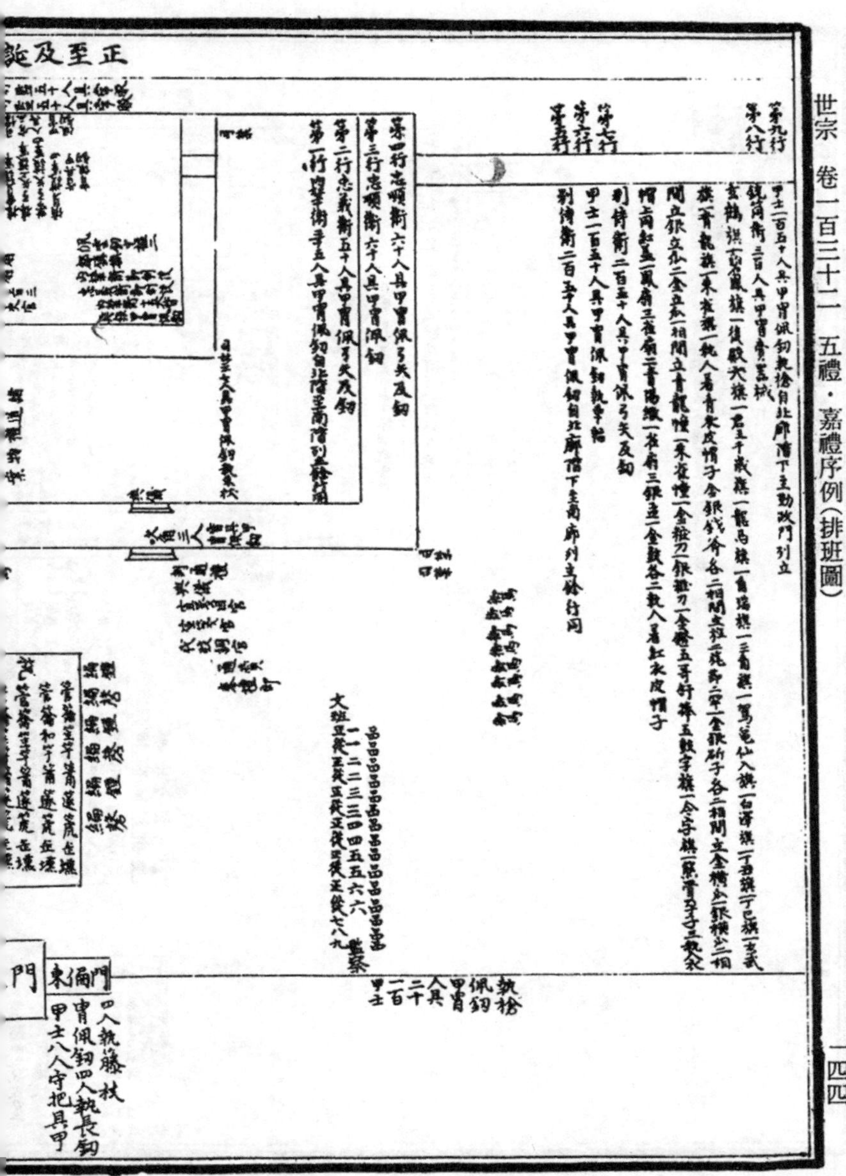
正至及誕
第九行
第八行
第七行
第六行
第五行
第四行忠順衛六十人具甲冑佩弓矢及劍
第三行忠順衛六十人具甲冑佩劍
第二行忠義衛五十人具甲冑佩弓矢及劍
執杖
佩劍
甲冑
人具
二十
一百
甲士
東偏門
四人執籐杖
甲冑佩劍四人執長劍
甲士八人守把具甲
門

3. 근정전 배표지도

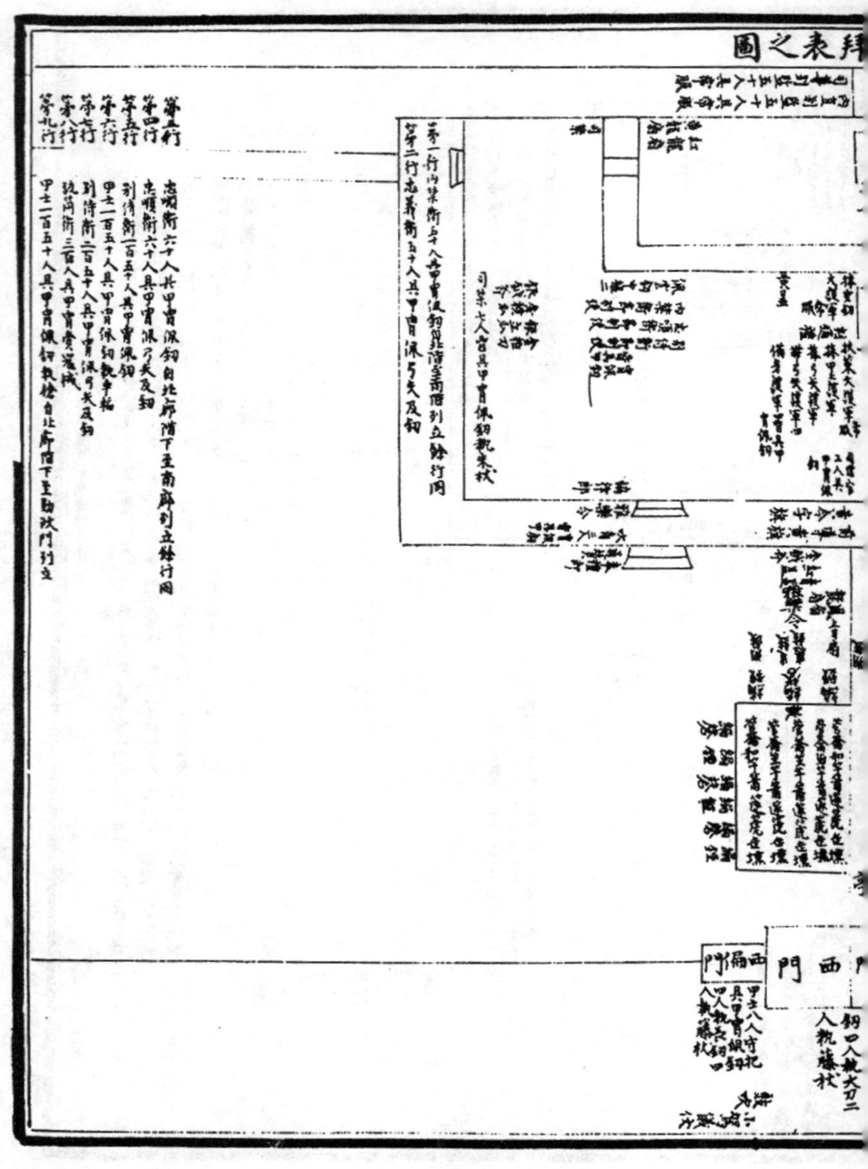

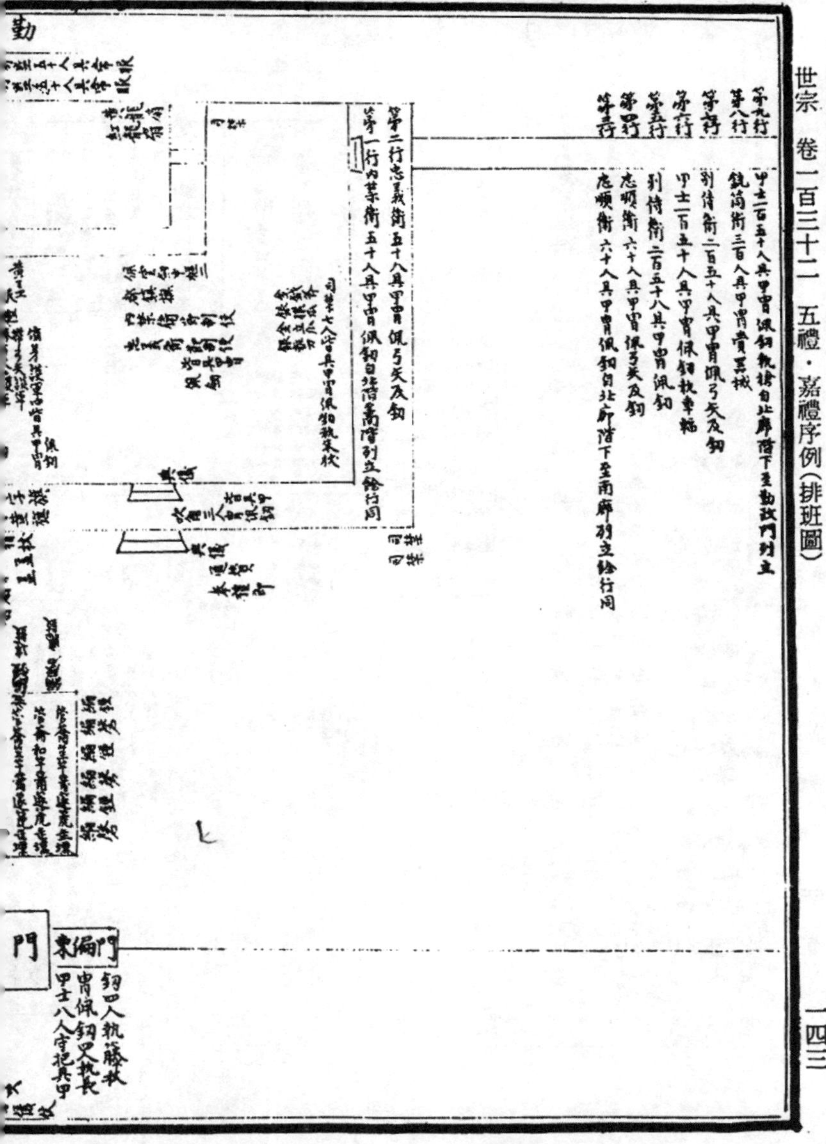
勤
第九行 甲士二百五十人具甲冑佩劍執槍自北廊階下至勤政門列立
第八行 銃筒衛三百人具甲冑
第七行 別侍衛二百五十人具甲冑佩弓矢及劍
第六行 甲士一百五十人具甲冑佩劍
第五行 別侍衛二百五十八具甲冑佩劍
第四行 忠順衛六十人具甲冑佩弓矢及劍
第三行 忠順衛六十人具甲冑佩劍自北廊階下至南廊列立餘行同
第二行忠義衛五十八具甲冑佩弓矢及劍
第一行內禁衛五十人具甲冑佩劍自
東偏門
劍四人執藤杖
甲士八人守把具甲冑
門

4. 일반 회례연의 배치도

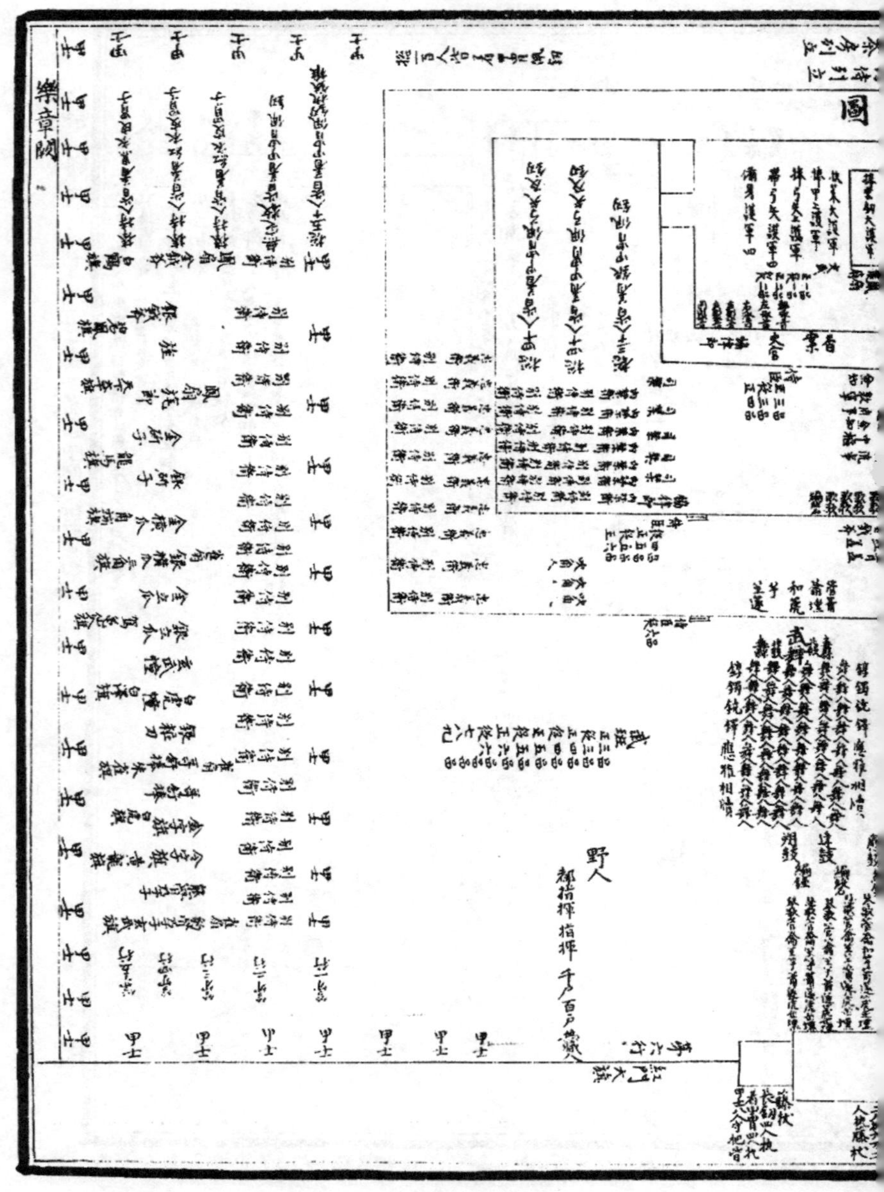

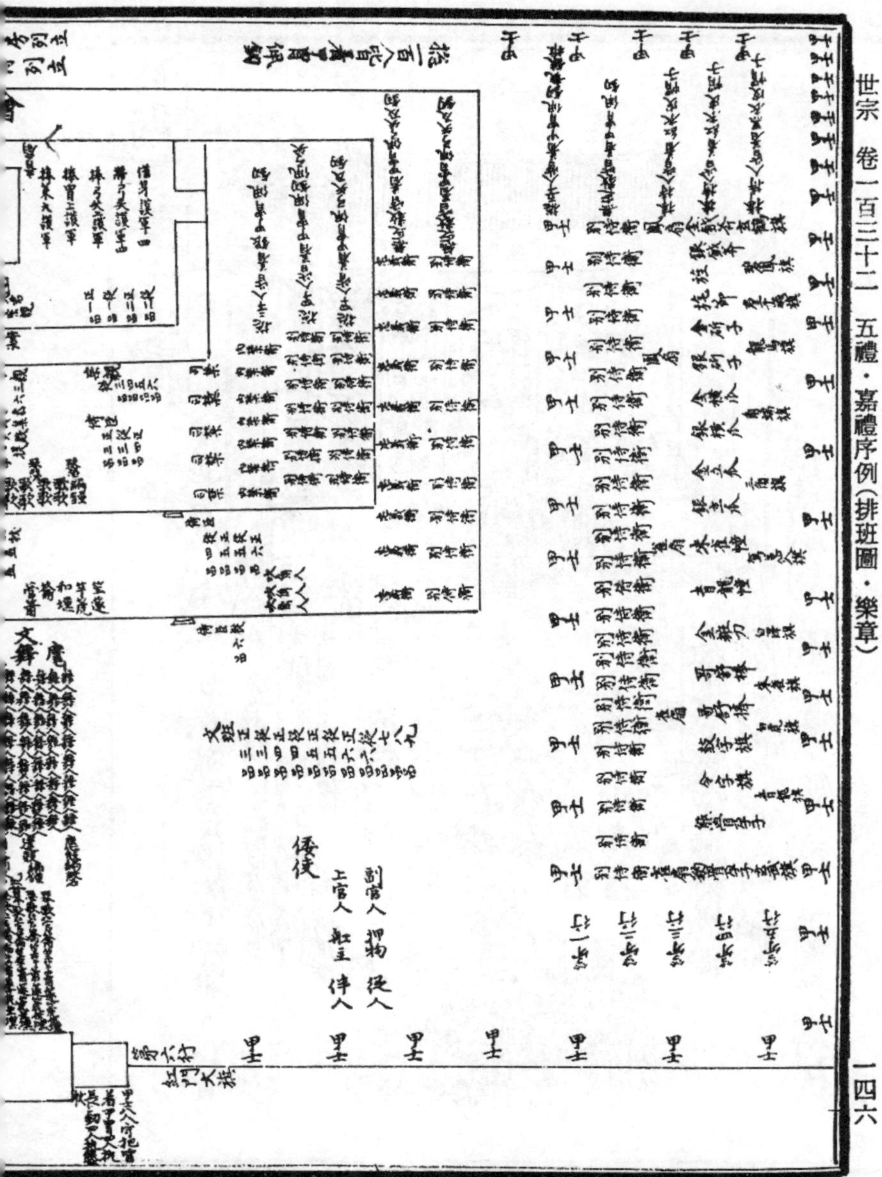

5. 낙남헌에서의 양로연회도

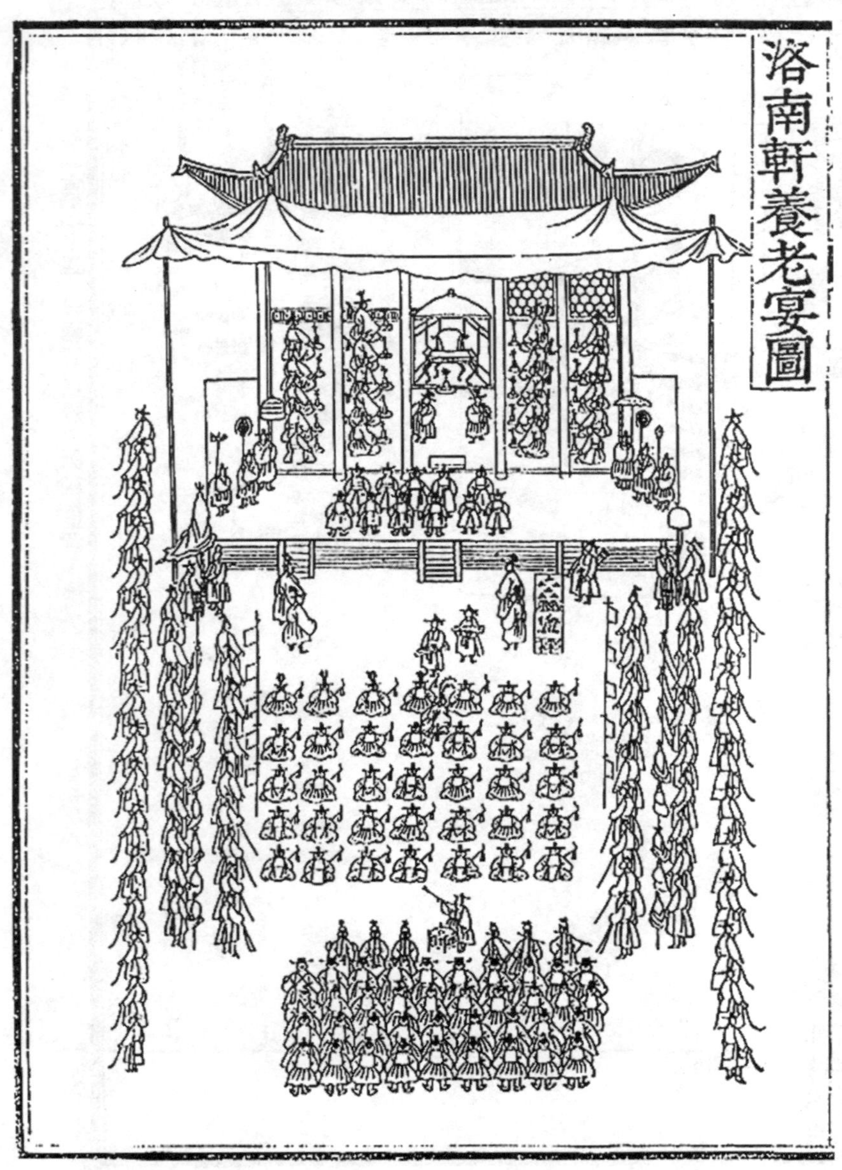

6. 연희당에서의 진찬회도

(남자들이 머리에 꽃을 꽂은 것이 특이함, 음악하는 사람들의 배치가 중요)

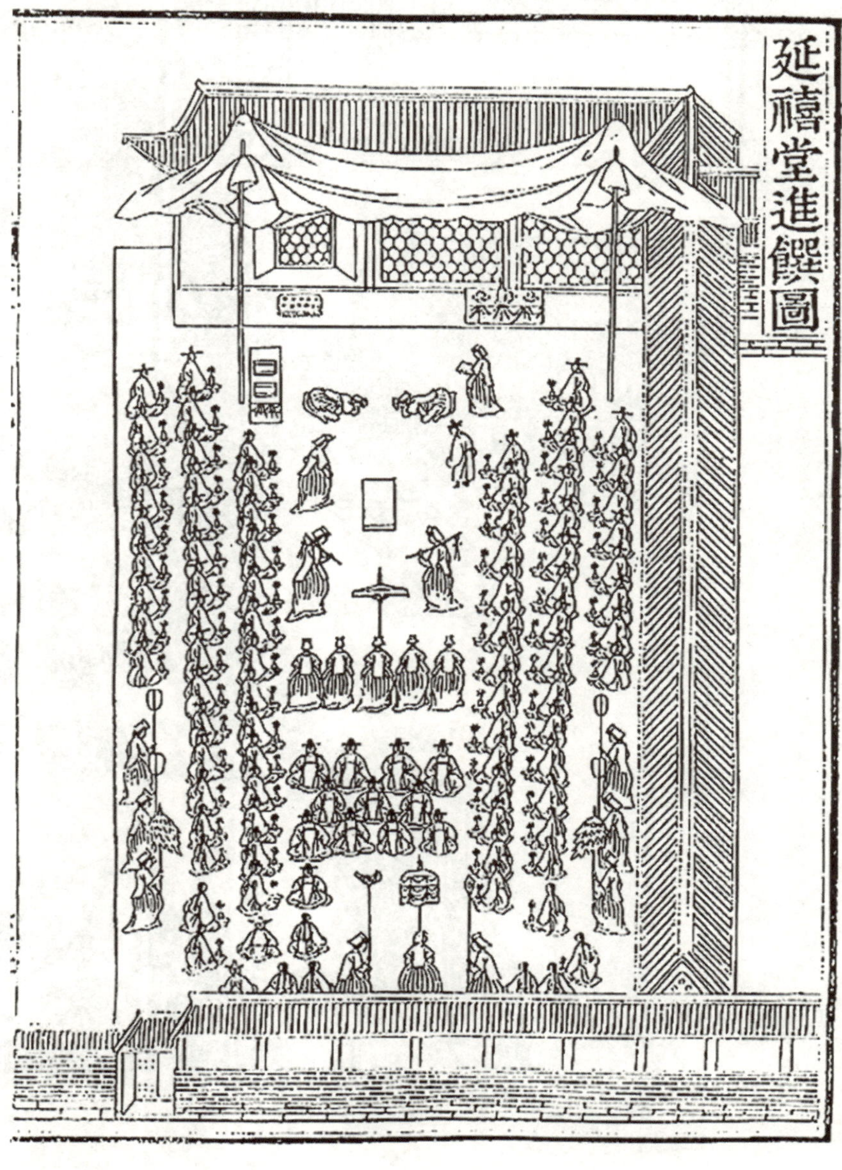

7. 봉수당에서의 진찬회도

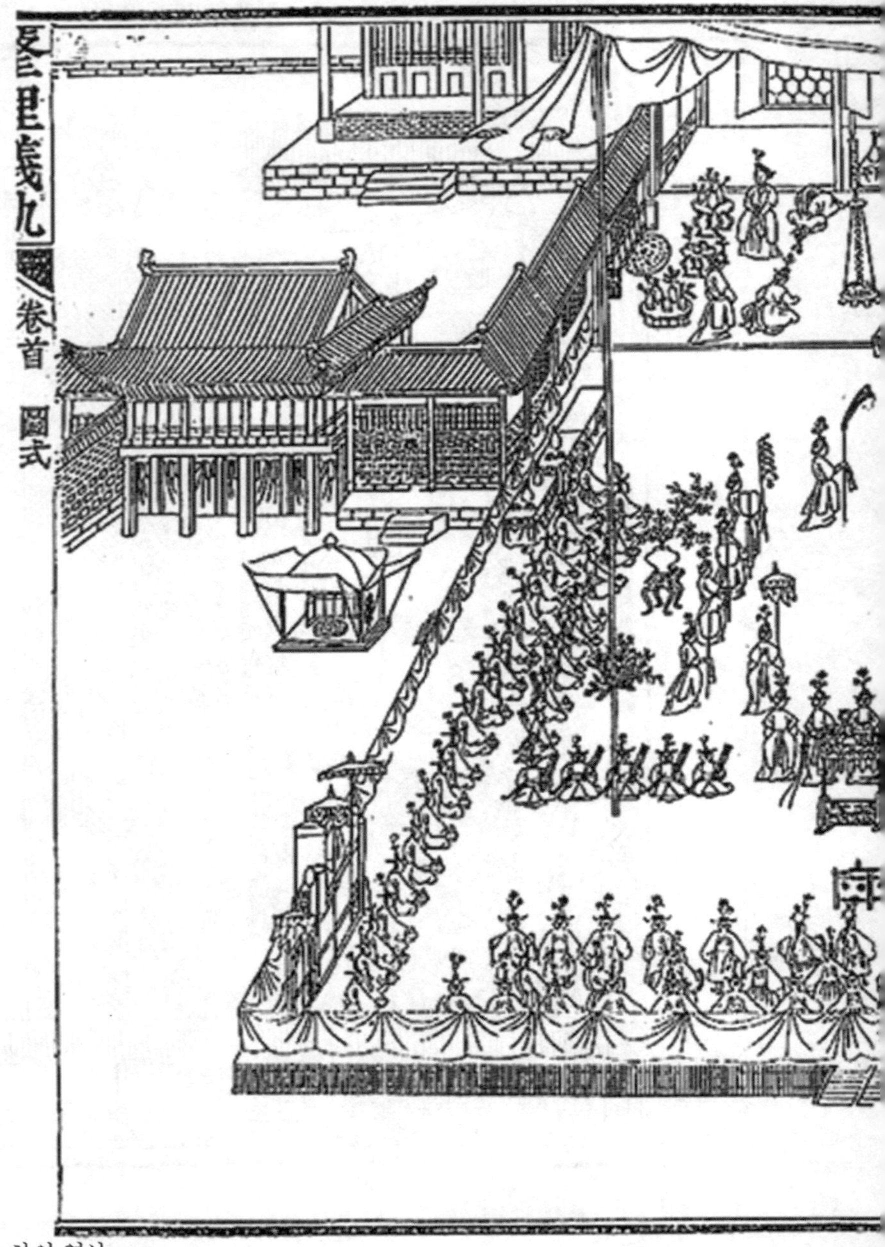

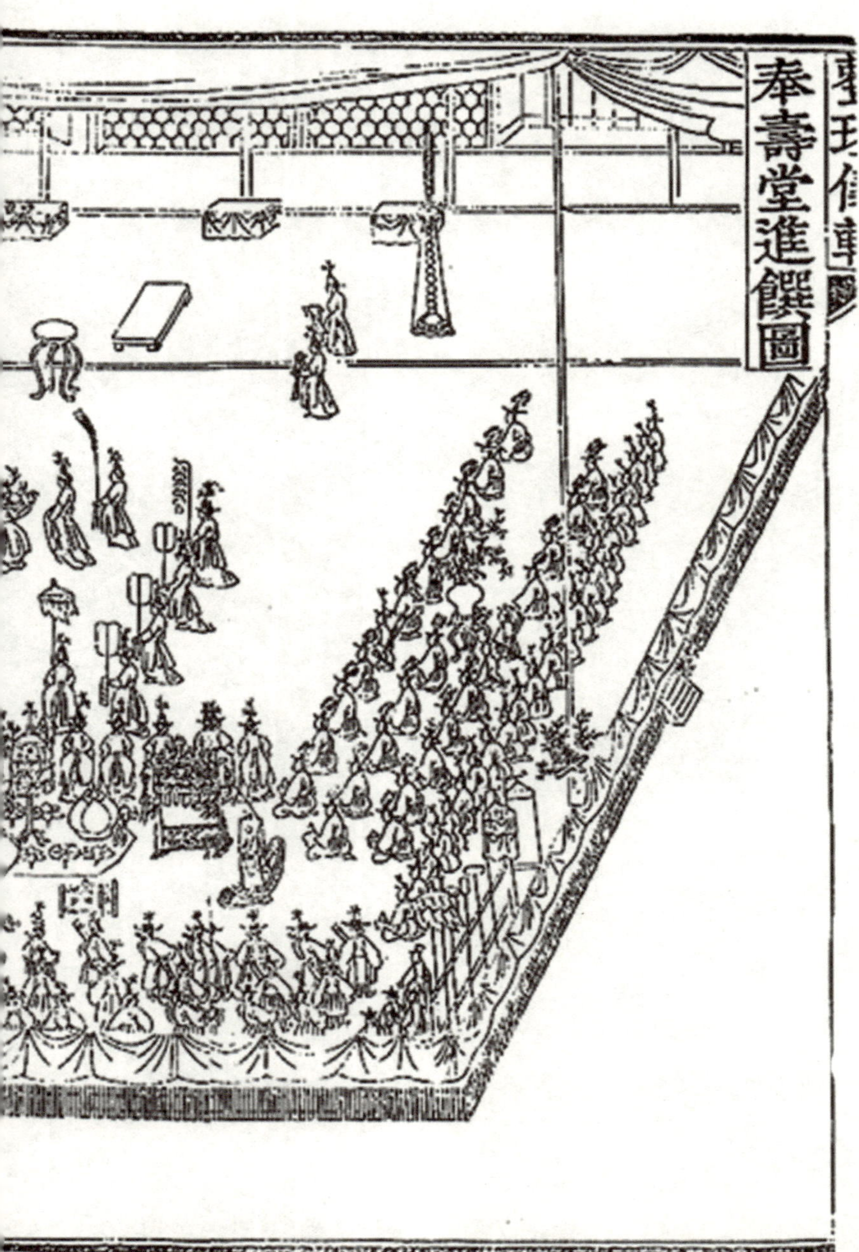
奉壽堂進饌圖